供给侧改革与大宗商品厂商服务模式创新

叶素文　杨江红　贾川东 著

图书在版编目(CIP)数据

供给侧改革与大宗商品厂商服务模式创新 / 叶素文，杨江红，贾川东著. —杭州 ：浙江工商大学出版社，2016.12

ISBN 978-7-5178-1899-1

Ⅰ. ①供… Ⅱ. ①叶… ②杨… ③贾… Ⅲ. ①氯碱生产－化工企业－股份有限公司－产业链－研究－乌鲁木齐 Ⅳ. ①F426.7

中国版本图书馆 CIP 数据核字(2016)第 269568 号

供给侧改革与大宗商品厂商服务模式创新

叶素文　杨江红　贾川东　著

责任编辑　沈敏丽　钟仲南

责任校对　何小玲

封面设计　林朦朦

责任印制　包建辉

出版发行　浙江工商大学出版社

(杭州市教工路 198 号　邮政编码 310012)

(E-mail:zjgsupress@163.com)

(网址:http://www.zjgsupress.com)

电话:0571-88904980,88831806(传真)

排　　版　杭州朝曦图文设计有限公司

印　　刷　杭州恒力通印务有限公司

开　　本　880mm×1230mm　1/32

印　　张　8.125

字　　数　200 千

版 印 次　2016 年 12 月第 1 版　2016 年 12 月第 1 次印刷

书　　号　ISBN 978-7-5178-1899-1

定　　价　28.00 元

前　言

在大宗商品产能过剩时代，国企改革与供给侧改革已经紧密联系在一起，如何推进产能过剩背景下的供给侧结构性改革，对大宗商品生产企业而言还没有清晰的改革路径可以借鉴。企业一方面要生存，另一方面还要通过改革生存得更好，这是 2016 年大宗商品生产型国有企业面临的攻坚战。如何破解这个难题，找到一条可以借鉴的成功经验并建立一套科学的理论体系，用于指导我国大宗商品企业进行更深入的产业链整合及企业商业模式创新，并取得供给侧改革的阶段性成效，具有十分重要的理论与实践意义。

在此背景下，本书以氯碱行业龙头企业中泰化学为研究对象，基于供给侧改革的视角，重点分析了该企业在由传统大宗商品生产厂商向综合交易服务商转型过程中的探索与尝试，采用典型案例、协同理论、战略营销的分析工具或方法，从提升产业价值链以及转型商业模式的角度探讨了构建大宗商品综合服务商的设计思想与框架，提出了一些具有较好实战效果的经营运作流程。

面对产能过剩以及经济发展增速减缓的影响，大宗商品企业行动的关键是如何"共生""互生"地去优化产业链，并通过商业模式创新来整合产业链资源，完善产业链综合服务功能，提高产业链运作效率，从而创造出更高的产业链价值，并建立科学的利益分配机制，促进产业生态圈的可持续发展。作者是一个"产学研"相结合的团队，长期从事大宗商品交易领域的科学研究及企业经营,具有扎实的理论基础与丰富的实战经验。作者基于供给侧改革视角,对大宗商品商业模式转型进行实证研究,具有一定的开拓和创新意义。本书具有以下特色:

第一,对大宗商品企业在产能过剩时代的供给侧改革背景及大宗商品交易发展历程进行了深入分析。产能过剩是相对的,不论是在经济萧条时期还是经济快速发展时期,都可以通过提升产业链价值与变革商业模式来有效地消化所谓的"过剩产能",否则依然会陷入"扩产能—去产能—再扩产能—再去产能"的不良循环中。

第二,以中泰化学为典型案例进行研究,但又突破了单一企业的局限,从中泰化学战略营销转型以及产业链利益相关者商业模式变革与整合的角度,提出了一系列针对构建大宗商品综合服务商模式的实践运作思路与流程,有效地指导经营实践。

本书侧重于应用研究,结构合理,数据详实,论据可靠充分,逻辑严密,是一部在产能过剩时代大宗商品企业供给侧改革及商业模式改革领域具有一定学术价值的应用型理论专著。本书分析了中泰化学在供给侧改革压力下通过控制产业链上下游资源,提高产业链运作效率来抵御迈克尔·波特"五力"模型中的任何一方的挑战,并不断获得市场话语权的战略模式。我们建议在供给方生产与营销战略中,核心目标就是通过产业链联盟在外部建立壁垒,化解恶性竞争,促进供应和需求的高度匹配,实现"规模越大,产生的价值越高"的目标,出售产能,提供服务,并通过较高价值链吸引产业利益相关者加入联盟,从而创造更多的产业链价值,并构建合理的分配机制实现价值分享。通过大宗商品交易综合服务商模式,中泰化学从控制产业链资源转向精心管理产业平台资源并提供高质量的综合服务。通过商业模式变革控制稀缺资产来获得核心竞争优势,主要包括综合服务商平台及其参与成员(产业链上游生产者、贸易商、交易商、下游生产者或消费者)所拥有和贡献的高异质化资源。中泰化学通过商业模式变革实现产业链内部优化逐步向产业链外部互动的转变,优化全产业链移动,从原材料采购到产品销售和综合配套服务以及内部劳动力资源整合与管理,从而创造高附加产业链价值,激发参与者良性互动,促进产业生态圈健康发展。从关注产业链的客户价值转变到关注产业生态圈的系统价值,实现产品交易和综合服务的价值最大化,通过补贴一类参与者利益来吸引另一类参与者,促进产业生态系统的整体价值最大化。

由于研究对象涉及一些上市公司,因此对一些非公开数据及企业战略运作思路进行了一定的处理,书中观点仅作为学术研究探讨使用,不作为投资分析报告,请广大读者注意风险并谅解。本书可以作为从事大宗商品交易理论学习、研究及经营实践等人员的参考。

本书在撰写过程中,多次得到远大物产集团总裁吴向东先生、中泰蓝天物流董事长周东海先生、无锡利源集团董事长袁根先生、远大石化总经理王开红先生、远大石化研究部总经理王晓峰先生的悉心指导,使我们受益匪浅,既拓宽了我们的思路,又启迪了思维,在此表示衷心的感谢!

本书的出版得到了宁波大红鹰学院金融贸易学院(大宗商品商学院)的资助,在此同样表示衷心感谢!

叶素文　杨江红　贾川东

2016 年 9 月 15 日于宁波

目　录

第一章　绪　论 …… 001

一、选题背景 …… 001

二、研究意义 …… 002

1. 理论意义 …… 002

2. 现实意义 …… 002

三、主要研究目标 …… 004

四、主要研究内容及方法 …… 004

第二章　商业模式与战略转型理论概述 …… 006

一、共享服务与共享经济 …… 006

二、商业模式及其转型 …… 008

三、营销战略与企业战略驱动因素 …… 010

1. 营销战略理论文献综述 …… 010

2. 企业战略转型理论综述 …… 013

第三章　供给侧改革:大宗商品产业发展的新机遇 …… 014

一、市场失衡与供给侧改革 …… 014

1. 新古典市场理论的“虚构市场” …… 014

2. 市场化追逐资源与产能过剩 …… 015

3. 供给侧改革势在必行 …… 016

二、产业整合与供给侧结构性调整 …… 017

1. 产业整合 …… 017

2. 供给侧结构性调整任重道远 …… 017

3. 产业链的各端对供给侧结构性改革的理解 …… 018

三、供给侧改革对大宗商品产业发展带来的机会 …… 025
1. 大宗商品制造企业的机会 …… 025
2. 大宗商品中间贸易商在困境中寻找机会 …… 028
3. 大宗商品下游生产厂商面临的机会 …… 030
第四章 中泰化学由传统厂商向特色交易商的转型分析 …… 034
一、中泰化学内部竞争环境分析 …… 034
1. 公司简介 …… 034
2. 主要产品简介 …… 036
3. 行业竞争格局及其发展趋势 …… 038
4. 中泰化学营销现状分析 …… 041
5. 中泰化学营销模式 …… 045
6. 中泰化学营销管理主要问题分析 …… 045
二、中泰化学外部市场竞争环境分析 …… 049
1. 国际市场分析 …… 049
2. 国内市场分析 …… 050
3. 中泰化学 SWOT 分析 …… 054
4. 五力模型分析 …… 066
三、中泰化学由传统厂商向特色交易商转型分析 …… 069
1. 传统厂商模式很难帮助企业脱困 …… 069
2. 致力构建新的商业模式 …… 070
第五章 远大物产"三位一体"期现结合交易模式分析及借鉴 …… 079
一、远大物产简介 …… 079
二、远大物产期现结合交易模式的发展背景分析 …… 080
三、远大物产由大宗商品贸易商向交易商转型的思考 …… 087
四、远大物产"三位一体"模式的借鉴 …… 095
1. 通过改革不断完善丰富模式内涵 …… 095

2. 不断改进模式的盈利方式 …………………… 095
3. 三大体系整合及功能发挥 …………………… 096
4."三位一体"模式的交易运作 ………………… 097
第六章　中泰化学战略营销创新及交易商产业联盟构建 ………………………………………… 101
一、中泰化学战略营销变革基础分析 ………………… 101
1. 中泰化学的目标顾客选择分析 ……………… 101
2. 中泰化学营销定位选择 ……………………… 104
3. 中泰化学营销组合策略分析 ………………… 106
4. 中泰化学营销战略保障与控制 ……………… 109
二、中泰化学战略营销改进与创新 ………………… 115
1. 中泰化学战略营销转型的基本判断 ………… 115
2. 中泰化学战略营销转型的主要做法 ………… 116
三、中泰化学构建交易商产业联盟的思考 ………… 118
1. 产业链整合及生产厂商角色与功能的变化 …… 118
2. 交易商产业联盟的设计思路 ………………… 120
第七章　大宗商品交易商综合服务模式主要功能分析 …… 123
一、实现销售产品到出售产能的转型 ………………… 123
1. 生产厂商面临产能过剩的窘境 ……………… 123
2. 生产厂商销售产品到出售产能的设想 ……… 126
3. 联盟平台产业客户与行业(贸易商)客户交易目的的统一 ………………………………… 129
二、实行贸易定价与物流运输相分离 ………………… 131
1. 大宗商品销售的厂商直销模式 ……………… 131
2. 大宗商品销售的经销商模式 ………………… 132
3. 积极推行贸易定价与物流运输相分离政策 … 137
三、开展全产业供应链的物流金融服务 …………… 145
1. 开展物流金融综合服务是大势所趋 ………… 145

2. 物流金融综合服务体系的运作框架及主要业务功能 …………………………………………… 147
四、深入开展“期现结合”的交易模式 ………………… 162
1. 真正理解大宗商品交易“期现结合”模式的内涵 …………………………………………… 162
2. 加强大宗商品交易“期现结合”模式运作的规范性 …………………………………………… 166
五、推动“产业生态圈”的良性发展 ………………… 170
1. 促进产业平台可持续创新合作 ………………… 170
2. 夯实合作成功的业务保障基础 ………………… 173
3. 优化大宗商品“产业生态圈” ………………… 175

第八章　结　语 …………………………………………… 183

附　录 ………………………………………………………… 185

附录 1:期货交易所管理办法 ………………………… 185
附录 2:期货交易管理条例(2016 年修订版) ………… 206

参考文献 …………………………………………………… 231

索　引 ……………………………………………………… 238

图目录

图 3-1　供给侧改革的“四驾马车” …………………… 018
图 3-2　PVC 供给侧流程示意图 ………………………… 019
图 3-3　服装产业链产能扩张及其传导机制 ………… 024
图 3-4　需求侧背景下的大宗商品制造路径 ………… 026
图 3-5　供给侧背景下的大宗商品制造路径 ………… 026
图 3-6　传统的“期现结合”模式 ………………………… 028
图 3-7　大宗商品贸易商面临的三重压力 …………… 029
图 3-8　下游塑料制品使用的主要原材料占比 ……… 031
图 4-1　中泰化学与实际控制人的产权关系 ………… 034
图 4-2　中泰化学组织结构图 ………………………… 035
图 4-3　中泰化学营销定价模式 ……………………… 042
图 4-4　中泰化学“年度合同定价”模式销售流程 …… 044
图 4-5　中泰化学“一单一价”模式销售流程 ………… 044
图 4-6　全球 2015 年 PVC 产能分布区域 …………… 050
图 4-7　全球 2015 年 PVC 需求分布区域 …………… 050
图 4-8　中国 2008—2014 年 PVC 产能增长 ………… 051
图 4-9　中国 2008—2014 年 PVC 开工率 …………… 052
图 4-10　中国 2008 年 PVC 产能分布 ………………… 054
图 4-11　中泰化学 2015 年前五大客户交易额 ……… 057
图 4-12　中泰化学 2015 年前五大供应商交易额 …… 057
图 4-13　中泰化学 2009—2015 年 PVC 与烧碱的产量增长 ……………………………………………… 058
图 4-14　乌鲁木齐至全国主要城市铁路线路………… 059

图 4-15　中泰化学上市以来 2007—2015 年每股收益情况 …… 060
图 4-16　中泰化学五力模型 …… 066
图 4-17　商业模式创新的六种方法 …… 071
图 4-18　中泰化学现在传统厂商角色的全产业链模式 …… 074
图 4-19　中泰化学未来交易商角色的全产业链模式 …… 076
图 5-1　大宗商品贸易商的战略转型 …… 082
图 5-2　大宗商品交易商整体收益 …… 084
图 5-3　大宗商品贸易的大型交易商从事期货交易的目的 …… 085
图 5-4　大宗商品交易商远大物产的“三位一体”模式的运作实质 …… 087
图 5-5　大型的大宗商品贸易商的四大优势 …… 088
图 5-6　商品流通形态的五种模式 …… 090
图 5-7　“三位一体”模式的三大体系及功能 …… 096
图 6-1　中泰化学销售区域市场构成 …… 103
图 6-2　生产制造厂商角色与功能的变化 …… 119
图 6-3　交易商“企业群”模式 …… 120
图 7-1　高速 G30 线环乌高速公路被大雨冲毁影响生产原料运输 …… 124
图 7-2　大宗商品交易商联盟平台的功能及业务流程 …… 128
图 7-3　大宗商品 PVC 专用料体系 …… 130
图 7-4　大宗商品销售的厂商直销模式 …… 131
图 7-5　大宗商品销售的中间商贸易销售模式 …… 133
图 7-6　主要经济区促进经济发展的多港驱动格局 … 140
图 7-7　大宗商品海铁联运综合服务体系 …… 141

图 7-8 “一带一路”沿线国家大宗商品出口物流运输示意图 …… 143
图 7-9 中泰化学大宗商品 PVC 多式联运与传统运输路线比较 …… 144
图 7-10 大宗商品供应链体系下的物流金融系统 …… 146
图 7-11 大宗商品物流金融综合服务平台 …… 152
图 7-12 大宗商品现货仓单质押功能框架 …… 155
图 7-13 中泰蓝天物流大宗商品仓单质押业务流程 …… 155
图 7-14 中泰蓝天物流大宗商品仓单质押业务协议与合同流程 …… 156
图 7-15 中泰蓝天物流大宗商品仓单质押业务贷款及支付流程 …… 156
图 7-16 中泰蓝天物流大宗商品仓单质押业务监管流程 …… 157
图 7-17 大宗商品物流金融综合服务平台的保兑仓交易模式 …… 158
图 7-18 大宗商品物流金融综合服务平台的核定库存“水池”模式 …… 159
图 7-19 大宗商品物流金融综合服务平台的“速贷仓”模式 …… 161
图 7-20 大宗商品物流金融综合服务平台的“速贷仓”质押流程 …… 161
图 7-21 无锡利源的 PVC 贸易生态圈 …… 177
图 7-22 远大石化的 PVC 贸易生态圈 …… 177

表目录

表 4-1　2010—2015 年氯碱行业主要大宗产品产量 …… 045
表 4-2　氯碱化工行业主要上市公司 2015 年产量及每股收益 …… 046
表 4-3　2009—2014 年我国 PVC 进口情况 …… 052
表 4-4　氯碱化工行业主要上市公司 2015 年 PVC 产量及出口 …… 053
表 4-5　中泰化学上市以来投资项目及额度 …… 055
表 4-6　中泰化学主要产品国内主要销售城市的铁路运距 …… 059
表 4-7　氯碱行业上市公司的主要经营指标排名 …… 064
表 4-8　氯碱行业主要上市公司 2014 年年报数据 …… 067
表 4-9　氯碱行业主要上市公司 2015 年年报数据 …… 067
表 5-1　两家具有相同发展历程但发展规模不同的房地产公司比较分析 …… 100
表 6-1　中泰化学市场构成分析 …… 102
表 7-1　我国 2015 年大宗商品 PVC 十大产能区产能 …… 142
表 7-2　我国 2015 年大宗商品 PVC 主要消费地占比 …… 142

第一章 绪 论

一、选题背景

对于大宗商品生产企业而言，在产能过剩时代是否能够做好供给侧改革直接关系到企业未来的命运。在当前经济低迷，去产能任务艰巨的情况下，企业要活下去且活得好是件不容易的事情。大宗商品交易以及信息经济的发展赋予了大宗商品企业竞争新的内涵，缺乏商业模式转型的传统经营思维注定要受到实际竞争环境的挑战。在买方市场下，大宗商品企业面临复杂多变、竞争残酷的市场环境，为了应对多变市场，突破经营瓶颈，实现企业发展目标，就必须科学地、动态地设计出符合市场要求与企业发展实际的创新商业模式，实现传统制造商向大宗商品交易商转型。这些目标的推动与实现，不仅需要改变传统的经营模式，更需要构建一个基于产业链价值提升的共享平台，尤其是互联网信息经济时代大宗商品现货交易、期货交易以及相关的物流运输、货款结算、供应链金融的快速发展，使得以工业企业为核心企业构建交易商综合服务平台已经成为可能。

新疆中泰化学股份有限公司(以下简称“中泰化学”)在实际经营管理中一直致力于全产业链整合的系统研究与实际运用。中泰化学战略管理者清醒地知道，如果还是按照传统大宗商品交易的供给与需求平衡理论，被动跟随市场需求端变化而进行供给端变革，终究是滞后且缺乏变革的方向引领，从而会出现

“去产能方法比较生硬、大宗商品交易平台建设匮乏、信息经济时代下商业模式落后、企业盈利能力下降、核心竞争力弱化”等一系列问题，由此在一定程度上阻碍了大宗商品产业链企业的整体健康发展。中泰化学作为传统化工行业的特大型国有工业企业，是打响供给侧改革战役的“尖兵”，因此借鉴共享经济理论、战略营销理论以及“SWOT 分析”“波特五力模型”等工具，在深入分析中泰化学所处的内外部环境的基础上，提出科学正确的企业商业模式转型思路，对推动企业取得供给侧改革成效，促进产业生态圈持续发展将是一个重要而深远的实践课题。

二、研究意义

本书以中泰化学为研究对象，基于供给侧改革的视角，重点分析了该企业在由传统大宗商品生产厂商向综合交易服务商转型过程中的探索与尝试，采用典型案例、协同理论、战略营销的分析工具或方法，从提升产业价值链以及转变商业模式的角度探讨了构建大宗商品综合服务商的设计思想与框架，提出了一些具有较好实战效果的经营运作流程，为中泰化学供给侧改革与战略转型提供了理论指导与实际借鉴，为保持企业长期竞争优势与持续发展奠定了基础。

1. 理论意义

信息经济时代下，中国传统行业的大宗商品生产厂商在制定科学的战略转型与商业模式变革时融入新元素与创新思考，对产业链相关企业具有十分宝贵的理论借鉴意义，也为大型国企深化供给侧改革以及转型升级方向提供了重要的支撑素材与范例。

2. 现实意义

中泰化学是新疆维吾尔自治区重点支持的优势资源转换企

业，公司以“富民、兴疆、强国”为企业使命，以“成就世界级具有传世地位的能源化工企业集团”为企业愿景，以“人为本、公为上、和为贵”为企业核心价值观，整合产业链资源，大力发展循环经济，积极推进清洁生产，逐渐提高产品附加值，努力实现“员工富、企业兴”的目标。目前企业已跻身“全国氯碱行业第一位”。公司正处于重要的市场转型期，供给侧改革如火如荼，新疆政策的落实与公司产业链纵向一体化及横向一体化并行发展，为公司带来新的发展机会。公司将走出一条创新型路线，而实现以上目标的重要基础与载体是公司必须构建创新的商业模式，以便引领公司深化国际国内市场开拓与企业改革发展。

从公司的角度来看，经过上市以来的近十年发展，公司面临的市场竞争环境、产业发展政策以及公司经营规模、管理水平都发生了很大变化，原来的一些商业模式已经落伍，一些企业改革路径也缺乏前瞻性。因此当务之急是必须重新从产业链生态圈的层面上审视并研究企业供给侧改革以及商业模式变革的问题，进行新的思考，为即将到来的由传统厂商向综合服务提供商(交易商)转型打下坚实的基础，以促进公司实现“持续、健康、快速发展”的目标。

从作者的角度来看，三位作者一直与大宗商品企业中泰化学有着直接或间接的工作关系：第一作者在股份制改造时为企业取名“中泰化学”；第二作者一直在该企业从事大宗商品交易及高层管理工作；第三作者曾经在该企业担任销售处长职务，目前在远大石化工作，依然与前公司有密切的大宗商品交易的业务关系往来。本书研究内容也是三位作者的实际工作内容与研究任务。研究结果能促使三位作者更加胜任各自岗位的工作，而且将指导企业发展，为“振兴新疆企业、振兴新疆经济”出一份力。那将是作者莫大的荣幸。

三、主要研究目标

本书以中泰化学及其产业利益相关者为研究对象，运用所学理论知识对这家地处新疆的大型国有大宗商品化工企业的战略转型与商业模式变革进行理论与实证分析，探讨了信息经济时代下工业企业开展供给侧改革与商业模式变革需要考虑的市场与企业内部变革的新元素，对中泰化学如何构建大宗商品交易综合服务商进行了独特思考，在一定程度上具体提出了运作框架与策略，给其他大宗商品生产厂商的供给侧改革及商业模式变革提供一定的借鉴与指导。

四、主要研究内容及方法

本书采用实证研究的方法，在进行文献梳理、公司经营数据分析和案例分析的基础上，根据实际工作进行深入分析与检验，最后得出自己的看法与建议。借鉴供给侧改革理论、平台经济理论、商业模式变革理论，结合多年的工作经验，厘清公司面临的问题；采用成熟的战略工具与方法，结合企业大宗商品交易实际工作，分析公司战略转型及商业模式变革中可能存在的障碍因素或问题，提出相应的解决方法和措施建议。

本书共分八章，基本结构和主要研究内容安排如下：

第一章，绪论。主要阐述写作目的、意义、研究目标、主要研究内容及方法，提出了技术研究路径及理论框架。

第二章，商业模式与战略转型理论概述。主要对商业模式与营销战略理论的有关文献观点进行了梳理和综述。

第三章，供给侧改革的产业发展新机遇。简要分析了市场失衡与供给侧改革的背景，对产业链各端各环节企业对供给侧改革的理解进行了深入分析与探讨，对产业链各个利益相关者在供给侧改革中如何把握机会提出了思考。

第四章，中泰化学由传统厂商向特色交易商转型分析。分析了中泰化学面临的内外部竞争环境，提出了通过产业链角色转型来改革脱困的具体思路。

第五章，远大物产“三位一体”期现结合交易模式分析及借鉴。总结了远大物产在大宗商品交易发展沿革中的不断进取与变革探索，重点分析了其“三位一体”期现结合的交易模式的成功之处，提出了借鉴方向和变革路径。

第六章，中泰化学战略营销创新及交易商产业联盟构建。分析了战略营销变革的基础，提出了战略营销改进与创新的路径和策略，最后明确了大宗商品交易商产业联盟的构建思路。

第七章，大宗商品交易商综合服务模式主要功能分析。对大宗商品交易商如何提供多功能的综合服务功能体系进行了思考与设计，理论联系实际，对实践中不断尝试的业务模式变革的具体业务流程进行了再造设计，并进行了功能解释说明。

第八章，结语。简要总结了研究结论，并对未来的研究方向和趋势进行了展望。

第二章　商业模式与战略转型理论概述

一、共享服务与共享经济

2016 年 7 月 16 日在北京举行的“2016 全球产业互联网大会”，首次提出了“产业共享经济”概念，倡导企业由传统产业经济向更为开放共享的企业生态经济转型，从而掀开了产业共享创新的“面纱”。西门子、SAP①、雷克萨斯、戴姆勒、三一集团、奇瑞新能源、海尔等国内外著名公司正积极推行产业共享模式。例如，三一重工通过北京创客空间梳理了 100 多亿的产业生产资源，其中包括三一重工一线工程机械 40 万台，全球供应商 3000 多家以及产业专家 100 多位，全球智能制造领域内的中小型创新企业都可以共享这些优质资源，并接受他们的服务与支持。三一重工的采购体系为他们提供集中采购服务，以最优惠的市场价格获得最好的产品与服务。其中一线工程设备可以获得“技术、产品和服务”的装载测试及专家“一对一”指导，将 100 多亿高端生产资源进行整合，促进产业技术升级与创新。此外，还为产业共享提供了融资平台支持(三一天使基金、明照资本

① SAP 公司(纽交所代码:SAP)成立于 1972 年，总部位于德国沃尔多夫市，在全球拥有 6 万多名员工，遍布全球 130 个国家，并拥有覆盖全球 11500 家企业的合作伙伴网络，是全球最大的企业管理和协同化电子商务解决方案供应商，也是全球第三大独立软件供应商。

等)，并建设三一产业园①。未来，产业融合需要基于互联网平台把经济社会各个领域的创新成果深度融合，通过组织变革、提高管理效率、促进产业技术改造与技术进步来提升产业制造的能力，构建新的商业模式，拓宽企业边界，促进共享经济生态的形成与运行。共享经济的思维可以追溯到共享服务的理念。共享服务奠基人奎因(1998)②指出共享服务是一种"顾客为中心+服务收费=商业"的创新商业模式，根据客户实际需求及其支付意愿来提供有偿的针对性服务。布赖恩(2004)③也认为共享服务是一种合作战略，整合了各个经营职能的业务单元(共享服务中心)，专设管理结构，开展公开竞争，从而达到"提高效率、创造价值、节约成本、提高服务质量"的目的。Schulman 等人(1999)在《共享服务：增加公司价值》一书中认为共享服务的目标是通过整合内部资源，降低成本来提高客户满意度以及创造更多的企业价值。克里斯和费伊(2005)在《服务共享》著作中指出：共享服务是保持持续竞争优势的经营战略的核心部分，通过整合资源降低产业成本，获得更好的产业利益。共享服务管理模式是 20 世纪 90 年代后期随着跨国公司进入我国的，从这以后这方面的学术研究也开始展开。张高峰、吕巍、张颖(2002)对共享服务中心的概念进行了界定，认为共享服务是为企业内部客户服务的，独立自主按照虚拟经营单元运行，建立有规范的内部收费制度。它向内部客户提供服务并收取费用，而内部客户有权选择企业外的服务提供商。即内部客户有权决定是否购买来自外部的服务。共享中心是各个职能部门把相同的服务职能提取出来，统一设立"共享"服务中心，并作为所有部门的后台部

---

① 三一产业园位于北京昌平区北清路，拥有 1 万平方米的孵化基地。

② 她在 1998 年出版《共享服务：挖掘企业的金矿》著作，云南大学出版社 2001 年翻译出版，书名为《公司的金矿：共享式服务》。

③ 哈佛大学教授，著有《共享服务精要》。

门,提供相应自由的参与市场竞争的产品或服务,主要包括财务资金管理、人力资源、信息化、法规法律、供应与采购、产品研发等。这样做的目的是降低运营成本,提高运营效率和服务质量,强化企业核心竞争力。

二、商业模式及其转型

管理大师德鲁克认为企业与企业的竞争已经跳出了产品竞争,上升到商业模式竞争。随着全球经济一体化、信息化以及"互联网化"的进一步发展,商业模式的积极作用已日益显现。但业界并没有对商业模式进行统一而规范的定义。学术界总体上从"价值创造、盈利能力以及功能体系"三个方面来阐述商业模式的内涵。价值创造理论认为企业创造价值的模式就是商业模式。商业模式与企业创新紧密联系在一起,能够为产业链中的各个参与方(供应商、贸易商、上下游厂商与企业自身)创造新的价值。盈利能力理论则认为商业模式应该从经营性与战略性两个方面来理解,一要调整经营机制,二要动态适应竞争环境,为未来的持续盈利做出模式的变革。通俗来讲就是对商业模式在产业链中如何实现价值链,进行了明确的程式与范式的规定。而功能体系理论则认为商业模式就是一个企业运营系统,对企业的"价值流、利益流和物流"进行了建构与规范,对产业链中的"客户、供应商、渠道、资源和能力"等进行整合,形成一套相互制约、相互促进的体系,具有"价值主张、价值支撑、价值保持构成"三大分体系。这一系列结构体系及其制度安排,目的是为了实现更大的价值创造与利益分享。商业模式的变革是属于战略层面的创新,获取持续竞争力是长远目标。各个要素之间形成良性互动,划分彼此功能,规定利益分享规则。

最近,商业模式被一些传奇的商业故事传得神乎其神,但商业模式依据什么样的功能而大获成功人们并不清楚,于是人们把那些推动商业模式改革的企业首领推上了模式的神坛。其实，商业模式要明确各方参与主体的身份及其承担的整合后的角色，要规定获取利益的途径与方式，以及如何在利益相关者之间分配利益。商业模式需要通过产品与服务的价值定位来不断保持竞争的优势。不仅需要挣钱，更需要明白赚钱的内在逻辑。商业模式突出思考企业行动的整体性，必须同时考虑内外部竞争状况以及战略性财务目标。战略使命是商业模式的精髓、焦点，战略结构变革决定了"产业链、行业、客户、产品与服务、标准"等因素。通常来说，商业模式由"服务理念、技术结构、组织安排、财务安排"四大要素组成，服务理念彰显价值主张，明确目标客户界定；技术结构表明产品及服务提供的整个协同系统；组织安排强调路径策略与角色分配；财务安排聚焦价值实现的途径与实现手段方式。

企业发展的过程具有不确定性与非理性，竞争环境的剧烈变化使得企业构建商业模式也日益复杂。企业经营环境的动态变化及日趋复杂使得企业在发展过程中的不确定性显著增强，而企业商业模式变革都是建立在资源整合以及内外部环境的适应基础上的，契合度很重要。企业实战中没有万能的商业模式。

当前，在竞争中通过改变商业模式来赢得优势是非常必要而紧迫的，但企业构建新的商业模式要"因地制宜，因企制宜"，动态看待长远战略，科学对待商业模式的转型与调整。正如郭毅夫(2012)通过实证分析①研究指出："商业模式转型是企业取得持续竞争优势的核心来源。"而另一份调查报告也提出战略思

① 郭毅夫基于湖南、浙江、广东、重庆等地 279 份可用的调查问卷，对数据进行统计检验，提出了商业模式转型中具有正向作用的 4 个外在因素(资本市场、创业文化、消费者需求以及技术进步)与 7 个内部影响因素(企业家发现机会的能力、企业家整合资源的能力、企业家承担风险的能力、组织学习能力、企业的共同愿景、企业开放心智以及企业内部的知识共享)。

维能力是提升战略决策能力的基础[①]。商业模式变革的过程，是一个企业自我学习、自我提高的过程，企业一旦认识到模式变革对企业发展战略的积极影响，就会主动克服一些变革阻力或困难，就可以通过进一步的资源配置、战略整合、制度革新、管理创新、人才支撑等一系列自我调节的途径来促进企业创新模式的形成。

三、营销战略与企业战略驱动因素

1. 营销战略理论文献综述

营销战略理论是随着诞生于 20 世纪 60 年代的企业战略管理理论发展而发展的，经过几十年的发展，国外学者在营销战略与策略方面的理论成果较多，营销战略的理论也较为成熟，这些成果综合起来可以概括为“4PCVRs”，即“4Ps＋4Cs＋4Vs＋4Rs”。“4Ps”是在营销组合理论的基础上拓展凝练而成的。营销组合理论最早是由尼尔·博登在 1953 年提出的，他认为营销组合策略受到以下 12 个因素的组合影响，即“产品、定价、品牌、销售路径、人员销售、广告、促销、包装、陈列、扶持、实体分配和市场调研”。后来杰罗姆·麦卡锡于 1960 年将 12 个因素简明扼要概括为产品（Product）、价格（Price）、渠道（Place）、促销（Promotion）这 4 类，即“4Ps”。1967 年又经菲利普·科特勒（2007）升华确认而成为“以 4Ps 为核心的营销组合方法”，4Ps 理论的提出奠定了营销战略的基本理论框架，具有重要的理论指导作用。

---

① 中国企业家调查系统在“2009 年中国企业经营者问卷跟踪调查”的调查报告中也强调了提升中国企业的战略决策能力，必须重视提升企业经营者的战略思维能力，尤其是对动态复杂环境的把握和洞察、对行业与竞争趋势的判断力。

随着信息技术的迅猛发展，产品技术创新、产品生命周期以及满足消费者个性化需求的变革也越来越被企业重视，罗伯特·劳特朋由此提出了“4Cs”理论，他认为影响营销效果的因素包括顾客的需求和欲望(Customer Needs and Wants)、顾客的成本和费用(Cost)、顾客购买的便利性(Convenience)、企业与顾客的沟通(Communication)这四个方面，并提出了以下理论内涵：基于市场调查研究来了解并满足顾客需求的产品才有生命力，否则将会被淘汰；产品定价既要考虑生产成本，更要考虑消费者对价格的敏感性以及市场价格竞争力等影响；构建营销渠道时，既要考虑服务质量，更要考虑产品获得的便利性；加强客户关系沟通与管理，采取客户能够接受的促销方式来满足客户需求，是企业营销竞争力的关键所在。

随着营销理论不断发展，营销逐渐由产业营销向服务营销甚至关系营销(Relationship Marketing)转变，营销是一种普遍的由全体营销人员与客户建立密切关系的一项市场导向职能活动。舒尔茨在20世纪90年代根据以上营销思想提出了4Rs创新理论，即Relevancy—关联、Respond—反应、Relation—关系、Return—回报的营销理论框架。市场营销战略需要受到一定的企业与企业、企业与环境间的互动因素影响，一是企业需要与市场消费者互动，针对客户、竞争对手和其他外部区域的环境因素，不但需要交付产品，而且还要提供信息或价值的进一步交流与沟通；二是营销部门要在跨界合作中履行综合营销管理的责任，并在产品、市场、营销活动中实现营销资源整合，从而实现不同组织的特定目标。Michael F. McKenna(2012)等认为，特种化工行业成功营销计划的关键就是在分销商和公司之间都建立品牌意识。Jehiel Zif(2013)则认为新产品营销战略和新产品开发过程的选择应该分析和评估“创新要素”的影响，并在此基础上制定新产品开发策略与营销策略。

对相同的产业领域来说，产品、服务的质量与价格都会具有同质化，但企业营销战略却具有较大差异性。有效的战略选择必须“出奇制胜”，因此需要创新且远离平庸，战略制定必须着眼于持续、有效、创新。然而战略规划是有条件的，必须适应产业与竞争环境的不确定性以及变化，同时战略实施要落地执行，并保持战略柔性。有效的营销战略应该重视渠道这个关键因素，通过渠道创新来保持销售竞争力，渠道创新包括渠道设计创新与渠道管理创新。营销渠道的长度与广度创新，是保障营销战略有效性的重要支撑。余明阳(2010)认为营销战略的过程就是一个定位的过程，营销首要环节就是定位，它是一个完整而系统化的营销过程，包括对企业、品牌、产品、价格、广告促销、市场竞争等的定位。李飞(2013)认为营销战略规划的过程就是一个找位、选位和到位的过程。创新型的营销战略就是要充分考虑企业营销的差异化，满足客户的个性化需求，突出竞争力，以便拓展更广阔的行业市场。由于工业品具有较为明显的市场交易特征，一般都是大宗商品交易，供应链采购比较复杂，产品销售技术性服务要求较强，可以通过顾问式营销模式来满足下游企业对工业原材料采购的需求，发现并解决客户问题，为客户提供全程式采购服务方案。

梳理国内外文献，可以看出国外关于营销战略的文献主要从理论上较多地论述企业营销战略中营销策略制定应考虑的因素，对案例公司的营销战略的全案研究较少，我们目前只从PPT汇报文档中查到德国BASF公司向股东投资者的战略汇报(BASF Strategy：We create chemistry)，对其营销战略有所了解。国内文献在营销战略框架及理论方面的研究较多，也有一些成果，以案例研究的形式具体分析了企业营销战略与策略以及对策建议等内容，但理论联系实际，以自己亲身参与公司营销战略制定与实施的角色来研究一家地处我国边疆的国有化工企业的营销战略却很少。作者以中泰化学为对象，联系自己负责营销战略管理的工作实际，具体分析该公司的营销战略管理的全过程应考虑的因素与问题，提出自己的看法和建议，以便为类似企业及学术界提供具有一定价值的参考。

2.企业战略转型理论综述

战略转型是一个企业不断适应环境变化的过程，要求企业转型是大势所趋，是为了使企业所拥有的资源与经营环境相匹配，从而保持或者增强企业立足市场的先发或后发竞争优势，保障企业健康可持续发展。战略转型具有很多方面的驱动因素。战略转型是在一定条件下发生的，主要是企业陷入经营困境，为生存或发展才迫不得已寻求战略转型，战略转型要做出一系列重大改变，如使命宗旨、经营目标、企业文化、商业模式等。Boyle 和 Desai(1991)实证分析、归纳整理了战略转型的 24 个因素，共分为“内部行政因素、外部战略因素、内部战略因素、外部行政因素”四类，并提出“内部因素大都是因为管理控制不到位，对企业绩效影响更大”。唐健雄等(2008)则认为，企业战略转型的内部影响因素包括“企业生命周期阶段、企业资源和能力、企业绩效、企业高管层能力”等，内外部环境因素共同作用形成企业战略转型的驱动因素。唐教、肖进(2013)则通过实证分析中国电信的战略转型实践，认为“内外部环境、绩效压力、竞争格局”是驱动企业战略转型的三大因素。薛有志、周杰、初旭(2012)则认为为战略转型提出普适性驱动因素不现实，战略转型的模式、维度、内容层次选择，也要因地制宜，深入研究，才能比较准确地提出企业战略转型的驱动力模型。以上专家学者大部分观点相一致，但有一些方面存在不同看法，这可能是由于企业的研究类型、规模、所处的生命周期不同，还有可能是研究的假设条件不同，因此存在不同是可以理解的，没有必要做统一的大框架。

第三章　供给侧改革：大宗商品产业发展的新机遇

一、市场失衡与供给侧改革

1. 新古典市场理论的“虚构市场”

虽然市场是“无形之手”，均衡调节着市场的两端：供给与需求。然而对市场的看法，不同的理论却有不同的思维和结果。新古典市场理论认为：市场一定会达到帕累托最优①，实现资源最优化配置。因为市场与生俱来就有“相互交易的倾向”，而且市场中博弈的人们热衷于追求自我利益的最大化，供给者（生产者）与需求者（消费者）在市场中依据一定规则博弈，最终达成市场均衡，即逐步实现市场中同类产品的价格均衡。而竞争的高度市场化以及均衡价格机制会反过来协调博弈双方的行为，逐

① 这个概念是以意大利经济学家维弗雷多·帕累托的名字命名的，他在关于经济效率和收入分配的研究中最早使用了这个概念。帕累托最优（Pareto Optimality），也称为帕累托效率（Pareto efficiency），是指资源分配的一种理想状态，假定固有的一群人和可分配的资源，从一种分配状态到另一种状态的变化中，在没有使任何人境况变坏的前提下，使得至少一个人变得更好。帕累托最优状态就是不可能再有更多的帕累托改进的余地；换句话说，帕累托改进是达到帕累托最优的路径和方法。帕累托最优是公平与效率的最理想状态。

步达成一个新的均衡,促进市场的良性发展。但这种理论结果必须依据一个假设:人们追求自身利益最大化必须遵循理性选择的原则。然而真实的市场场景却是:市场竞争双方是有限理性的,博弈的双方都希望实现自我利益最大化,而又不太愿意恪守理性选择的原则,很难实现市场资源配置的帕累托最优。因此,新古典经济学家对市场运作的理论建构其实是与真实社会及市场相悖的,是对真实市场的一个抽象描述或假设,近乎"虚构出来的一种市场"。

市场一直就不是一种"自生自发的秩序"。虽然资源配置合理与否对一个国家经济发展具有重要影响,然而在不同的人类社会经济发展阶段,与需求相比,资源具有相对稀缺性,为获得自我最佳效益,人们总是希望在资源配置中占得先机,而忽视将来的供给与需求可能的失衡。而市场秩序又不会自然建构并产生积极作用。2016 年 7 月发生的"万宝之争"①,争执各方有哪一家会自发地在法律法规和监管规则的框架内,去切实维护资本市场秩序并保障中小投资者的合法权益呢?

2.市场化追逐资源与产能过剩

尽管采用"限产利库、淘汰产能、限制投资"等措施来治理产能过剩,但产能过剩依旧是市场经济中普遍存在的一种现象,市场也不会内生出市场秩序来消除产能与需求的突出矛盾。欧美国家也不例外,他们一般认为产能利用率在 79%~83%比较合理,产能利用率低于 75%即为严重过剩。产能过剩与经济发展周期密切相关,在经济快速发展时期,需求不断地快速增加,加快了产能扩张,最终导致产能超出市场调控政策的掌控,从而引发经济滞胀甚至进入经济萧条阶段。

---

① 指万科与宝能的股权控制权之争。

3.供给侧改革势在必行

我国改革开放已经近40年，面对经济增速放缓以及全球经济复苏乏力，目前我国依然坚持针对不同行业和公司制定相应的产业政策，尽可能地开放市场，并深入推进改革。

供给侧改革获得中央的高度重视是在2015年底，2015年11月10日习近平总书记在中央财经领导小组第十一次会议上提出："在适度扩大总需求的同时，着力加强供给侧结构性改革，着力提高供给体系质量和效率，增强经济持续增长动力，推动我国社会生产力水平实现整体跃升。"此后，习近平在不同场合多次提出"推进供给侧结构性改革"和"加强供给侧结构性改革"。2015年12月18日至21日，一年一度的中央经济工作会议召开，会议提出："2016年及今后一个时期，要在适度扩大总需求的同时，着力加强供给侧结构性改革，实施相互配合的五大政策支柱。"会议确定了2016年经济工作的重点是"去产能、去库存、去杠杆、降成本、补短板"五大任务。

供给侧改革政策的推出表明我国宏观调控政策导向和调控方式将发生重大变化，这是经济发展面临的三个深层次问题直接作用的结果：

一是经济增长率和潜在经济增长率持续下降，意味着以往靠政府投资等需求端管理的宏观经济政策已经出现明显递减的边际效应；

二是普遍的产能严重过剩，反映了以往需求端管理的宏观经济政策副作用越来越大后遗症越来越多；

三是以往那种靠大量要素投入的方式无法推动经济的可持续发展，只有推进供给侧改革，才能实现创新、协调、绿色、开放、共享的发展理念。

因此，供给侧结构性改革主要是为了解决现实市场的供求矛盾，具体有效的做法主要包括"清理僵尸企业、淘汰落后产能、促进产业优化重组、化解房地产库存和金融风险、优化经济发展空间”等,对此,产业界、学术界各方已经达成共识。

二、产业整合与供给侧结构性调整

1.产业整合

在全球化进程三十年后,国际分工相对稳定,各个经济体之间不是孤立的,而是紧密联系的,因此依靠单一企业、单一地区(区域)分散化地去降低产能,是不现实的。产业整合是未来较长时间内的必然趋势。通过资源整合实现产业集群化,产业结构调整的未来趋势是产业越来越集聚、集中,产业强者恒强,并不断由完全竞争向垄断竞争转变。对大宗商品而言,未来较好的做法是以核心企业为主体,整合全产业链上下游资源,实现产业资源与产业利润在全产业链上重新配置。2016 年 6 月 26 日,宝钢、武钢停牌筹划重组,打响了央企供给侧改革“第一枪”。

市场失衡问题从表面来看是需求不足。2007 年以来,我国经济增速逐年下滑。内需外需见顶后都出现拐点,一方面出口增速见顶回落甚至零增长,我国人力资源成本提高,使得低端制造业在东南亚更具有产品低成本的比较优势,产业跨国迁移不可阻挡;另一方面人口结构的变化使得人口红利难以持续。工业低端化与人口老龄化加剧了经济发展市场供给与需求的矛盾。尤其是“供需错配”的问题更加突出,低端产品产能严重过剩,高端产品创新不力难以满足市场需求。这是市场失衡的本质问题,不是需求全部不足,而是低端产品过剩,缺乏竞争力,而高端产品严重不够,难以满足现实或潜在的需求。

2.供给侧结构性调整任重道远

消费领域的中低级产品消费低迷,甚至在逐渐下降,而跨境电商与“海外扫货”却增速迅猛。因此深层次的问题不是短期需求不足的问题，而是中长期供给结构性调整不力，无法提供高端而创新的品牌产品。

大宗商品供给侧结构性改革是一个系统工程，要求各个要素的协同，未来的变革与发展任重道远，如图 3-1 所示。

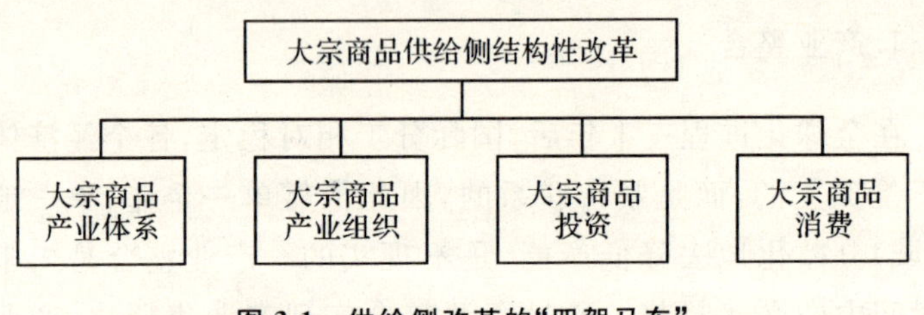

图 3-1 供给侧改革的“四驾马车”

3. 产业链的各端对供给侧结构性改革的理解

(1)传统厂商对供给侧结构性改革的认知。大宗商品厂商既包括产业链前端的上游厂商，也包括产业链后端的下游厂商。以实体经济生产产品为主的制造型企业，也包括厂商的供应商厂商。例如，大宗商品 PVC(聚氯乙烯，一种应用广泛的塑料原材料)的生产工艺有两种：乙烯法与电石法。目前我国 PVC 产能的 80%是由电石法生产的。因此 PVC 的上游厂商包括 PVC 生产的氯碱行业中的众多企业，也包括电石生产、乙烯生产、煤炭生产、电力生产、石墨烯生产等众多企业，PVC 的下游厂商主要是建材加工企业。

厂商认为供给不仅仅只是生产，供给侧不仅仅局限于生产制造环节。供给侧的范围应该是综合立体体系，领域、层面、环节众多，涵盖整个生产过程，例如大宗商品 PVC 的供给侧流程，如图 3-2 所示。

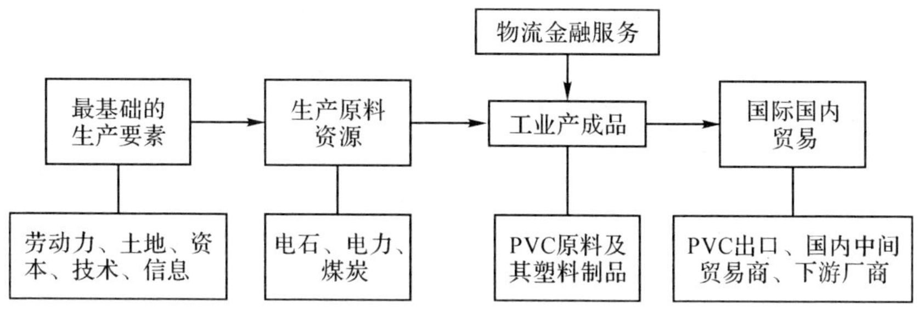

图 3-2　PVC 供给侧流程示意图

从以上流程看出，供给侧是一个产业流动的好几个环节组成的一段进入市场的过程，既包括最基础的生产要素的获取，也包括生产原材料的生产或获取，最后还包括通过自身制造系统生产出工业产成品流通到国际国内市场，签订供销协议之前的这一段时间，其中相应所需的配套物流服务、金融服务也应该包含在供给侧流程中。因此，供给侧本身就是市场中的一个系统工程，而不仅仅是一个环节、一个点。供给侧不仅包含生产制造系统，还包括要素资源、定价机制、产业整合与组织（产业链与价值链）、市场服务（物流、金融服务）等环节。从目前传统的运作模式来看，这几个环节都是没有分割的，即贸易商与厂商进行商贸活动，产品销售、产品定价、产品检验、产品运输与金融结算服务都是统一在这一单生意合约中的；未来我们构建的运作模式中这些都是分离的，通过买断产能、第三方物流、物流金融及金融衍生服务等环节的分离，使得市场运转效率大大提高，有力促进了供给侧的结构性改革，这些会在后文中详细论述。

供给侧结构性改革的核心不是去产能、去库存以便调整供给总量，因为供给与需求并不是此消彼长的一对“冤家”，新的需求会催促产生新的供给，而创新性高层次的供给能激发新的需求。因此，供给侧改革不是简单地去库存、去产能，而是提高供给结构对需求变化的灵活性与适应性，通过产品转型升级，激发消费者产生更高更好的需求来消化过高的产能。

有人会问，大宗商品产能过剩为什么还要生产？因为大宗商品企业投资周期长，投资建厂之后，都会在企业所在区域形成一定的产业集聚，形成较为完善的产业链体系，即使产品积压，也要生产，否则上游原材料厂商的产品也会突然出现产能过剩，造成整个产业链体系各个环节的设备闲置，工人失业，导致社会矛盾突出，那就不仅仅是经济问题了。因此，现实中不是企业不愿意限产、停产去产能和去库存，而是身不由己，满负荷生产最多只是产品积压，资金积压的困难也可以延展支付原料供应厂商的货款，或者继续向银行加大信贷额度，甚至上市公司还可以通过资本市场进一步融资解决，问题解决起来反而比限产、停产去产能来得简单，也没有那么棘手。

大宗商品生产大都是由行业内具有国资背景的大中型企业完成的，那么这些企业如何参与供给侧改革呢？我们认为，供给侧存在着结构性问题，尤其是能源、建材、钢铁等行业中的国有企业产能过剩比较严重。例如，2015 年我国粗钢产量约为全球的 50%，达 8.04 亿吨，导致产品价格持续下跌，企业亏损严重。在投资大、负债高、产品又滞销的严峻经营情况下，国有企业去产能、去库存、去杠杆、降成本的目标任务更艰巨。因此必须转变企业的商业模式，转变过去注重大规模生产的做法，打通全产业链，与贸易商、下游厂商结成战略合作关系，利用金融衍生工具，促进产能向库存转移，向下游生产转移，使得后端下游厂商的较高利润通过产业链、价值链向产业中端、前端各个环节适当转移。这样上游厂商才有积极性和能力去提高产能、提高产量，加快转型，从而降低生产成本，加快技术革新，培育竞争力，提高产品附加值和企业经济效益，更灵活地满足市场不同层次的需求。

(2)中间贸易商对供给侧结构性改革的认知。贸易商处于产业链的中间端，通常被称为中间商。随着全球经济出现下滑拐点，大宗商品需求没有增量，产能过剩，而且大多数大宗商品的价格是通过供给端脉冲来实现的，上游厂商限产检修则市场价格会涨一点，满负荷生产则价格会下降一点。这使得大部分商品价格变化都是以供给端的脉冲来展现的，是供给端而不是需求端在影响着大宗商品市场价格的上行和下行。由于生意越来越难做，不做则流失客户，越做就越亏损，因此大宗商品贸易商不断陷入资金困境与发展困境。例如，托克公司[①]金属和矿产品部门负责人 Simon Collins 表示，由于 2016 年 6 月青岛港融资丑闻[②]爆发后，大宗商品行业融资更加困难了，尤其是与钢铁贸易相关的矿厂、炼厂和金属加工厂，信贷额度越来越低，信贷获得资金越来越难，这已经成为大宗商品行业的常态与共识。银行自身资金回笼压力也大，对贸易企业授信卡得很严。传统的贸易商“还旧贷新”融资模式已经行不通了，银行先是哄着贸易商还旧贷，回笼资金后就不再授信了。再加上目前大宗商品国内外贸易都是亏本买卖，铁矿石、大豆、煤炭、螺纹钢、塑料、油品等主要大宗商品贸易基本上都是亏钱在做，越亏生意越难做，越亏银行越不敢贷款，导致恶性循环。

因此，贸易商热切期盼供给侧改革促进产业链一体化的新商业模式的到来。目前，中国的大宗商品贸易商到了改革创新

---

① 荷兰托克集团（Trafigura Beheer BV）是全球大宗商品交易巨头，成立于 1993 年，是全球领先的大宗商品独立贸易和物流公司，主要经营石油及石油产品贸易、金属和矿产贸易以及船运和包租等业务，2014 年营收 1276 亿美元。

② 指“青岛港重复质押仓单骗贷融资事件”。贸易商将同一批货，开具出不同的仓单，用“一女多嫁”的手段向银行骗取贷款。青岛港重复质押仓单骗贷融资事件后，银行停止授信，并致力做两件事，一是核实仓库里有没有铜、铝，二是弄清这些金属的产权归属。仓单质押贷款是贸易商向银行融资的一种途径。当仓储企业对货主货物确认后，开立专用仓单作为融资担保，银行依据质押仓单向货主提供短期融资业务。但现实操作中，银行之间质押信息互不相通以及仓库管理存在漏洞，货主与仓储企业联合进行重复质押或者空单质押的现象并不罕见，通过一票多押甚至多次质押从银行融资。

的关键时刻，产能过剩的困境中，大宗商品市场不是不需要贸易商，而是产业链的上下游厂商比任何时候都更需要找到那些能够提供特色贸易与金融服务的贸易商，并与之结成战略联盟。经济不景气时，客户找不到贸易商，上游工厂找不到客户。平台很重要，这是共享经济的基础。因此，贸易商迫切需要开启新的市场运作模式。新模式什么样？就是要将资本和实业打通，形成资本和实业的正能量循环，通过放大资本市场来推动实业发展，资本市场则依靠不断快速增长的实业支撑将原来的泡沫化逐渐剔除，不断提高大宗商品实体经济的现实需求。

从目前大宗商品 PVC 市场状况来看，上游厂商（如中泰化学、新疆天业等）正面临产能过剩的问题，企业经营环境更加严峻，但大多数企业认为并不是这个市场没钱赚，而是没有构建一个共享经济平台，使产业链各参与方均能够分享利益。虽然上游厂商在经营困窘的情况下不断研究如何进行供给侧改革，但下游企业目前就过得很舒服，2015 年以来 PVC 原材料售价平均下降了近 20%，但其产成品的售价却一涨再涨，例如塑料制品在原料价格基本没什么变化的情况下产品销售价格却上涨了一倍多。

(3)产业链后端厂商对供给侧结构性改革的认知。中国成为国际制造产业迁移基地近二十年来，中国制造的品牌已经在全球打响，对于大宗商品每一条产业链而言，前端制造业与后端制造业都面临机会，面对全球制造业向发展中国家转移的机遇，我国的大宗商品前端制造业稳步发展，内需和出口量都得到较快发展，规模效益明显增大，产能逐渐加大。由于经济的快速发展，处于大宗商品产业链后端的终端产品的需求也快速放大，再加上供应链的“牛鞭效应①”,使得产业链的供应链需求快速放大,产业链后端企业加大库存,放大需求,进而带动后端企业不断向上游企业、上上游企业进行需求放大传导,原材料需求不断由下游向上游传导,导致需求夸大,产能扩张。而且这个需求是实业界的真实需求,很容易促进产业链的需求传导,造成过度繁荣,进而使得上游生产商、中间贸易商、下游生产商过度兴奋,而其中的巨大风险却很容易被产业的良性发展所忽略。

以 PTA 的产业链为例来说明以上的理论或现象:国际服装产业迁移到中国,中国成了服装产业国际代加工的基地,来料加工及出口量的快速增加,促进了我国服装产业的生产与繁荣。就拿宁波来说,宁波是最大的服装生产基地,最繁荣的时候拥有服装厂商 3000 多家,年产服装近 25 亿套,其中拥有包括雅戈尔、杉杉、罗蒙、唐狮四大中国驰名商标,太平鸟、洛兹、培罗成等 15 个中国名牌产品。宁波纺织服装产业是传统产业,简称宁波“红帮”,也是优势产业,是领先全国的时尚产业,是宁波区域地方经济的支柱产业。宁波“红帮”产品结构合理,产业链完整,产业集群优势明显。

服装产业快速发展带动了整个产业链各个环节的扩张,传导机制如图 3-3 所示。

---

① 营销过程中的需求变异放大现象被通俗地称为“牛鞭效应”。其内涵是指供应链上的信息流从最终客户向原始供应商前端传递时,由于无法有效地实现信息的共享,使得信息扭曲而逐渐放大,导致需求信息出现越来越大的波动。“牛鞭效应”是供应链管理的基本原理之一,经济学上的一个术语,是销售商与供应商在需求预测修正、订货批量决策、价格波动、短缺博弈、库存责任失衡和应付环境变异等方面博弈的结果,增大了供应商的生产、供应、库存管理和市场营销的不稳定性。

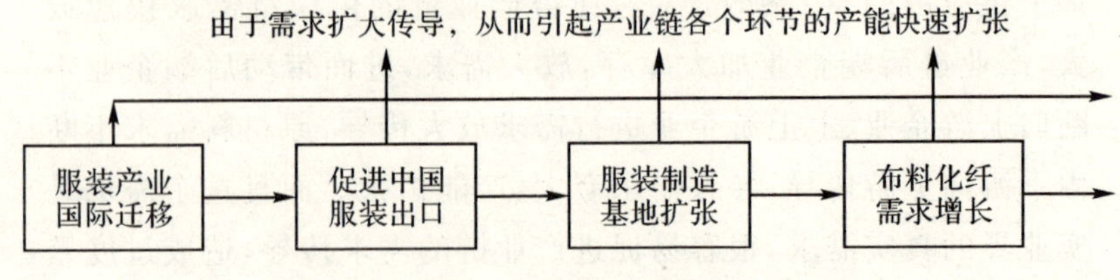

图 3-3 服装产业链产能扩张及其传导机制

如上图所示，服装制造基地扩张是由于国际需求增加拉动出口所致，服装生产又刺激了布料、印染、化纤等原材料需求的快速增长，这是产能传导的表象。

其实产能扩张只是表面的传导，其实质是利润的传导。产能扩张伴随着利润传导。产业发展初期，服装加工通常拥有较高的利润，早期的投资就自然集中在服装产业链终端生产加工这个环节，这一时期，生产企业如雨后春笋，宁波大大小小的几千家服装企业就是这样诞生的，一段时间内这些企业日子过得还很不错。但是由于市场的逐利行为，使得服装产业终端的生产加工以及投资这些产能及产品供给量迅猛增加，终端产能逐步上移，利润也大幅削减。利润削减会导致产业资本逐层向产业前端上游环节移动，再加上产业链后端下游需求快速扩张导致前端上游供给端的不足，因此产业资本的扩大是沿着产业链由后端向前端推进，投资额度也逐渐沿着移动方向放大，需求端快速扩张越发促进了供给端增长滞后。随着需求端产业利润逐渐被挤压，大宗商品实体经济转型势在必行，必须逐步转型到非产能扩张带来的提升附加值来实现。否则产能的不断扩大以及逐级上移，会侵蚀产业底层的绝大部分利润，从而不断逼迫产业资本上移，加剧供给端产能过剩的矛盾。例如，服装产业到了2002 年的时候已经没多少利润了，这时候服装生产企业已经进入了去产能的阶段，大量资金就投向了产业上游的化纤、涤纶，从而拉动了 PTA 的需求，利润也有保障，使得产业资本在一两年之内就呈现集聚投资效应。这一时期也正是大宗商品周期上涨的阶段，一直到 2008 年 PTA 才大致供需平衡。而后遭遇全球经济危机，供给端的产能矛盾才不断恶化，大宗商品价格才不断下滑，步入漫漫熊途。

三、供给侧改革对大宗商品产业发展带来的机会

企业是供给侧改革的主体，供给侧改革不但要求企业家转变思维，而且要及时调整自身经营战略，企业转型升级，加大企业变革力度才能适应新的形势。

1. 大宗商品制造企业的机会

(1)促进产品定位与营销战略转型。大宗商品自 2008 年金融危机以来，产能过剩，供给增加，逐渐滞销。从传统的钢铁、水泥、石油化工、煤炭，到新兴的多晶硅光伏产业，都面临产能过剩困境，产品滞销是常态。供给侧的问题导致资源配置错位，一方面愁卖，另一方面又缺乏创新型高端产品。因此需要重新调整产品定位，在稳定传统产品销售、保证现金奶牛的基础上，加大力度创造新的产品需求，拓展新用途、新工艺，既逐步替代传统产品，又开发创新的、升级的全新用途的产品。大宗商品生产企业首先要转变思维，大胆创新，突破改革开放初期短缺经济时代固化的“只要生产出来就能卖出去”的思维定势，根据需求端变化而不是供给端变化来生产产品的思维，创造新需求，开拓新市场，促进供需关系契合，产品结构匹配。这需要大宗商品生产企业重新制定并执行新的产品战略，解决产能过剩的“大路货”问题，开发个性化、差异化的产品，产品供给端导向朝功能需求端导向变革。

因此，大宗商品供给端必须培养对创新产品的发现能力、制造能力以及对产品与市场需求的理解能力。我们要改变传统的大宗商品制造路径，向现代供给侧改革背景下的大宗商品路径转型，如图 3-4 所示。

图 3-4　需求侧背景下的大宗商品制造路径

在传统需求侧背景的制造路径下，生产厂商通常是经过市场调研来了解客户需求（其实有时候客户也不知道自己真正的需求是什么。正如饭局点菜一样，你问客人喜欢吃什么，他总是说，随便，没什么忌口，都爱吃。其实内在潜在的需求并不是这样），然后根据客户需求来分解产品功能（以至于市场上普遍存在功能同质化的过剩产品），设计并生产出产品被动满足客户的需求。这一路径的最大特点就是“注重产品功能化满足”。而供给侧背景下的大宗商品制造路径却不一样，如图 3-5 所示。

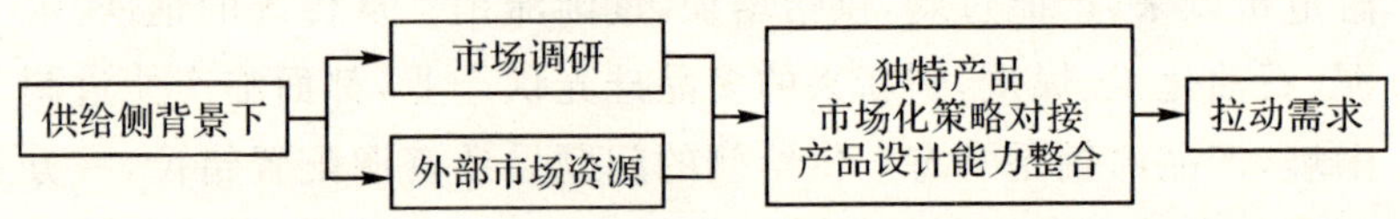

图 3-5　供给侧背景下的大宗商品制造路径

但在传统供给侧背景的制造路径下，不仅要进行市场调研，而且同时要整合外部市场资源，通过对独特个性化产品的深入理解与产品的全面市场化策略，突破企业资源边界与能力边界，根据全面市场化需求与外部资源的整合情况来设计出创新的、新颖的产品，主动刺激并拉动消费者新的需求。

产品生产系列化，为客户创造使用价值与贸易金融服务体验为主要目标的设计产品或服务模式，而不是单纯追求利润最大化，因为产能过剩、产品滞销，很难实现利润最大化，这只是一厢情愿的虚拟假设，这是一个悖论，在现实与真实的社会经济活动中很难实现。因此，创造新的供给，拉动新的需求，针对不同的客户提供个性化、差异化、创新化的产品以及提供优质贸易金融服务，才会源源不断地为客户赢得可观的社会效益与经济利润。

（2）加快产品技术革新。好产品需要好的技术作为支撑，传统的产品设计与营销是为了满足客户需求，但许多客户并不清楚自己的需求，或者说不清楚市场上有什么样的产品可以满足自身的较高需求，正如苹果创始人乔布斯认为的那样："永远不要问用户想要什么！因为用户往往也不知道自己要什么！"因此，产品需求比客户需求更确切地反映了市场的供求关系。在目前产能过剩的情况下，设计并生产出来的产品都是满足客户的普通需求，而能够引领客户较高需求的创新型产品则很少，使得用户需求不能被激发，一方面导致市场产品过剩，另一方面客户所需要的高层次产品市场却缺乏。因此，不是全部的产品都过剩，那些高档次创新产品永远处于稀缺状态，所以才会有很多消费者跑到日本市场、美国市场以及欧洲市场去"扫货""抢购"。市场永远看不懂为什么会出现这种现象。采用创新的产品设计、功能以及高质量的产品来拉动刺激产品需求的增长，是未来一段时期内制造企业长期的主要目标。这一点是明确的，但为什么企业生产不出来这样的好产品呢？归根结底是生产技术达不到要求，儿其是那些应用型技术。

以往，我们的企业都是非常注重通过引进技术来提高生产率，问题是引进技术能够有效扩大产能，有效解决短期内供给数量不足的矛盾，但对供给侧结构性产品转型升级的矛盾，始终是"治标不治本"。企业的技术创新、转型升级不能满足市场快速变化的高层次产品需求的要求，日益提升的结构化变革的消费者偏好依然难以满足。在产能过剩的情况下，牛鞭效应更加严重，产业链各个环节的中间库存不断增加，使得产业链前后端的生产厂商以及中间贸易商都处于经营困窘的局面，并不断恶化。企业的技术行为大多停留在表面，而深层次的技术创新与运用却重视不够。每个企业都是"单打独斗式"的技术改造，重复建设浪费资源，创新能力也根本得不到提升。技术整合与协同创新依然任重道远。

2. 大宗商品中间贸易商在困境中寻找机会

面临产能过剩与后端需求不足的困境，大宗商品产业链上游厂商、中间贸易商、下游厂商的日子都不好过，利润越来越少。因此中间贸易商近年来一直寻求突变，对大宗商品现货与期货相结合的商业模式十分热衷，但运作效果并不理想，一是没有期货交易方面的专业人才，二是对这种模式还没有吃透，为对冲而对冲，为套利而套利，没有对全产业链进行细致整合与共享研究，如图 3-6 所示。这种模式没有构建“全产业链整合与共享平台”，因此不能整合产业链资源，不能形成上下游厂商与贸易商的共振合力，不能捋直产业链利润在各个环节的合理分配。因此这种模式没有形成全产业链整合的共享平台，失去了根基，自然达不到预期效果与目标。

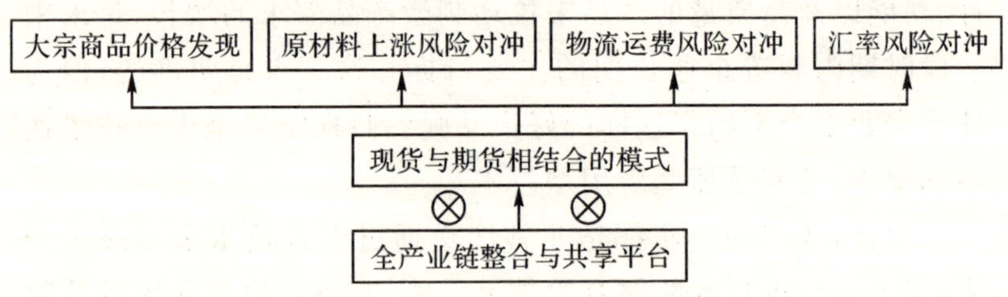

图 3-6　传统的“期现结合”模式

例如，大宗商品 PVC 正面对 2008 年全球金融危机以来的严重产能过剩，贸易商分销环节度日如年，面临产业链两端挤压的激烈竞争，现货越做越亏，虽然整个期货大趋势是往下走的，但体量不够大，且震荡加剧，期货也很难做。贸易商只做现货是亏，采取“贸易＋金融”模式做“期现结合”却更亏，整个中间贸易商被洗牌，并没有体现“价格发现、风险规避、资源配置、风险投资”等期货交易的功能，使得产业竞争优势很难提高，贸易商可持续发展也变得更加艰难。中间贸易商会面临来自上下游产业厂商与金融机构的三重压力，如图 3-7 所示。

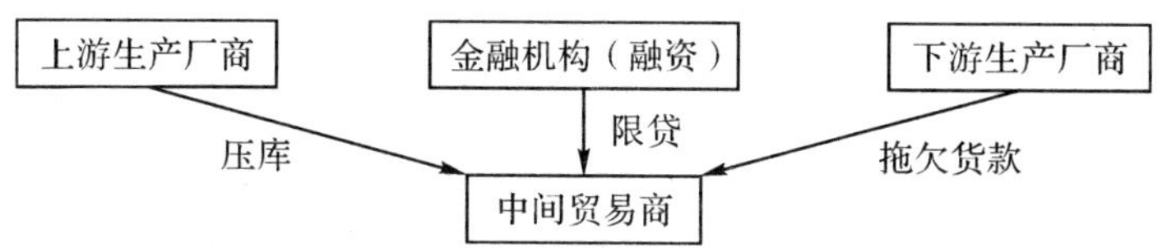

图 3-7 大宗商品贸易商面临的三重压力

中间贸易商与上下游厂商是全产业链的利益相关企业,但长期以来他们的地位却各不相同。不论是面临市场产能过剩还是产能不足,上游厂商在产业制造及产品贸易供应链中都处于主导地位,而贸易商是从属地位。这和我国卖方市场中“谁掌握资源,谁就有更多的话语权”的游戏规则相匹配,因此上游厂商在全产业链中具有无可替代的优越性,从而导致贸易商生意越来越难做,陷入越做亏得越厉害的窘境。

在供给侧面临严峻的产能过剩的情况下,中间贸易商遇到的最大困难就是“压库”①。这就是双方在产业链中地位不平等的外在表现,长期这样下去,会使贸易商积极性大大受挫,而且遭遇巨大亏损后企业难以为继,使得贸易商市场更加萧条,形成恶性循环。其实,中间贸易商保持一定的安全库存是必要的,也是普遍而正常的现象,但在产能过剩的情况下,上游生产厂商不能停工②,最多也就是适当限产限能,厂商为消化产能,只能向中间贸易商下压库存。再加上还有一些厂家出于营销战略考虑,不顾市场容纳能力迅速抢占市场份额,强制向贸易商压库。这种现象自 2008 年全球金融危机以来已经存在一定时间了,这

① 所谓“压库”,就是指上游生产厂商强制要求经销商将远大于其合理销售数量的产品买回所在片区并自行保管,造成积压滞销,可能面对产品价格下跌的巨大风险。

② 大宗商品关系国计民生,行业领军企业大多是具有国资背景的大企业,因而要承担更多的企业社会责任,企业面临的产业工人失业问题比经营亏损解决起来更棘手,后遗症更严重,更难处理。

也不能完全责怪厂商把握市场能力不足，市场需求分析不准确、生产速度与产能释放过快，从而导致供大于求，企业陷入越生产越亏损的境地，市场期望值过高，产品生产速度高于市场需求。

除了贸易压力以外，中间贸易商还面临金融压力。大宗商品大都是具有“数量巨大、资金占用较大、利润率极低”特点的工业用原材料产品。贸易商的资金成本较高，在行业不景气的情况下，会面临金融信贷机构“紧缩银根、限贷回笼资金”的巨大压力，资金链断裂是贸易商最怕见到的痛苦结局，不得已只得忍受高息民间借贷，财务成本大幅上升。

从我们的走访调查来看，因面临“贸易＋金融”的困境，这几年大宗商品 PVC 的经销商大都在吃老本，根本赚不到钱，少亏就是赢。

尽管近年来贸易商的经销局面不利，但产业在供给侧改革的大潮中正面临巨大的战略机遇。供给侧改革是对产品的结构性的调整与变革，能够提升整个社会需求，未来消费者对“品质高、服务好、品牌强”的好产品需求会激增，这是贸易商、厂商共同面临的重大战略机遇，只要我们用创新驱动的供给侧新结构来应对新需求升级就能够分享供给侧改革成效。新的环境下有利于克服“大规模制造、大规模分销，靠人口红利和廉价劳动力的低成本优势获得增长”的传统经营模式弊端，做好供给侧改革能够有效地改变“产能严重过剩、厂商开工不足、贸易商渠道效益下滑、价格战”的混乱局面，也有利于促进中间贸易商“提高效率，减少大规模压货、压缩大规模分销，缓解社会库存层层压货”。

3. 大宗商品下游生产厂商面临的机会

大宗商品下游厂商依然属于供给侧，直接利用原料资源生产出各种产成品，满足消费者的个性化需求。比如大宗商品 PVC，它是传统的塑料原材料，改革开放以来塑料制品在我国国民经济建设中应用很广,贡献很大。PVC塑料制品是管道行业最重要的产品,我国改革开放以来国民经济快速发展,塑料管道每年平均增速都在20%以上,已经成为塑料产业全球生产量与消费量最大的国家。而且下游行业的进步是在上游行业的快速进步的引领下得到更好更快的发展,上游原材料在功能、生产工艺、品种系列、技术进步等方面的快速发展,已经与欧美发达国家缩小了差距,国产产品逐步替代进口产品,甚至我们的产品出口量也在不断增长。再加上需求端对一些特殊领域的塑料管道的需求在不断放大,由此带来的机会比单纯供给量的增加要实在得多。而且PVC塑料制品行业在产品结构、产业布局、产业国际化等方面还有很大的潜力可挖。首先从材料、结构品类来看,我们已经赶上了发达国家的水平,国外有的材料与品种结构,我们也都有。但这些品种目前有些已经被市场淘汰出去了,有些还在使用,还有一些不是很适合我国市场。塑料原材料主要是PVC,比例过半,而PP(聚丙烯)、PE(聚乙烯)两者相加也不到一半的比例,如图3-8所示。

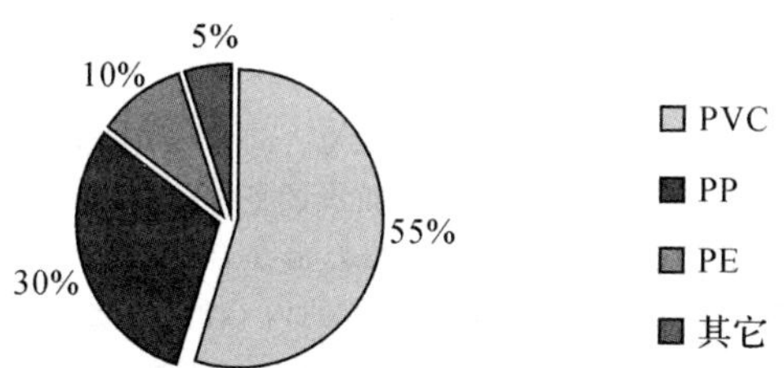

图3-8 下游塑料制品使用的主要原材料占比

上图中的其他占比为5%的原材料主要是新材料、复合管道以及改良的塑料原材料,其比例未来还会逐步增长。

其次从产业布局来看,目前没有发生变化,下游塑料制品生产企业主要分布在广东省、浙江省、山东省与重庆市。2006年以前这四个省市的市场份额总量超过全国的一半,近年来比例下降到38%左右。下降的原因是地区集中度在下降,分布更趋于合理,能够有效节约原材料及产成品的物流成本。因为塑料管道最合理的销售范围是半径为 300 至 500 公里的区域,也就是说塑料制品生产与产成品消费在地域上应该适当匹配,这也是许多大企业在主要经销地不断建立分厂的原因,促进了塑料管道行业的快速发展。

最后从国际贸易来看,我们的大宗商品出口在逐年增长,形势喜人,有利于过剩产能逐步向外扩张。例如前些年我们的塑料原材料以及塑料管道行业的出口量占比约为 5%,比例不大,且出口企业不稳定、比较分散,出口的国家也很分散。"一带一路"①战略的推进,有利于沿线国家在国际贸易交流、过剩产能互换、信息技术共享等方面深入合作。例如沿线国家的合作与开发需要用到大量的塑料管道,而目前绝大部分塑料管道是 PVC-U,广泛用于给水、排水和护套等领域,市场份额占比过半(约 55%)。PVC-U 管的建筑管道占比则在 60%以上。以上管道的护套均要用到 PVC 原料。还有一种管道主要原材料就是

① "一带一路"(One Belt And One Road,简称 OBAOR 或 Belt And Road 简称,BAR)是"丝绸之路经济带"和"21 世纪海上丝绸之路"的简称。"一带一路"贯穿欧亚大陆,东边连接亚太经济圈,西边进入欧洲经济圈。无论是发展经济、改善民生,还是应对危机、加快调整,许多沿线国家同我国有着共同利益。"一带一路"不是一个实体和机制,而是合作发展的理念和倡议,是依靠中国与有关国家既有的双多边机制,借助既有的、行之有效的区域合作平台,旨在借用古代"丝绸之路"的历史符号,高举和平发展的旗帜,主动发展与沿线国家的经济合作伙伴关系,共同打造"政治互信、经济融合、文化包容"的利益共同体、命运共同体和责任共同体。习近平主席在 2013 年 9 月和 10 月分别提出建设"新丝绸之路经济带"和"21 世纪海上丝绸之路"的战略构想。2014 年博鳌亚洲论坛年会开幕大会上,李克强总理以"共同开创亚洲发展的新未来"为题发表演讲,全面阐述了中国的亚洲合作政策,并特别强调要推进"一带一路"的建设。2015 年博鳌亚洲论坛年会上,习近平主席发表主旨演讲,强调亚洲要迈向命运共同体、开创亚洲新未来,必须在世界前进的步伐中前进、在世界发展的潮流中发展。中国倡导的"一带一路"发展战略,无疑可为构建亚洲命运共同体提供助力。

聚氯乙烯，这种管道叫作 PVC-M 管道。虽然 PVC 已经越来越符合中国的国情，但行业面临的挑战还很多，例如产品的先进性、产品的环保压力、行业的技术进步等方面的问题，使得 PVC 产业增长速度不如 PP、PE 管材。这需要在供给侧改革中调整结构，多出一些高品质 PVC 管材，努力推动更多的领域使用 PVC。

第四章 中泰化学由传统厂商向特色交易商的转型分析

一、中泰化学内部竞争环境分析

1. 公司简介

新疆中泰化学股份有限公司（简称“中泰化学”，证券代码：002092）是新疆维吾尔自治区大型国资控股的化工企业，是新疆国资委控股的新疆中泰（集团）有限责任公司的核心企业，主要产品为PVC、烧碱、电石、粘胶纤维、纱线等，是全国大型的氯碱化工企业，居氯碱板块亚洲第一，世界第三。公司拥有70多家子公司和七大工业园（米东工业园、富康工业园、大黄山工业园、托克逊工业园、库尔勒工业园、圣雄能源工业园、塔吉克斯坦农业纺织产业园），公司产权结构清晰，管理规范，通过ISO9000、ISO1400认证，如图4-1所示。

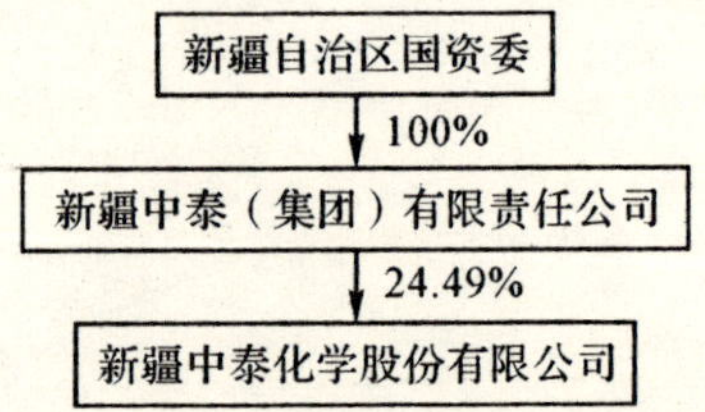

图4-1 中泰化学与实际控制人的产权关系

上市公司中泰化学的公司治理结构规范，组织结构图如图 4-2 所示。

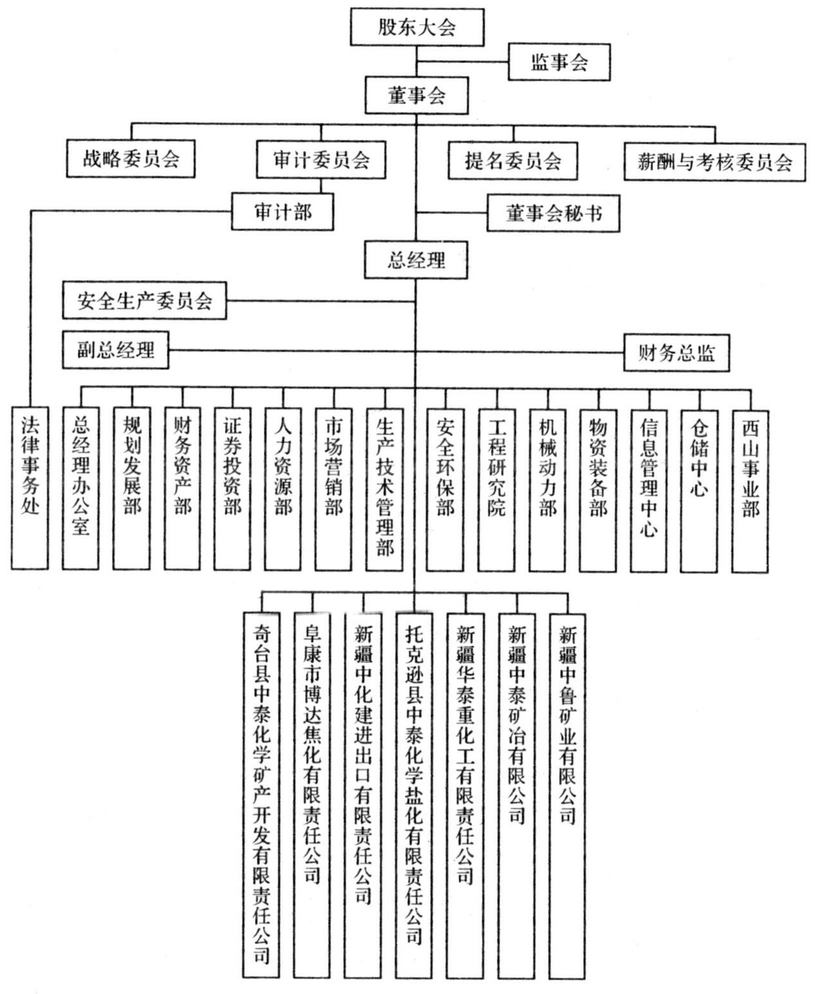

图 4-2　中泰化学组织结构图

2016 年中泰集团名列《财富》(中文版)中国 500 强排行榜第 350 位，与 2015 年同比上升了 48 位。在“2016 中国基础化学原料制造业百强企业”排行榜中，中泰集团排名第 27 位。在“2016

年中国化工百强上市公司”排行榜中，中泰化学（中泰集团的核心公司）排名第 15 位。

中泰化学股票于 2006 年 12 月 8 日在深市中小企业板挂牌上市交易。2015 年中泰化学全年累计生产 PVC161.47 万吨、烧碱 113.66 万吨、粘胶短纤 32.86 万吨、纱线 6.37 万吨、电石 173.95 万吨，发电 98.42 亿度，其中粘胶纤维、纱线是 2015 年新增的主营业务。公司全年实现收入 152.63 亿。目前公司总资产约 250 亿元，员工 13391 人。“十三五”期间，公司将利用好国家优惠政策，立足大化工，加快资源转换及产业链拓展，促进企业持续快速发展。

2015 年是公司技术创新工作取得新突破的一年，也是利用新型节能环保技术改造提升传统产业，围绕产业结构调整，延伸产业链，加强 PVC 下游高附加值产品研发的关键之年。全年在新技术、新产品、新工艺、改造升级等方面获得 26 项专利受理，其中发明专利 6 项。新工业园区研发试验基地一期工程即将建成投用，这标志着集团公司改写了没有研发基地的历史，为公司产品科技创新，拥有较高水平的研发平台奠定根基。

2.主要产品简介

（1）聚氯乙烯（PVC）与烧碱产品。聚氯乙烯树脂（Polyvinyl chloride，简称 PVC），是全球使用量排名第二的塑料合成材料，是氯气生产的附属下游产品。氢氧化钠（NaOH），俗称烧碱、火碱、苛性钠，腐蚀性极强，是强碱性的危险化学品。烧碱产品的生产工艺包括离子膜法和隔膜法，隔膜法已逐渐淘汰，中泰化学采用最先进生产工艺的离子膜法。烧碱是目前使用广泛的工业原材料，常用于化学药品、造纸、炼铝（钨）以及肥皂等行业的生产中，另外，也使用于染料、药剂及各种无机盐生产中。公司是氯碱产业链大宗商品生产厂商，主要产品包括聚氯乙烯树脂（PVC）系列产品、烧碱产品，目前分别在新疆阜康、米东建设有氯碱产业园区,年产 PVC 能力为 150 万吨、离子膜烧 110 万吨。PVC 已有 3 型、5 型、7 型、8 型以及食品级 PVC 系列产品。PVC 是五大通用树脂材料之一,是应用领域十分广泛的塑料品种,消费量位居我国第一、世界第二。

PVC 生产工艺方法包括电石法和乙烯法,中泰化学采用电石法生产。PVC 具有易加工、不易腐蚀、防火耐磨、绝缘好等物理化学性质,是世界上广泛应用的塑料制品原材料,被广泛用于各类建材、轻工、装饰行业的管材(件)、型材、板材、门窗、鞋底、皮革、地板革、薄膜、电缆料、壁纸、发泡材料等,产品分为通用型(SG-5 型)、聚合型(SG-5 型)、交联型(SG-5 型)三种。PVC 在有些领域广泛替代钢材、木材、纸浆等传统工业材料,是国家重点推荐使用的建材,在"以塑代木、以塑代钢"方面作用明显,节约了资源和能源。烧碱产品在轻工、纺织、化工、农业、建材、电力、电子、食品加工等方面应用广泛。

(2)电石。电石(碳化钙)是一种白色的无机化合物晶体,工业品呈灰黑色块状,遇水会迅速发生激烈化学反应,产生大量热量并放出乙炔气体,它是基本而重要的化工原料,主要用于生产乙炔气体以及焊接、有机合成等。生产工艺包括电炉熔炼法与氧热法,中泰化学使用电炉熔炼法。我国是世界第一的电石生产和消费大国,电石是电石法生产 PVC 的主要原材料。

(3)粘胶纤维、纱线。中泰化学 2014 年以来通过资产重组直接控制新疆富丽达纤维有限公司(以下简称新疆富丽达),间接控制了新疆巴州金富特种纱业有限公司(以下简称金富纱业)、新疆富丽震纶棉纺有限公司(以下简称富丽震纶)等企业,拓展产业链,发挥"氯碱—粘胶纤维—纺纱上下游一体化"发展的协同效应,进军纺织服装业上游原料市场。中泰化学目前具有 36 万吨粘胶纤维①、10 万吨棉浆粕、115 万锭纺纱的生产能力。目前，国产纺织业原料产量占世界总量的 50%，其中出口量占全球的 25%。为消化供给侧产能，公司以金富纱业、富丽震纶为主体切入棉纺织行业。目前现实生产能力为 115 万锭纺纱，在建生产能力为 235 万锭纺纱。金富纱业是新疆第一家涡流纺以及新疆最大气流纺的生产企业，行业地位明显，金富纱业被中国棉纺织行业协会评为“2014/2015 年度棉纺织行业成长型优良企业”。

3. 行业竞争格局及其发展趋势

(1)竞争格局。传统的大宗商品行业大多数处于完全竞争市场。完全竞争市场(Perfect Competition)就是通常人们所说的“纯粹竞争市场”，它是一种“不受任何阻碍、干扰和控制”的市场结构。在完全竞争的市场中，生产厂商、中间贸易商以及下游采购原料的生产商均不会对市场价格有任何影响。美国经济学家张伯伦②认为检验市场是不是“完全竞争市场”，需要考虑四个因素。第一个因素是完全竞争的市场结构必须具有许多生产者与消费者。每一个个体生产与消费的数量很有限，对市场价

---

① 粘胶纤维作为一种主要的棉纺用化纤，俗称“人造棉”，其性能和棉花相似，素有“源于棉而优于棉”之称，是理想的棉纺原料。目前我国已具有世界上规模最大、产业链最完整的纺织工业体系，从纺织原料生产开始(包括天然和化学纤维生产)，纺纱、织布、染整到服装及其他纺织品加工，形成了上下游衔接和配套生产体系，成为全球纺织品服装的第一大生产国及出口国。

② 爱德华·哈斯丁·张伯伦(E. H. Chamberlin，1899～1967)，美国著名经济学家。张伯伦出生在美国华盛顿，1920 年毕业于美国爱荷华大学，而后进入美国密执安大学任讲师，1922 年获该大学硕士学位，1924 年又获哈佛大学硕士学位，1927 年获哈佛大学博士学位，1929 年起任哈佛大学副教授，1934 年以后一直任哈佛大学教授。主要代表作有《双头垄断：卖方很少时的价值》《垄断竞争理论》《垄断竞争的再考察》《论“寡头垄断”的起源》《走向更一般的价值理论》《垄断竞争理论的起源和早期发展》等。

格体系不会有任何影响。厂商与消费者都是价格的被动接受者。第二个因素是行业中生产厂商生产的产品除了品牌以外都是无差别的。众多厂家生产的产品质量几乎一致,经营环境、营销现状、商标、包装等方面大同小异。单个厂家的降价、提价行为对整个市场价格体系没有任何影响。厂家没有必要自行降价,企业总是可以按照市场价格体系实现自己的那部分很小的市场份额。第三个因素是厂商的行业进入与行业退出都是完全自愿而自由的。没有行业障碍,也没有企业的压迫。厂商的投资、扩大产能、增加研发、开发新产品等行为都是自由的。第四个因素是市场中每一个决策者(上游厂商、经销商、下游厂商)掌握有限的信息进行决策,参与者之间不能分享信息。但价格体系单一,没有因为市场信息不畅通而存在不同的价格体系。

①PVC 行业。PVC 具有"行业集中度低、产品差异化小"的竞争特点,氯碱行业具有完全竞争性市场。从全球看,PVC 是产量与消费量仅次于 PE(聚乙烯)的合成树脂,我国是全球产能扩张的重头区,且 80%产能是电石法工艺,国外多是乙烯法工艺。亚洲是全球主要产能区,增速最快,产能扩张最厉害,PVC 主要消费区域在亚洲、欧洲和北美,以通用型产品为主。我国东西部区域竞争有一定差异,产能与产量主要在西部地区,消费量主要分布在东部地区,东部竞争比西部强,且竞争由东部逐渐向西部转移。需求端主要集中分布在华东地区。

②粘胶短纤行业。粘胶短纤行业是产业链上游供给端,产品与天然纤维、纤维素纤维功能一致,供给端厂商包括国有、民营、外资企业约 30 家,逐步形成"同台竞争、相互促进"的多元化格局。近年来粘胶短纤行业产能产业集群效应明显,大型企业产能扩张迅速,集中度较高。但粘胶短纤行业门槛较高,具有"环保投入大、日常环保运行费用高"等特点,国家加大了"节能减排、淘汰落后产能"产业政策的宏观调控,近年来产业供给侧结构优化明显,行业竞争力也得到增强。棉纺织行业是"劳动密

集型、市场充分竞争”的传统行业。棉纺织行业由于进入门槛较低，企业数量较多，竞争比较激烈。但由于劳动力成本比较优势使得我们的纺织品在完整的国际产业链上下游中低端市场具有很强的竞争力。目前在中国、印度、巴基斯坦、印度尼西亚、越南等具有劳动力成本优势的国家产量占比超过全球的50%。尤其是OEM[①]模式不断运用，深加工能力也逐渐具有很强的国际竞争力。

(2)发展趋势。目前，全球PVC行业发展良好：产品成熟，工艺稳定，规模扩大，创新发展。PVC是一种通用塑料品种，发达国家多采用乙烯法生产工艺，重视“环保化、多型号、专用料”发展路径。我国也处于行业稳定增长期，工艺多采用电石法(80%产能)，以生产通用型产品为主，产能向大型企业集聚，形成规模效应，成本逐渐降低，产业整合兴起，行业注重全产业链的发展，“大型化、环保化”是未来发展方向。2015年，由于国际油价不断走低，加上行业产能严重过剩，PVC也步入了下跌熊途。产能迅速扩张，且不断向西部迁移，在我国的内蒙古、青海、宁夏、新疆等地已经出现产业集聚，呈现“节奏快、规模大”的产能扩张特点。西北地区与华北地区是PVC核心产能区，因为我国PVC行业主流地位的电石法需要以大宗商品煤炭、电力为基础。虽然总体上产能过剩，但这也是近几年来经济发展滞后所致，一旦经济出现拐点走出低谷，PVC行业还将有很大的需求增长空间。何况供给侧结构性改革会促进PVC结构调整，除了

---

① OEM生产，也称为定点生产，俗称代工(生产)，基本含义为品牌生产者不直接生产产品，而是利用自己掌握的关键的核心技术负责设计和开发新产品，控制销售渠道，具体的加工任务通过合同订购的方式委托同类产品的其他厂家生产。之后将所订产品低价买断，并直接贴上自己的品牌商标。这种委托他人生产的合作方式简称OEM，承接加工任务的制造商被称为OEM厂商，其生产的产品被称为OEM产品。可见，定点生产属于加工贸易中的“代工生产”方式，在国际贸易中是以商品为载体的劳务出口。

传统的大比重的管材、型材产品，未来 PVC 会走向一条“高端、改性及高竞争力”的发展道路，差异化特种树脂和 PVC 专用料需求会不断凸现出来，这也是未来产品产能的发展方向。在粘胶短纤行业方面，随着国民经济不断增长，人民对生活水准的要求不断提高以及“健康、绿色、环保”消费意识的不断增强，我国纱线产能产量快速增长，拉动了粘胶短纤市场需求快速发展。粘胶短纤是一种生产无纺布的基础原料，具有“清洁、卫生、环保”的特点，在纺织行业应用广泛，尤其在“医用纺织品、卫生保健用品、家用清洁材料、包装材料”等行业应用领域得到不断拓展，带动了粘胶短纤不断扩大的需求。由于粘胶纤维具有“两好”，即适用性与可纺性都较好，来自下游配套的大量需求已经比目前国内粘胶短纤的产能要大，未来前景可观。

我国政府历来十分关注新疆经济发展及产业结构调整，出台了许多政策给予支持。2015 年，国务院出台了《关于支持新疆纺织服装产业发展促进就业的指导意见》(2015 年 2 号文件)，优惠的投资政策带动了新疆纱锭项目的发展，据有关方面统计[①]:2018 年新疆棉纺产能将达到 1300 万锭，2023 年将达到 2000 万锭。根据产业结构调整与产业迁移西部地区的发展形势，再加上国家级与地区级的投资优惠政策支持，新疆纱线产能快速扩张的局面还会发展一段时间。2015 年以来，粘胶纱线市场价格也逐步上涨，究其原因是粘胶短纤需求拉动以及劳动力价格与能源价格的影响，未来一段时间内市场价格还将震荡上行。

4.中泰化学营销现状分析

中泰化学主要采取直销模式进行产品销售，符合化工产品

① 数据来源于《新疆关于发展纺织服装产业带动就业的意见》(新政发〔2014〕50 号)。

特征与市场下游企业的采购情况。公司近年来继续加大直销客户的市场开拓，同时积极加大出口力度，角逐国际市场营销竞争。中泰化学 2015 年直销量额度高达 68%，公司以市场为中心，创新营销模式，与大客户建立战略合作关系，实现上下游产业链双赢。在大客户直销模式下，公司加强定价、付款、销售流程等方面的控制，保障企业销售业务的拓展及营销目标的实现。

(1)定价模式

公司采取的定价模式如图 4-3 所示。

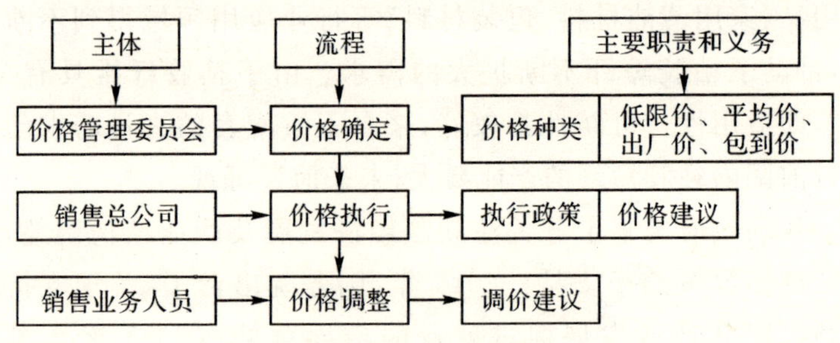

图 4-3　中泰化学营销定价模式

首先，公司成立了以总经理直接领导的“价格管理委员会”，委员会是产品销价决策的最高权力机构，成员是来自销售、战略管理等部门的主要负责人，根据市场价格变化(含现货、期货的价格)情况，负责制定市场销售的最低限价、本期平均价、出厂价、包到价[①]等，价格不是固定唯一的，而是宽带式的，有一个合理的区间范围。同时对反映上来的调价情况进行梳理、分析与决策，为保证销售业务的应急处置权，对于因市场突发性的大幅度价格变化的特殊情况，负责追认价格。委员会定期召开定价会(一般情况下每月末一次)，确定下月定价标准，每季度末召开

① 中泰化学产品价格根据物流方式分为出厂价(二票制)和包到价(一票制)两种。包到价需要在合同(协议)中注明包到价格构成，并按价格构成分别开具增值税发票和普通发票，以减少公司的扣税损失。

定价总结会，分析市场价格变化趋势。由于 PVC 同时开通了现货和期货业务，市场行情变化较大，因此 PVC 产品定价会将时间间隔缩短，变为每周末一次。

其次，销售总公司根据价格管理委员会确定的价格政策，负责在销售业务中执行价格政策，只要在价格宽带范围内，销售部门有灵活决定权，同时销售部门根据市场行情变化，定期向价格管理委员会建议销售价格的变化幅度。在执行价格政策时，通常销售部门会对客户实施“年度合同定价”或“一单一价”模式，前者主要是针对战略合作伙伴，上年末根据预估的买卖数量、结款、验货、运输包装、问题协调等签订下一年度的意向合同，约定各个数量段、各个交易时间的价格。其他的客户则在价格政策允许范围内，随行就市实行“一单一价”议价。

最后，销售总公司相关的片区销售经理、销售业务人员对价格调整实施建议权。如果因价格调整不及时导致公司利益受损（尤其是市场价格上涨的时候，如不及时调整则企业效益会受损），销售片区经理要负价格调整建议失职的责任。

(2)付款方式

为保证应收账款安全性，减少坏账，公司要求经销商通过预付款形式交纳保证金，约为年度合同货款的 5%，专款专用，不能用于支付货款。严格控制应收账款风险，除了对长期合作、采购数较大且信誉良好的战略采购商实施赊销付款方式外，其他客户一律通过“先款后货”模式提货。

(3)销售流程

根据模式不同，销售流程也有一些细微差异，如图 4-4、4-5 所示。

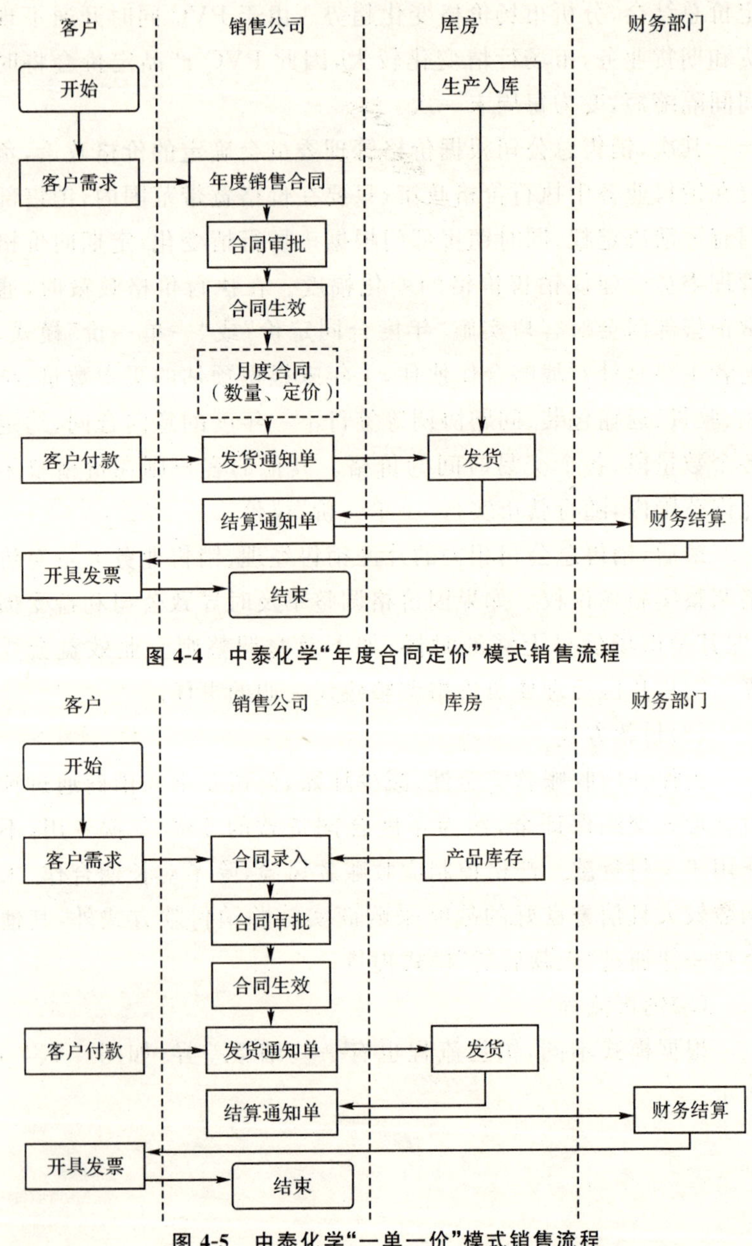

图 4-4　中泰化学"年度合同定价"模式销售流程

图 4-5　中泰化学"一单一价"模式销售流程

5. 中泰化学营销模式

虽然中泰化学近年来发展迅速，但产品营销模式还较为传统，符合传统工业产品的销售特点，主要采取直销形式的现货交易模式。面对现代信息技术的发展，公司积极创新营销模式，构建“现货贸易＋期货套保”的模式进行大宗商品交易，利用现代化的互联网技术提升营销网络功能，提高营销效率。搭建贸易、结算与物流平台，推动营销模式转型升级。

6. 中泰化学营销管理主要问题分析

(1)行业产能相对过剩，需求不旺且低价销售竞争加剧

我国氯碱行业面临高能耗、产能过剩的困局，已经进入了调整期。2010 年我国烧碱与 PVC 产量分别为 2086.6 万吨、1130.03 万吨；2011 年为 2466.34 万吨、1259.18 万吨；2012 年为 2698.59 万吨、1317.77 万吨；2013 年为 2854.12 万吨、1529.56 万吨；2014 年为 3180.2 万吨、1629.61 万吨；2015 年则有所下降，分别为 3028.1 万吨、1530.01 万吨，如表 4-1 所示。

表 4-1　2010—2015 年氯碱行业主要大宗产品产量　(单位：万吨)

年份	2010	2011	2012	2013	2014	2015
烧碱产量	2086.6	2466.34	2698.59	2854.12	3180.2	3028.1
PVC 产量	1130.03	1259.18	1317.77	1529.56	1629.61	1530.01

从上表看出，行业产能均扩张太快，产能过剩，价格低迷，我国烧碱和 PVC 产能及产量均高居世界第一。目前沪深上市公司中与中泰化学存在同行业竞争的主要企业有 6 家，分别是氯碱化工(证券代码 600618，下同)、内蒙君正(601216)、鸿达兴业(002002)、新疆天业(600075)、云南盐化(002053)、太化股份(600281)。他们在 2015 年年报公布的产量及每股收益情况如表 4-2 所示。行业收益目前处于低潮，不理想，中泰化学产能远

远超过行业其他企业，营销业务面临较大压力。

表 4-2　氯碱化工行业主要上市公司 2015 年产量及每股收益

	中泰化学	氯碱化工	新疆天业	太化股份	内蒙君正	云南盐化	鸿达兴业
PVC 产量(万吨)	161.47	7.65	129.32	15.00	67.18	6.77	35.04
烧碱产量(万吨)	113.66	68.78	88.37	12.00	44.62	9.00	1.55
每股收益(元)	0.06	0.08	0.09	−0.34	0.23	0.49	0.57

(2)公司进入高附加值的高端市场面临较大困难

公司的 PVC 膜专用料在进入高端市场时会面临两个关键问题：一是产品质量与价格的不稳定性，二是物流包装与运输的困难。一方面，在传统生产工艺中，PVC 采用电石法具有低成本优势，于是市场上许多企业上马电石法工艺生产项目，造成市场电石紧张，价格上涨，抵消了一部分价格优势，使得产品价格与成本出现倒挂现象，价格向下波动较大，定价周期大大缩短。2014 年以来，公司以市场为导向，实行“一天一定价、一周一例会”，以便尽量客观把握市场。另一方面，电石法是落后的工艺，污染较严重，环保成本较高，也抵消了一部分价格优势，从而使得乙烯法 PVC 与电石法 PVC 的售价差异逐渐缩小。还有，电石法 PVC 的质量稳定系数较低，对高端市场缺乏吸引力，同时原来的包装和运输方式无法胜任新疆发往内地的长距离物流运输，而采用牛皮纸袋小包装袋运输，运输受天气的影响较大，易潮、易损、易变质。市场不同品质的货源增多，对开拓新市场与高端市场均造成很大冲击。

(3)营销团队管理问题较多

随着公司规模的扩大，创新型的营销管理成为中泰化学的难题。由于公司发展战略向产业链上下游延伸，销售的产品以及区域也随之扩大，战线从华南、华东片区一举扩展到全国，各个片区的销售团队管理缺乏标准化的过程管理，制度建设相对滞后，激励模式也比较单一，使得营销管理中出现了以下较为突出的问题。

①销售过程管理缺乏标准化。在通常情况下，销售人员的主要任务就是把产品或服务卖出去，公司以前对营销队伍也是这么定位的。然而，随着竞争加剧，销售管理的时间会远远大于销售业务的时间，例如营销人员需要花大量时间处理以下事务：销售沟通（面对面沟通、电话沟通）、来往公文处理、销售数据录入计算机系统、解决上下游客户问题、参加与销售有关的会议、公务接待、开拓市场客源等等。以上工作任务是产生销售业绩的重要基础，但目前对这些工作的管理都呈现非标准化，也没有出台过程管理的考核激励制度。就中泰化学而言，构建完善的营销战略与计划，比较难以落实，究其原因是面对销售结果，销售过程抓得不够，没有将销售过程管理细化到日常行为细节中，更没有建立标准化的销售过程管理。

②销售团队建设缺乏卓越性。卓越团队取决于销售个体综合而成的整体素质，绝不是靠少数几个销售明星就能实现的。中泰化学销售团队虽然具有较强的战斗力，但从本质上来看还不够卓越，主要表现在：一是大多数人不能基于公司战略来理解营销战略，不能明确企业的战略愿景、使命以及价值观。追求的是单打独斗的短期销售业绩，只是用自己的工作热情与信心去感动客户，促成销售，不能长久。二是产品或服务的卖点不够鲜明。产品可以不是绝对最好的，但要求特点鲜明，这是打动市场细分顾客最好的方法，也充分显示销售团队对自己产品的信心，打市场就是打客户，打客户就是打信心。这对于销售传统的基础性化工产品来说尤其困难。中泰化学以往对产品特性的归纳与提炼明显不够，只是针对产品本身的功能特性，例如更多的是考虑产品的成分含量、优惠政策、生产工艺，这对客户的吸引力明显不够。其实中泰还可以从销售及生产服务流程、销售及生产的环境、典型客户等方面提炼特点，以便激发客户兴趣，高效准确地寻找目标客户。

③激励手段不够人性化。中泰化学是国有企业，不可能采取佣金制或销售外包的模式。只能提高基本薪酬待遇，而后对销售目标进行分解，完成年度目标有一定奖励，但没有考虑个性化与每个人不同的贡献，更没有考虑到销售人员的职业规划发展。没有建立起科学完善的提成机制和晋升机制，既不利于调动营销人员实现利益诉求、多拿奖金的积极性，也不能给予营销人员更为科学合理的职业发展空间的路径通道。

④销售管理制度不健全。管理制度是规范营销业务行为及管理工作的基础，管人理事都离不开制度，这是一个系统工程，而不仅仅是一个业务提成奖励制度，应该涵盖内部管理制度、市场调研制度、客户管理制度、客户开发制度、报表制度、会议制度、经销商管理制度、售后服务投诉处理制度、薪酬制度、交发货及物流制度、客户接待制度、营销人员能力提升培训制度等等。一方面中泰化学目前营销制度太过简单，且有些制度落后于企业发展的实际情况，需要修订完善。另一方面营销人员对制度的理解，公司层面要有一个统一解释或理解，以便于执行不产生偏差，执行制度不能太过"灵活"。

(4)降低原材料采购成本的任务依然严峻

中泰化学把降低电石采购成本作为2016年重点工作，原材料成本提高增加了生产成本，从而不利于营销定价。面对原材料紧缺的严峻形势，进一步掌控上游原材料基地建设显得尤为重要。中泰化学对原煤、石灰石、兰炭的上游资源进行布局是降低采购成本的最有效途径。由于石灰石用量过大，全部依托原有供应商已经不能满足公司正常生产，从长远规划来看，首先要对新疆的石灰石资源进行摸排，整合周边石灰石矿为公司所用，逐步实现原材料的基地建设。其次，随着公司生产规模的不断扩大，要抓好采购供应链管理工作，建议以公司目前所有物资采购的供应商为基础，建立一个小的物流平台，做到所有物资集中采购。最后，要积极转变采购人员的思想观念，从以成本为中心向以利润为中心转变,提高谈判议价能力,为实现多种贸易综合发展打下基础。

二、中泰化学外部市场竞争环境分析

1.国际市场分析

世界经济逐步走出低谷,美国及欧洲经济开始向好,世界石化行业也逐步呈现乐观发展趋势,然而2016年国际氯碱市场依然面临较多问题,贸易摩擦与产能过剩依然制约行业发展。一方面产能严重过剩,另一方面却不断上新项目增加产能,使得全行业生产装置闲置率高,加剧同质化竞争,行业暂时还难以走出整体低迷状况。全球氯碱行业发展最有竞争力的产区有三个,美国、中东以及我国的中西部地区,分别代表了未来氯碱产品生产原材料发展的三个典型代表区域。三个区域生产原材料分别为页岩气、天然气以及煤炭与电石。

国际氯碱业的竞争格局会受到世界经济复苏与发展的影响,目前,全球低能耗环保有较高要求,行业环保法规也对企业提出了更高要求,使得欧美的氯碱生产布局规划更加理性,而产能盲目上马的亚洲氯碱生产却依然面临产能过剩与成本上升的双重压力。降低能耗、提高产业集中度,依然是未来行业努力的方向。中国氯碱上下游产业的强劲市场需求使得国际市场2016年依然保持一定增长,预计烧碱需求增长10%左右,聚氯乙烯需求增长8%左右。美国、日本、中亚地区、澳大利亚等国家地区对PVC与烧碱还有一定需求,是我国企业出口的驱动力。据我国氯碱协会统计,截至2015年底,全球PVC总产能为5288万吨,并且产能仍在增加,亚洲产能约占62%;全球PVC需求总量为3700万吨,亚洲需求量约占55%,其中中国已成为

PVC 全球最大生产国与消费国，如图 4-6、4-7 所示①。

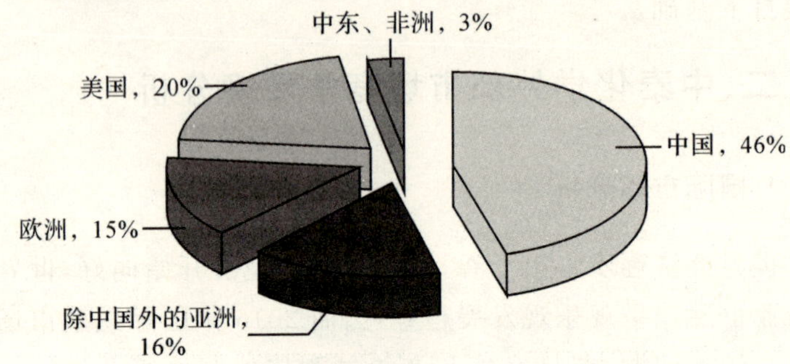

图 4-6　全球 2015 年 PVC 产能分布区域

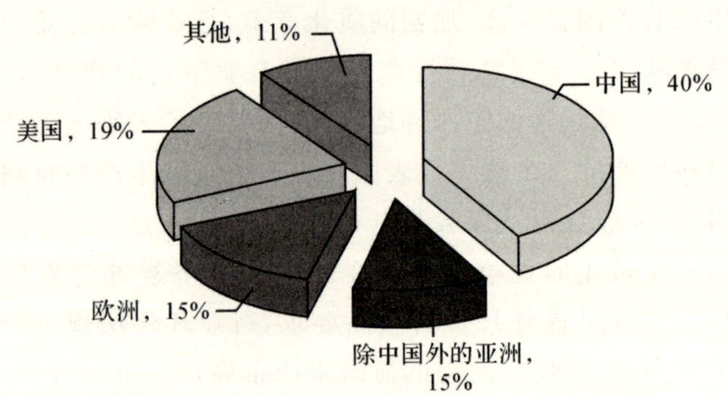

图 4-7　全球 2015 年 PVC 需求分布区域

2. 国内市场分析

由于行业低迷，PVC 行业的国内产能从 2008 年开始就持续退出，2014 年退出规模较大。2014 年与 2015 年外购电石法和乙烯法 PVC 的产能分别退出了 480 万吨和 177 万吨。目前全国的有效产能大约为 2075 万吨，实际开工率为 80%，供需基本平衡。由于盈利微薄且成本压力增大，海外产能也在大规模

① 资料来源：2015 年全国氯碱行业研究报告（内部版）。

减少,美国从 2014 年开始整合 5 大厂商产能,并通过资产重组减少了 2 家企业,149 万吨产能被淘汰,2016 年还将关闭 60 万吨产能。随着 2017 年禁汞法案推出,未来还将关闭 120 万吨以上的产能,全球累计关停产能接近 400 万吨,占比高达 12.5%。

由于气价上涨造成北美产品成本提升。过去几年,我国西北低成本产能盈利大幅度低于原有预期,根本原因是页岩气革命造成北美成本大幅降低,具备了极强的出口竞争力,最高出口量接近 500 万吨,几乎提供了全球的贸易量。但 2016 年第二季度开始北美气价出现翻倍增长,我们预期随着出口设施逐步投产,未来北美气价还将翻倍,届时北美 PVC 成本将大幅上涨,相应我国 PVC 产能也将具备出口竞争力。成本结构决定 PVC 价格中枢达到 6800 元/吨:如果我们假设未来几年国内需求增速为 3%,出口量占比为 10%,则结合目前国内成本结构,PVC 价格中枢有望达到 6800 元/吨。截至 2015 年底,我国 PVC 与烧碱总产能分别为 2476 万吨(其中电石法 2033 万吨,占比 82%;乙烯法 443 万吨,占比 18%)、4000 万吨,总产量分别为 1530 万吨、2854 万吨。近年来,我国 PVC 产能发展迅速,如图 4-8 所示。

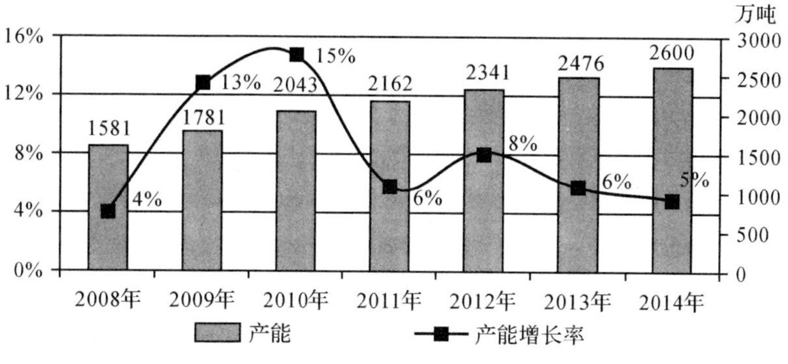

图 4-8　中国 2008—2014 年 PVC 产能增长

但 2015 年我国 PVC 与烧碱产能利用率分别为 62% 与

74%，开工率严重不足，近年来我国PVC开工率如图4-9所示。

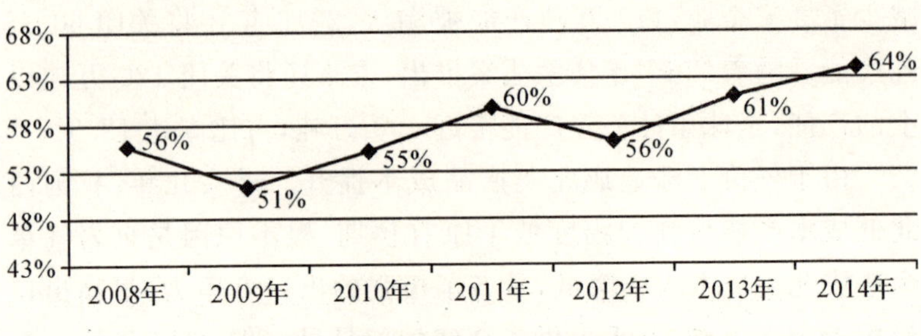

图 4-9　中国 2008—2014 年 PVC 开工率

我国PVC产能2013年过剩约为700万吨，预计2016年过剩将达到1000万吨[①]。此外，遭遇国外质优产品的低价冲击，尤其是随着美国、日本、俄罗斯、韩国以及我国台湾地区产能的大幅度增加(2015年达到1500万吨)，以上国家和地区每年出口能力约为400万吨。

最近五年来，我国进口PVC虽然在逐渐下降(如表4-3所示[②])，但那是反倾销的结果，如果一旦放开，进口产品对国内市场冲击会很大。

表 4-3　2009 年—2014 年我国 PVC 进口情况　　单位:万吨

地区		2009	2010	2011	2012	2013	2014	2015
美国	数量	30.2	32.8	36.3	34.6	25.0	26.1	28.4
	比例	18.5%	27.3%	34.6%	36.8%	32.8%	33.0%	33.4%
韩国	数量	10.8	2.5	2.2	4.4	3.1	3.3	3.6
	比例	6.6%	2.1%	2.1%	4.6%	4.1%	4.2%	4.2%

① 根据公司2013年年报数据整理而成。

② 来源:中国石油和化学工业联合会，产业重大问题研究——聚氯乙烯行业面临严峻挑战(内部)，2014(8)。

续 表

地区		2009	2010	2011	2012	2013	2014	2015
日本	数量	39.2	42.7	28.6	16.5	18.7	16.9	18.6
	比例	24.1%	35.6%	27.2%	17.6%	24.6%	21.4%	21.9%
台湾地区	数量	32.6	28.4	26.7	31.4	24.7	25.8	27.9
	比例	20%	23.7%	25.4%	33.4%	32.5%	32.6%	32.8%
合计	数量	112.8	106.3	93.8	86.8	71.5	72.1	78.5
	比例	69.2%	88.7%	89.3%	92.4%	94%	91.3%	92.4%
中国总进口	数量	163	120	105	94	76	79	85

当然，我国 PVC 企业在国内市场产能过剩、需求低迷的严峻情况下，积极开拓国际市场，积极做好出口工作，取得较好成绩（如表 4-4[①] 所示）。

表 4-4 氯碱化工行业主要上市公司 2015 年 PVC 产量及出口 单位：万吨

	中泰化学	氯碱化工	新疆天业	太化股份	内蒙君正	云南盐化
PVC 产量	153.60	16.76	29.32	15.00	33.80	6.77
PVC 出口量	18.41	1.45	3.43	1.56	3.88	0.32
占比	12%	8.6%	11.7%	10.4%	11.5%	4.7%

目前，我国 PVC 有 93 家生产企业，大多数是国有企业，行业产值高达 2000 亿元，为 100 万产业工人提供了就业。

我国是世界最大的 PVC 生产与消费国，百万吨以上产量的企业有 3 家，40 万吨以上有 24 家，企业平均规模为 27 万吨。主要生产工艺是电石法，这是由我国“贫油、少气、富煤”的能源结构决定的，因此电石法产能占比为 82%，乙烯法仅为 18%，两种工艺的产能之比约为 4∶1。经过多年的发展，PVC 企业在生产安全、自动化、生产技术、产品质量等方面提高较快。

① 作者根据各个上市公司 2015 年年报数据整理而成。

2008 年以前，天津、山东、江苏、浙江、上海是我国 PVC 主要产区。2008 年我国 PVC 产能分布如图 4-10 所示。

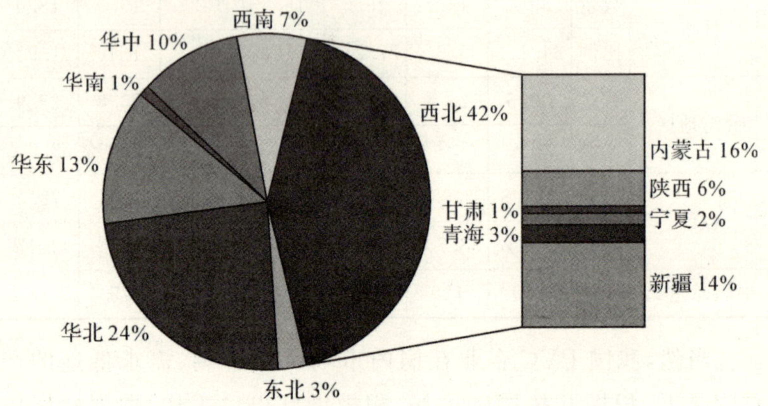

图 4-10　中国 2008 年 PVC 产能分布

2008 年乙烯法 PVC 产能占比约为 31%。随后，氯碱产能开始向西部转移，原因是为了支持西部建设以及减少对沿海地区的高能耗高污染，例如西北六省份 2015 年 PVC 产能全部为电石法，约占全国总产能的 42%。“煤—电—PVC”一体化的发展加大了氯碱行业的循环经济项目，进一步缩小了电石法产能。

目前，受世界经济低迷以及生产成本（人力资源成本、资源能源成本）增加的影响，氯碱行业的企业亏损面较大，2015 年 70 家全国重点生产企业共亏损 3.76 亿元，亏损面也达到 46%，持续一段时间后，亏损状况依然没有得到改变。

3. 中泰化学 SWOT 分析

(1)优势分析(S)

中泰化学具有以下优势：投资发展快速增长、一体化、客户导向、产值与规模快速增长。

①投资发展快速增长。中泰化学于 2006 年 11 月上市，这是个投资发展的良好契机，利用 IPO 募集的资金以及后续增发

的资金，加大了产业投资力度，总投资额度高达 53.8 亿元（如表 4-5 所示①），从而为未来新增利润打下坚实基础。

表 4-5 中泰化学上市以来投资项目及额度

公告日期	投资项目	投资额度（万元）
2006-11-16	12 万吨/年聚氯乙烯树脂配套 10 万吨/年离子膜烧碱项目	60000
2007-12-18	向华泰公司增资 9.2 亿元，建设 12 万吨/年聚氯乙烯专用树脂配套 10 万吨/年离子膜烧碱一期技改工程项目	92211
2013-02-19	新疆华泰重化工有限责任公司 36 万吨/年聚氯乙烯树脂配套 30 万吨/年离子膜烧碱二期项目	372386
2013-07-31	参股厦门凯纳石墨烯技术有限公司石墨烯项目（占 35%）	1412
2015-12-12	中泰化学阜康工业园 120 万吨/年聚氯乙烯树脂、100 万吨/年离子膜烧碱循环经济项目（二期）剩余募集资金补充流动资金	44381.76
2015-12-12	变更募集资金用途向新疆中泰化学托克逊能化有限公司增资	120000
2016-05-11	收购蓝天物流 100%股权	72544.15
2016-05-11	收购金富纱业 49%股权	19961.00
2016-05-11	收购新疆富丽达 54%股权	184282.63

②产业一体化逐步完善。中泰化学地处资源丰富的新疆，具有明显的区位资源优势，奠定了资源优势向经济优势转型的基础。公司拥有丰富的原盐、电石、煤炭、电力等资源，生产成本与全国平均水平相比较低，保障了公司的长远业绩的持续发展。“煤电化”产业链一体化逐步形成，上游产业已经形成“盐—煤—电”“电石—烧碱（PVC）”的完整产业链，下游产业正在探索试产

① 根据公司上市以来的年报以及投资公告的数据整理而成。

PVC管材、建材、环保等产品。另外通过现货贸易与期货贸易相结合的方式，中泰化学已经进入了渤海交易所PVC电子平台，可以设想不久的将来可实现规模投产。通过控制盐、电石、煤等化工生产的资源，形成成本降低先发优势以及经济发展后发优势，奠定了公司竞争力的基础。公司重点强调要以“利他”的理念，用“合纵连横”的思维，团结一切可以团结的力量，以行业龙头的姿态，积极承担企业责任与社会责任，带领上下游产业链的兄弟企业共同进步、共渡难关。公司一直采取传统经营模式，与国内外大型化工企业及化工贸易企业密切合作，建立了“装置配套、管道输送一体化”的化工园区运营模式。一体化商业模式提高了公司长期稳定生存和发展的能力，也为下游客户获得长期稳定可靠的氯碱产品供应提供了保障，真正体现了互利共赢。在特种PVC方面，公司采取“自备电力—电石—特种PVC”一体化战略，提高最终产品的竞争力。

中泰化学2016年开始在新疆库尔勒石油石化产业园布局年产120万吨的PTA产业链项目，通过产业链一体化战略，既消化了过剩的产能，又提高了产品附加值，填补了新疆化纤产业空白，还对实现新疆“十三五”经济战略目标，实现南疆油气资源产业多元开发，延伸石油天然气产业链，具有重要的现实意义。

③以客户为导向。中泰化学的发展与客户支持密不可分，这里的客户是个大概念，包括政府主管部门、银行、铁路运输部门、上下游企业、经销商、战略合作伙伴、社区等。中泰化学近十年的发展是超常规的，由小到大、由弱到强迅速蜕变，从“西山”到“米东”、从“阜康”到“西沟”，企业发展壮大是在客户的大力支持下实现的，为回馈社会、回馈客户，公司始终感恩客户，并以客户利益共赢共荣为目标来谋划企业更长远的发展。例如，在公司资金与生产经营比较困难的时候，供应商、经销商通过各种方式为企业提供资金支持，保障公司融资平台对企业持续发展的支持。2015年年报显示，经销商客户浙江特产石化有限公司、

广东联塑科技实业有限公司、远大石化有限公司、无锡利源化工集团有限公司、上海海螺型材有限责任公司这五大排名靠前的客户共销售了293639.95万元，占总营业收入的19％，如图4-11所示。

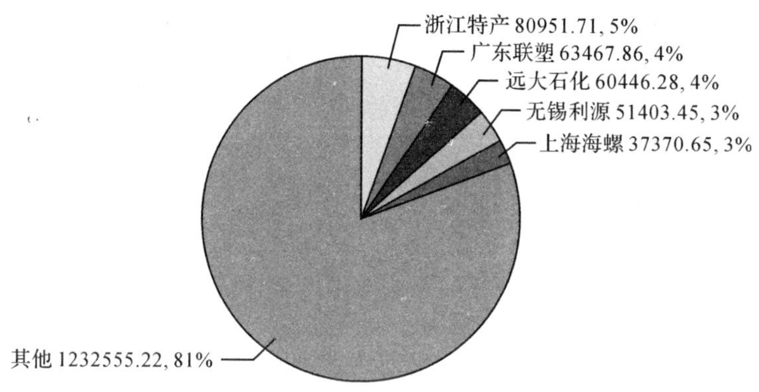

图 4-11 中泰化学 2015 年前五大客户交易额

排名靠前的新疆圣雄能源股份有限公司、新疆蓝天石油化学物流有限责任公司、新疆新冶能源化工股份有限公司、乌鲁木齐环鹏有限公司、新疆能源(集团)产业链有限责任公司这五大供应商共采购了268528.68万元，占总采购额的28％，如图4-12所示。

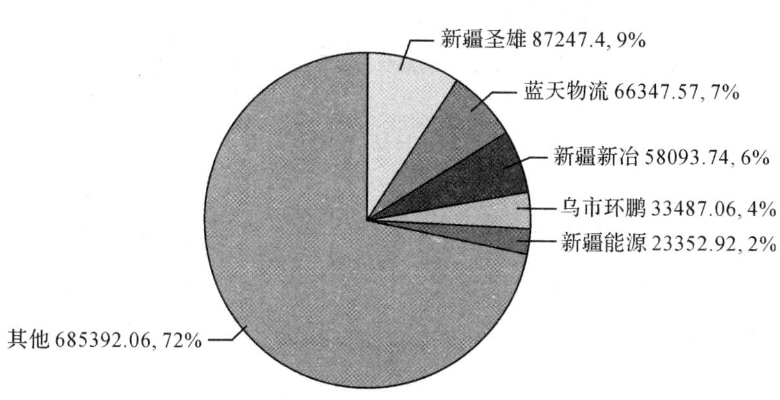

图 4-12 中泰化学 2015 年前五大供应商交易额

④企业产值与规模快速增长。中泰化学的前身是“新疆烧碱厂”，1958 年创建之初，烧碱年产能力仅为 2 万吨。2000 年 PVC 和烧碱的生产能力达到12 万吨。目前 PVC 年生产能力约为 160 万吨，离子膜烧碱 110 万吨，居行业第一。中泰化学通过外延式扩张和内涵式增长的并举战略，加大融资投资力度，实现上下游产业链整合，突破原有市场稳定增长的成长路径，产量大幅增长，实现公司超常规的跨越式发展。中泰化学在 2009—2015 年的几年中稳步发展，PVC 产量分别为 45.22 万吨、51.32 万吨、81.99 万吨、89.77 万吨、153.6 万吨、160.29 万吨、161.47 万吨，烧碱产量分别为 33 万吨、72.63 万吨、61.44 万吨、67.28 万吨、108.64 万吨、111.76 万吨、113.66 万吨，如图 4-13① 所示。

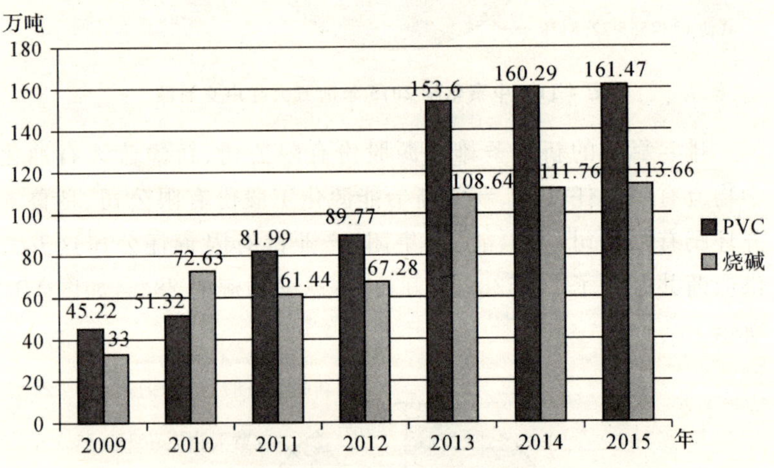

图 4-13　中泰化学 2009—2015 年 PVC 与烧碱的产量增长

(2)劣势分析(W)

①企业产品运距长且成本高。中泰化学地处我国的边陲城市乌鲁木齐，而产品需求均在内地，且公司产品为传统化工产品，属于大宗商品出疆物资，绝大部分采用铁路运输或“公铁联

① 根据中泰化学的公司财务报表数据整理而成。

运”模式实现物流运输，由于远离内地 PVC 主要消费地，乌鲁木齐到全国各主要城市铁路货运站点的平均铁路运距超过 3000 公里，运距较长，如图 4-14①、表 4-6② 所示。

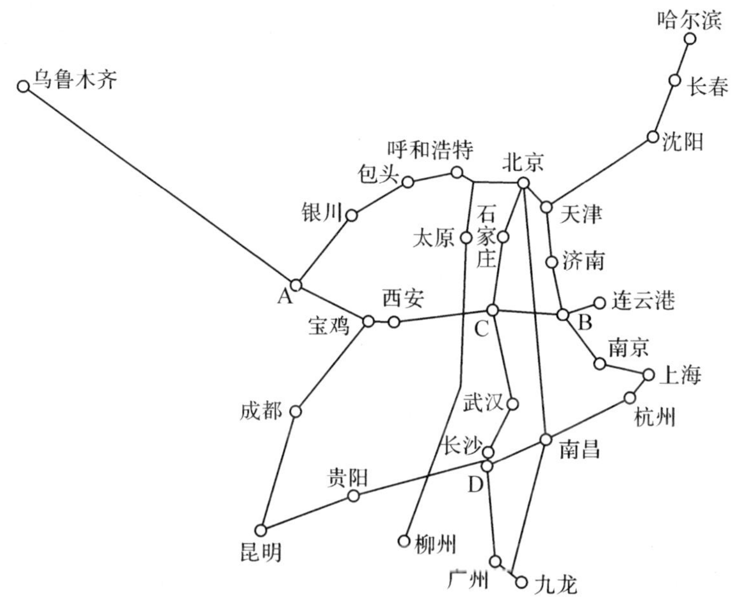

图 4-14 乌鲁木齐至全国主要城市铁路线路

表 4-6 中泰化学主要产品国内主要销售城市的铁路运距

目的地	广州	上海	南昌	哈尔滨	武昌
运距(km)	4679	4077	4391	5062	3615

近十年来，我国铁路货运价格就向上调整了 10 次，最近一次调整是在 2014 年 2 月 15 日，平均每吨公里由 12 分调为 13.5 分，上调了 1.5 分，使得每个车皮(60 吨)的铁路运费上升了

① 来源：http://www.china-railway.com.cn

② 根据 2013 年全国主要铁路站点里程整理而成。

6000—7500 元，导致中泰化学出疆铁路的运输成本增加，再加上受国际国内宏观经济环境的影响，产品销售价格一直低迷，严重影响了公司的营利能力（如图 4-15 所示）。同时随着产能规模超常规扩大，使得疆内电石原材料不够，需要到宁夏、内蒙古去采购，成本也增加不少。

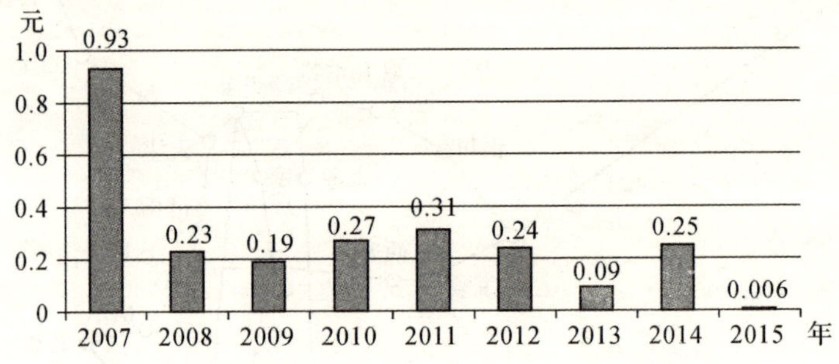

图 4-15　中泰化学上市以来 2007—2015 年每股收益情况

②企业产品转型升级刚刚开始。近年来，传统 PVC 价格倒挂，加重了公司负担，为克服这种不利局面，需要进行产品结构调整与转型升级，需要尽快提高纳米 PVC 的产能产量，需要加强技术创新，提高产品质量，以便角逐 PVC 下游产业高端市场（如大口径 PVC 管材等）。近年来公司确立了“拓宽 PVC 应用领域，加快氯碱行业转型升级，实现可持续发展”的战略目标。2014 年 3 月 28 日，公司与中科院长春应用化学研究所就 PVC 应用开发签署了合作协议，开展 PVC 泡沫板实验室规模制备工艺的研发（用于外墙保温），这是公司制定的“坚持顺应市场变化、努力抢占技术制高点、积极变革拓展 PVC 应用领域、加快公司产品转型升级”的重要举措。最近几年，受世界经济不振、国内产能相对过剩、下游消费需求持续低迷以及人力与物流成本增加等不良影响，使得行业开工不足，大面积（60%）数量的企业亏损。公司不仅要“节流”（提高内部管理效率，发挥新疆资源能源整合优势，降低生产成本），而且还要腾出较大精力来实现“开

源”,即加大 PVC 应用新领域研发与市场的拓展力度。

③人才较匮乏,导致技术水平较低,产品质量不稳定。中泰化学地处边陲,技术人才与管理人才的引进都较为困难,而且还面临较为严峻的人才流失问题。近年来,股份公司生产副总、西山事业部总经理以及一个营销片区总经理就分别跳槽到内蒙古、山东和浙江。再者,乌鲁木齐高级人才仅占技能劳工总数的 1.5%,远远低于 5%的全国平均数。以上原因使得公司的生产、管理、研发一直跟不上公司的超常规发展步伐,而且问题日益严峻。由于产品质量不稳定,公司产品很难打入高端市场,无法分享高附加值利益。

④企业负担较重,劳动效率偏低。中泰化学是国有企业,又地处边疆,保障职工的权益在某种程度上不仅是经济任务,还是十分重要的政治任务。中泰化学 2001 年改制前是国有企业新疆氯碱厂,当时企业面临冗员老化、负债率高、产品规模小且产品设计跟不上市场需求、内部管理落后、成本高、质量次等诸多问题,现在又面临整个行业的衰退,长期积累(50 多年的发展历史)形成了较重的负担,比如目前公司要承担较多的离退休人员的工资及各种社会保险负担,全部在岗职工 13000 多人,而离退休人员却高达 2000 多人,由此每年要支付他们的工资及社会保险金近 8000 万元。由于近年来产能过剩,使得资产闲置率较高,企业承担的社会责任与社会职能较多(近 5000 万元),财务成本(8000 万元)与环保成本也比较高(近 4000 万元),导致企业劳动生产率较低,负担过重。

(3)机会分析(O)

①产业链整合带来的机遇。PVC 销售形势低迷只是暂时的,一旦 PVC 应用的下游市场转好,将迎来难得的发展机遇。目前来看,我国加大了绿色环保政策支持力度,建筑节能、倡导标准化,下游产品通过技术创新开发出高性能 PVC 制品(如 PVC 墙体等)。此外,我国积极推进城镇一体化、产业链整合一

体化运作模式，必将激发出新的发展机遇。例如，PVC下游市场的建筑业、医药产业和灌溉农业拉动了70%的PVC需求。城镇化要求使用新型建筑材料，而PVC可以广泛应用于门窗型材、墙板、外墙挂板、室内装饰材料等。目前，为消除产能过剩带来的不良影响，公司加大了对上下游产业的投资力度，加快促进上下游企业产品的技术升级，目前PVC已经开发出色泽均匀、表面光洁、耐紫外光照、不易变色、外形整洁美观、耐老化、高抗冲性能的优质专用料，而未来几年保持高速增长的宏观经济环境也给了企业新的发展机遇。

②化工行业环保要求越来越高导致内地企业准入门槛较高带来的机遇。中泰化学严格执行《氯碱行业准入条件（2007年）》，在电石法产能达到30万吨时，就与清华大学开发并投产了电石渣砖的新型建材。准入条件是把双刃剑，对具有技术规模优势的中泰化学来讲，影响不大，甚至是个优势。而对于其他新进入企业是个很大的障碍。准入门槛提高对行业龙头企业中泰化学是个优势，有利于其扩大产能、形成品牌、开拓市场。

③中央出台的一揽子"振兴新疆"的经济政策带来的发展新机遇。中央新疆工作座谈会（2010年5月）召开以来的四年间，中央出台了一揽子"振兴新疆"的经济政策，全国开展了轰轰烈烈的援疆行动，新疆步入了"大开发、大建设、大发展"的崭新阶段，积极推动资源优势转换为经济优势。作为"煤电化"一体化龙头企业的中泰化学迎来了大好机遇，企业职工斗志昂扬，融资顺风顺水，产能扩建项目高歌猛进，企业整体综合管理水平得到提升，资源税改革、财政补贴等各项政策有利于减轻公司包袱，提升经营业绩。例如，公司近年来"以项目促发展、以规模促效益"，两年内完成甘泉堡工业园和大黄山工业园的建设，共投资150亿元，从而使企业总资产突破300亿元，年产PVC160万吨、烧碱120万吨、热电联产机组120万千瓦，成为氯碱行业第一，形成了较明显的规模优势。

④老厂区搬迁带来土地出让、税收优惠、政策补贴等机遇。乌鲁木齐城市建设“西扩”，居民小区逐渐包围了中泰化学的西山厂区，大气污染、生产安全、水资源匮乏等问题成为城市发展、居民安居的障碍。为此，中泰化学积极响应政府号召，将生产厂区全部搬迁到甘泉堡工业园。通过搬迁，公司不仅能够享受土地出让、税收优惠、政策补贴等，也以此为契机，使得产业结构得到优化，产业布局更为合理，技术装备水平得到大幅提高，日益呈现企业规模经济，向规模化、大型化、集约化方向发展，出现“搬大、搬强、搬活、搬优”的发展局面，搬出了企业核心竞争力，为国有传统化工企业探索新型工业化道路打下坚实基础。

(4)威胁分析(T)

①产能扩张过快，销售竞争加剧。氯碱行业由于2000—2005年出现供应不足，加上行业门槛过低，存量企业与新加入企业进行了产能扩张“竞赛”，造成行业产能过剩、供大于求、开工不足。受此影响，行业企业去库存化以及消化产能将维持一段较长时间，市场销售竞争加剧。目前有一定规模的PVC生产企业达93家，下游规模较大的厂家与经销商却多达五千多家，下游市场较分散。同时，在供大于求的局面下，每个企业都实行较为灵活的定价模式，可以“随行就市定价”，也可以“厂商协议定价”，使得生产企业处于较被动的议价地位，议价能力大大降低。在这种被动局面下，中泰化学通过期货套保降低现货交易风险。

②行业企业竞争白热化，上游原材料价格却上涨。行业扩能过剩后，还有一些新进入者大肆进行项目建设，中泰化学产能成为行业第一以后，面临的压力越来越大。释放2013年新增产能持续进行，市场产品滞销，导致PVC价格严重下挫，2014年一季度创历史价格最低点，市场各种小规模企业为了生存，将品质不稳定的货源以低价销售，扰乱了市场定价格局，对品牌塑造与新市场开发影响较大，对中泰化学健康持续发展威胁巨大，使

得公司相关经营指标不够理想(如表 4-7 所示)。

表 4-7　氯碱行业上市公司的主要经营指标排名

	营业收入排名	每股收益排名	总资产排名	销售毛利率排名	净利润排名
中泰化学	1	3	1	3	2
内蒙君正	4	1	3	1	1
天原集团	2	8	2	8	7
鸿达兴业	7	2	4	4	3
新疆天业	5	4	6	5	4
云南盐化	8	5	7	2	5
太化股份	6	6	8	7	6
氯碱化工	3	7	5	6	8

例如,尽管公司加大了对原煤、石灰石、焦炭等上游资源的采购管理,但降低成本的收效甚微,原因是上游原材料因下游产能过度扩张,电石、电价、运输价格反而上行。又例如,目前出现电石货源紧张,价格上升的局面,一级电石价格已创每吨 4000 元的新高,均价都在 3650 元左右,这是由于电石属于高能耗高污染材料,其产能扩张受到政策、资源等影响,扩张速度本来就滞后于 PVC,导致供需矛盾突出,价格反而上涨。另外,由于内蒙古地区在整顿白灰窑,这进一步加剧了电石紧张的局面。此外,我国电价与物流运输价格也进入了上涨周期,增加了企业生产成本。

③整体搬迁带来的威胁。一是生产工艺磨合还要一段时间,可能会出现产品质量不稳定的问题。二是企业内部管理需要加强,尤其是员工心态管理、部门协同管理、战略管理、生产新工艺新技术设备的使用培训等成本大幅度提高。三是搬迁使销售成本有所提高。新的工业园区位于乌鲁木齐以西,短途运距增加了几十公里,高速过路费加大,"公铁联运"协调较困难,站

场发货管理问题也会影响销售效果。

(5)SWOT 分析的结论

中泰化学的优势比较明显,但也遇到一些问题,从上文分析发现,企业在规模效应、区位资源能源整合、品牌声誉、经销网络、现货与期货贸易等方面有一定优势,但也面临产品结构调整、原材料成本上升等方面的问题。振兴新疆经济政策、产业一体化整合以及技术与管理水平的提升,赋予了企业新的发展机遇。然而企业也面临行业竞争加剧、成本价格上升以及企业搬迁的挑战。如何"扬长避短、抓住机遇、发挥优势、克服困难、解决问题",企业可以采取以下四种战略获得竞争优势。

SO 战略——进攻性战略。积极发挥行业规模优势、政策支持优势、资金实力优势,加大投入研发力度,开发出高档 PVC 新产品(大口径 PVC 管材原料、纳米 PVC、塑料管道、PVC 墙体等),抢占技术制高点、规模制高点,稳定并开拓新市场领域。这是公司未来发展应该选择的关键战略,但要以以下三种战略目标逐步实现为基础。

WO 战略——扭转性战略。及时调整营销战略,加快互联网营销(电子盘交易)与期货交易(渤商所),加快物流速度,推动"定装置、定流向、定客户"的"三定"发运模式。此外,加强外派营销片区团队管理,制订有效的营销人员考评与薪酬方案,提高工作效率。

WT 战略——防御性战略。减少重大投资额度,稳定产能扩张,加强内部管理,节能降耗,开拓新领域,分散经营风险。

ST 战略——多元化战略。整合上下游优势资源,实现产业供应链一体化,促进"煤电化"一体化,上下游企业联动与共同发展。降低原材料成本,提高市场定价竞争能力。实行"现货交易与期货交易"优势互补,降低市场风险,同时继续开发大型直销经销商,加强合作,拓展国内销售区域,并多路径、多渠道地开拓出口市场,降低营销风险。

根据以上分析，本文认为中泰化学未来发展应该选择“进攻性战略”，即积极发挥行业规模优势、政策支持优势、资金实力优势，加大投入研发力度，开发出高档 PVC 新产品（大口径 PVC 管材原料、纳米 PVC、塑料管道、PVC 墙体等），抢占技术制高点、规模制高点，稳定并开拓新市场领域。但要以“战略转型、战略防御、多元化战略”为基础，进一步明确重点投资方向，拓展品牌影响力、完善营销渠道体系，扩大销售半径，积极稳固国内市场，开拓国外市场，以新产品、新服务为亮点，寻求新的利润增长点。

4. 五力模型分析

尽管中泰化学产能规模为行业第一，但在当前产能过剩、市场低迷的困境中，反而是个障碍，面临的市场风险依然较大，尤其是同行业企业生产能力和技术水平得到进一步提升，企业间产品营销冲突加剧，竞争更加激烈。另外还有进口产品不断涌入瓜分国内市场份额，进一步加剧了竞争。虽然公司进行了产业一体化运作，加快了“煤电化”产业链整合进程，但来自行业潜在新进入者、供应商、采购经销商以及替代品的竞争依然十分激烈，可能导致公司议价能力进一步降低，营销困难加剧，不利于开拓新市场（如图 4-16 所示）。

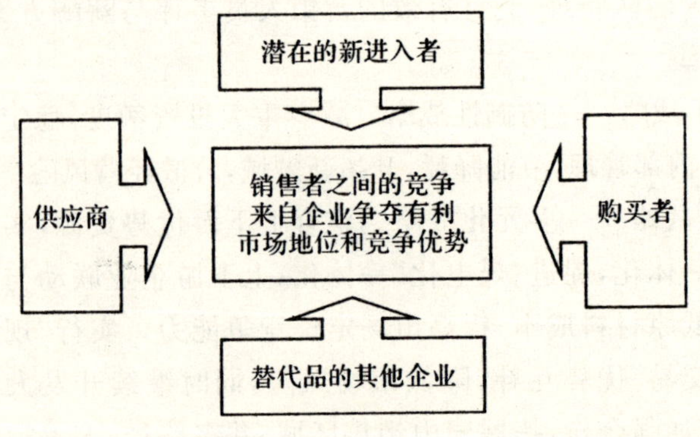

图 4-16　中泰化学五力模型

(1)现有竞争企业分析

目前上司公司中有十多家企业与中泰化学争夺市场份额，总股本相当的企业有内蒙君正、氯碱化工。从 2014 和 2015 年的年报各项重要的财务数据可以看出，中泰化学的竞争优势并不十分明显，未来竞争更加激烈，如表 4-8、4-9 所示①。

表 4-8　氯碱行业主要上市公司 2014 年年报数据

股票简称	排名	每股收益(元)	每股净资产(元)	每股现金流(元)	净利润(亿元)	营业收入(亿元)	总资产(亿元)	销售毛利率(%)	总股本(亿股)
英力特	1	0.2450	9.20	0.51	0.74	9.51	34.73	20.87	3.03
内蒙君正	2	0.1982	4.84	0.10	4.06	24.05	110.79	30.37	12.80
鸿达兴业	3	0.1456	4.29	−0.07	1.24	12.48	82.95	25.07	6.07
中泰化学	4	0.1290	6.15	1.12	1.80	53.33	267.41	27.29	13.90
新疆天业	5	0.0700	3.51	0.74	0.32	20.04	52.05	11.02	4.39
云南盐化	6	0.0140	4.61	0.08	0.03	7.99	35.07	28.80	1.86
太化股份	7	0.0030	1.32	−0.03	0.01	16.29	24.72	1.77	5.14
氯碱化工	9	−0.0426	2.42	−0.00	−0.49	30.00	60.47	8.79	11.56
天原集团	10	−0.0789	8.17	0.12	−0.38	38.93	143.94	7.03	4.80
金路集团	11	−0.0921	1.36	0.10	−0.56	9.85	18.90	2.92	6.09
ST 南化	12	−0.1164	−0.01	−0.34	−0.27	3.99	21.35	0.23	2.35
金牛化工	13	−0.1598	1.20	−0.04	−1.09	8.50	30.95	1.59	6.80
ST 明科	14	−0.2300	1.10	−0.03	−0.78	0.08	12.65	2.93	3.37

表 4-9　氯碱行业主要上市公司 2015 年年报数据

股票简称	排名	每股收益(元)	每股净资产(元)	每股现金流(元)	净利润(亿元)	营业收入(亿元)	总资产(亿元)	销售毛利率(%)	总股本(亿股)
鸿达兴业	1	0.57	4.27	0.34	5.19	38.10	116.31	30.63	9.72
金牛化工	2	0.36	1.26	−0.06	2.44	6.0	12.84	8.63	6.80

① 根据上市公司 2014 年、2015 年的年报数据整理而成，按每股收益由大到小进行排名，并列时按净资产由大到小排列。

续 表

股票简称	排名	每股收益(元)	每股净资产(元)	每股现金流(元)	净利润(亿元)	营业收入(亿元)	总资产(亿元)	销售毛利率(%)	总股本(亿股)
内蒙君正	3	0.23	2.89	0.31	8.40	48.33	204.77	34.51	36.86
英力特	4	0.10	9.22	0.39	0.29	169.58	31.43	14.25	3.03
新疆天业	5	0.09	3.61	−0.18	0.41	22.75	351.11	8.73	4.38
氯碱化工	6	0.08	1.96	0.26	0.96	61.71	48.48	9.91	11.56
天原集团	7	0.02	5.97	0.09	0.16	107.04	134.69	5.59	6.72
金路集团	8	0.02	1.23	0.07	0.14	16.2	15.42	5.53	6.09
中泰化学	9	0.006	7.32	0.50	0.08	152.6	370.27	23.06	17.69
太化股份	10	−0.01	1.01	−0.09	−1.77	23.05	23.09	1.73	5.14

(2)潜在进入者分析

中泰化学产品属于传统化工产品,用途广泛。除了环保要求较高外,其他门槛较低。虽然目前行业产能过剩,但长远来看,需求会不断提高,依旧会有一个不错的发展前景。另外,该行业是煤电化工,对消化丰富的煤炭、电石、电力等资源具有积极作用,尤其是地处西部的省区,经济发展依然依赖资源转换战略,对产品项目还会有一定拓展需求,一旦经济开始转好,化工产品需求将拐头向上,势必会吸引大批资金,尤其是混合所有制的发展会促使大量民营资本进入行业领域,他们凭借强大资金和技术优势参与竞争,会对公司构成较大威胁。从目前形势来看,在某些领域,民营企业进入我国石化行业比国有企业要迅速,为优化供应链,实现降低成本的目的,下游企业也会寻求与上游企业的战略合作。

(3)替代品企业分析

从技术与成本来看,PVC有很多替代品(如无机硅胶、无卤聚烯烃材料),但PVC具有阻燃好、成本低、重量轻等特点,具有比较优势,依然是目前使用最广泛、用量很大的一种传统化工材料。因此,目前,替代品的企业竞争对行业、对企业均不构成威胁。

(4)经销商议价能力分析

由于产能过剩,使得产品价格萎靡不振,加上因房地产行业进入“冬天”衰退期,下游企业开工明显不足,进一步加剧了库存压力与市场价格竞争,使得原来定价模式以及议价方式受到挑战,大型经销商市场化议价能力明显增强,即使是中石化与中石油这两家石油化工的巨头企业,也以较低姿态接受经销商的市场化定价模式。目前 PVC 市场群雄割据,市场化程度较高,竞争激烈,有一定规模的生产企业有近 100 家,经销商以及下游企业的数量 5000 余家。定价模式灵活,交易形式灵活(现货交易、期货交易),结算方式也好商量,经销商具有较强的议价能力,中泰化学等生产企业在定价与交易的市场化运作方面均比较被动,这种局面还将在一定程度上维持下去。

(5)供应商议价能力分析

中泰化学的主要原材料是煤炭、原盐、电力、石灰石等,公司通过建立完整的产业链一体化(例如,拥有 147 亿吨的新疆准东煤田南黄草湖煤炭勘查权,拥有探明储量 6973 万吨的托克逊盐化开采权,拥有奇台近 7000 万吨的石灰石开采权以及阜康双峰山 6.24 平方公里的石灰岩探矿权;等等),完善了原材料的配套供应能力,大部分能够满足企业生产需要,较少差额量减轻了公司采购压力。此外公司利用较高的行业知名度与美誉度,构建了稳定的采购供应商网络,有的还建立了战略合作伙伴关系,互惠互利。以上条件,使得原材料供应商的议价能力在掌控之中,双方关系比较融洽,议价能力均衡。

三、中泰化学由传统厂商向特色交易商转型分析

1. 传统厂商模式很难帮助企业脱困

中泰化学是一家从事大宗商品生产的行业龙头制造企业,

主营 PVC、电石、纺织原材料等大宗商品生产与销售，近年来加大了物流、贸易等综合配套服务功能，逐渐成为全产业链的综合服务商。营收很多，利润却很少。总资产很大，净资产却不高。上市公司融资平台顺畅，资金充沛却无好的创新产品，募集的项目资金也只能转投理财渠道。这是大多数实体经济都要面临的困境。

中泰化学作为大宗商品生产的大型上市公司，截止到 2016 年 7 月 20 日，公司市值只有 167.4 亿，还不到 2015 年末公司总资产的一半，也远远不如一家创业板或中小板的上市小企业的市值。这与公司的行业地位远远不匹配。尽管公司通过一系列资产重组以及全产业链整合，但效果依然不理想。

2. 致力构建新的商业模式

目前越来越多的企业热衷于创新商业模式，构建新模式的速度和规模都在改变着行业格局。商业模式如何设计与创新，我们认为关键是利益驱动，模式需要为公司、客户与社会创造新的价值。全新的商业模式是为了取代传统陈旧的商业模式，必须为客户带来更多的体验与功能，并由此带来价值。例如，苹果公司的商业模式创新就是凭借 iPod 以及 iTunes 在线商店，逐渐打开了在线音乐市场以及 APP 游戏市场，成为商务手机行业的领导力量。而 Skype① 公司则是通过 P2P(点对点技术)设计全新的商业模式，为消费者带来了全球通话廉价性以及 Skype

---

① Skype 是微软公司开发的一款即时通信软件，其具备 IM 所需的功能，比如视频聊天、多人语音会议、多人聊天、传送文件、文字聊天等功能。

客户端之间通话的免费模式，引导了当时的潮流。Zipcar① 公司实行会员制，制定按需付费制度，提供计时（或计天）的汽车租赁，打破传统的个人汽车产权模式，解放了居民的汽车，提高了汽车使用效率。而孟加拉乡村银行全新商业模式是通过小额贷款来满足贫困者融资贷款的需求。

（1）构建全新商业模式的设计方法

创新商业模式通常有“产业链客户洞察、商业创意构思、理念可视化表现、商业原型制作、介绍创新点和情景推测”六种设计方法，既考虑创意性，又考虑用户体验实用性，如图 4-17 所示。

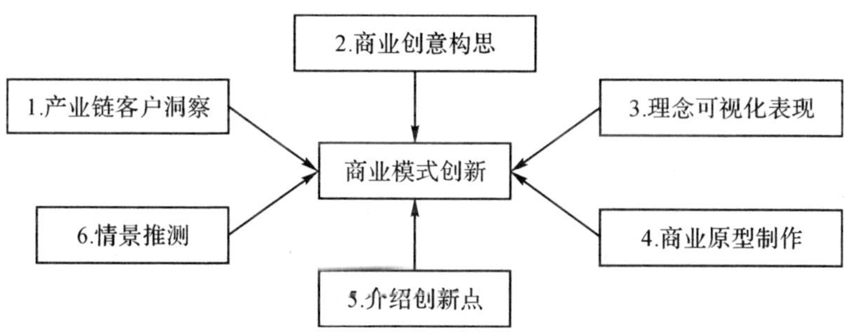

图 4-17　商业模式创新的六种方法

①产业链客户洞察。全新的商业模式是为产业链客户服务的，因此设计一个新的商业模式必须考虑客户的感受。因此需要对市场与产业加以详细研究，充分考虑客户的观点。比如要对 PVC 产业链进行新的模式设计，就应该考虑上游厂商、中间贸易商、下游厂商的观点，要在经营环境、日常贸易往来、客户关

① Zipcar 是以“汽车共享”为理念的美国网上租车公司。Zipcar 通过接收会员，发放会员卡来运营。Zipcar 的汽车停放在居民集中地区，会员可以直接上 Zipcar 的网站或者通过电话搜寻需要的车，网站根据车与会员所在地的距离，通过电子地图排列出车辆的基本情况和价格，会员选择汽车，进行预约取车。使用完之后于预约的时间内将车开回原本的地方，用会员卡上锁。

注点(风险、利润等)方面深入理解客户的愿望。如果PVC产业设计一个新的商业模式,那么不仅要征询现有客户细分群体的意见,更要面向潜在的、未满足的客户细分群体。许多成功的创新商业模式,都是因为满足了客户未得到满足的需求而成功的。

②商业创意构思。模仿一个已经存在的商业模式的企业是没有生命力的,设计全新的商业模式需要创意构思与筛选。不能纠缠传统的经营模式,不是在原有的模式基础上修修补补,而是全新的设计,是挑战传统的,是满足未来需求的,是基于新的或潜在的客户而开发的。设计商业模式时,没有可参照的标杆,但也不一定要具有颠覆性,但必须充分考虑四种要素的驱动,即"资源驱动、产品/服务驱动、客户驱动和财务驱动"。需要做一个SWOT分析,并沿着战略走下去。

③理念可视化表现。创意理念是看不见摸不着的,在讨论中为了防止虚无,需要采取一些图片、草图、PPT、数据图表、便利贴等可视化工具来展示理念,否则就很难真正理解这个创新的模式。而且通过讲故事来阐述解释商业模式,也需要大量的可视化元素(例如图片等)。

④商业原型制作。商业原型就是我们假设的未来运行的创新商业模式,是一种未来潜在的商业模式在实际中的运用。商业模式原型不是某个公司真正的商业模式,原型只是一个思维工具,帮助探索完善我们的商业模式,例如可以讨论增加一个客户细分群会对我们的模式有什么影响,资源整合中的高成本如何降低,如何拓展一些产品或服务的功能,以及如何创新性地提高营业收入和利润,等等。

⑤介绍创新点。介绍创新点就是对创意进行故事讲述,使得创意更加具象化,通过故事来阐述这个商业模式是如何运行并创造价值的。故事能够使战略合作者或投资者迅速了解模式的相关情况,了解该模式如何解决客户的焦点问题,了解该模式如何获利。例如你讲一个大宗商品PVC期货与现货相结合的

交易故事,要比单纯从理论上阐述什么是“期现结合”更精彩而有效。故事的逻辑性更加引人入胜,也能够争取到合作者或员工更多的认同与支持,如同现在微信朋友圈的“心灵鸡汤”大都是通过讲故事来展开的。

⑥情景推测。在抽象与具体之间是通过情景推测来联结的。从不同视角进行推测,能够帮助我们熟悉模式的细化设计环境,熟悉商业模型设计流程。例如我们会考虑客户是否需要这样的产品和服务,我们的核心客户是什么类型(贸易商、厂商、金融机构等),我们不同的客户分别有怎样的顾虑、愿望和目的。情景推测能够再现潜在的参与竞争的未来场景(如价值主张、渠道通路、客户关系、来源等等)。

(2)中泰化学的制造业服务化理念诠释

中泰为打造国内尖端 PVC 产业链,一直通过参股控股、战略合作等多种方式对上游、下游产品进行整合,打通产业链,使得产业链各个环节形成了密不可分的合作关系,逐步形成了行业龙头的大宗商品氯碱企业与大型区域贸易商、塑料加工企业资源整合优势互补的格局,打破了传统的生产制造企业商业模式,利用“一带一路”战略向沿线国家密集转移产能和投资,加快“走出去”步伐,加大力度与中亚五国 PVC 型材、板材、管材制造商合作,打通国际国内上下游相结合的产业链,从而拉动供给侧改革的业务增长,目前已经构建了全产业链经营新模式。据 2015 年年报显示,中泰化学参股控股公司 34 家,其中子公司 26 家、孙公司 1 家、联营 1 家、合营 6 家,分别涉及十多个相关产业多元化业务领域,主要包括 PVC、电石、石墨烯、焦炭、热电、工业盐、综合物流、环保、建材、纺织原料、粘胶纤维、融资租赁、国际贸易等,如图 4-18 所示。

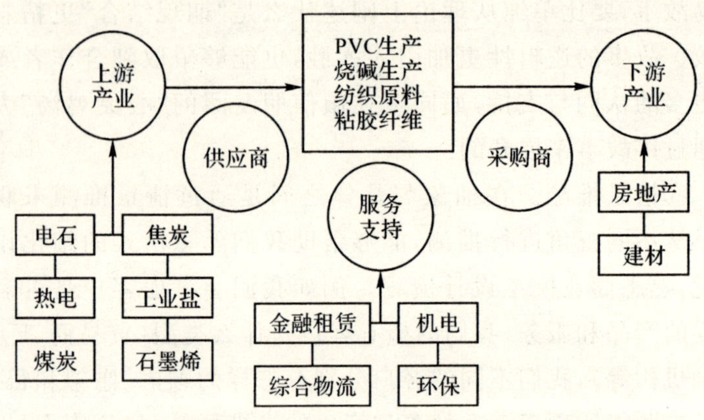

图 4-18 中泰化学现在传统厂商角色的全产业链模式

对于行业的整合，中泰化学一直在进行，全产业链有助于降低成本、提升效率、加快消化过剩产能。目前来看，前五大供应商与前五大采购商的比例还有拓展的空间，大部分销售与采购交易由公司完成，市场客户数很多，销售成本较高。市场永远不缺客户，但要找到客户或者让客户很方便找到平台却不简单，同时也很重要。因此纵向一体化产业战略还不能解决这些问题，只有通过横向一体化战略的异业整合才可能建立一个共享平台，不仅方便客户相互寻找，还使客户更加轻易地找到平台，让平台更加容易地找到客户，同时能跟客户建立拓宽服务领域，增进彼此信任，减少销售成本。通过双向沟通渠道，培养目标客户群。因此，创新的商业模式考虑以渠道资源整合为目的的合作方式，实现"资源共享、优势互补、产业延伸、协同发展"的重大突破，通过"战略联盟、强强联合、协同发展"来增强竞争优势，提高综合能力。

目前，平台经济产业风起云涌，由实体经济来构建共享平台更加具有优势，自己不仅是大宗商品的生产者，而且还是平台的构建与参与者，整合全产业链资源一起进入平台经济这个交易空间（场所），促进并放大交易量，通过贸易服务、金融衍生工具、综合物流、供应链金融等功能化服务项目，提供服务并收取适当的费用。未来制造企业服务化是趋势，其核心就是要打造一个平台。例如苹果公司就是在打造一个平台，平台中韩国生产芯片与显示屏，中国台湾地区则生产非核心化的零部件，中国内地则完成产品组装。而公司的线上线下商店则将产品销售、消费者、APP 软件供应商集合在平台上，完成立体营销，更是将用户和软件供应商集中在同一个平台上。

中泰化学如何理解通过平台经济来构建一种新商业模式？中泰化学自成立以来就一直生产与经营氯碱行业的大宗商品，要发挥全产业链创新商业模式，需要将上下游生产、国际国内贸易、第三方物流、供应链金融、期货交易等多方以利益为纽带整合在一个共享平台上，通过平台战略整合客户资源、产业信息、第三方物流、供应链金融、金融衍生团队等，将产能优势、信息优势、物流优势、金融优势转化为新的服务功能，为产业链上下游企业提供全新的多元化贸易与金融服务，满足客户的潜在需求以及新的需求。如图 4-19 所示。

以上创新模式，包括以下几大系统：生产制造系统、国际国内贸易系统、采购系统、综合物流系统、供应链金融与支付系统、大数据信息处理与分享系统。传统产业链模式经常会面临“低门槛、低成本”的不良竞争，当市场行情好的时候，产业链中的大量企业就会迅速切入，加大产能过剩。制造商向交易商转型，其角色也发生较大变化，从产业链中的资源制造者变为产业链资源整合者，促进商品流、资金流、信息流、物流的“四流合一”。把产业资源整合在共享平台上，推动产业积极快速发展，提升传统模式的运营效率，促进制造经济向服务经济转型。大宗商品市场是供给侧结构性改革的主战场，也是各种资源整合与资本逐利的重要“战场”，实体企业与贸易企业、金融机构、现代物流企业相结合，是发挥市场资源配置与调节的重要方式，也是企业从传统厂商向综合交易商转型的有效途径，具有广阔的发展空间。

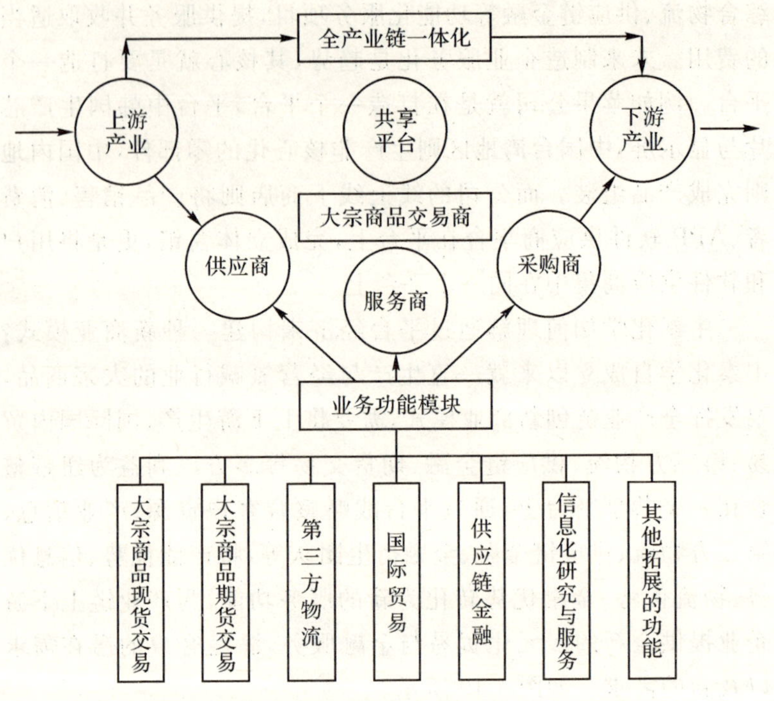

图 4-19 中泰化学未来交易商角色的全产业链模式

面对激烈竞争环境与过剩产能，大宗商品生产商必须转型才能脱困。好在供给侧改革这么优惠的政策给予企业转型的契机，转型正当时，必须重塑商业模式。

在传统贸易模式中，大都是贸易商主导大宗商品价格走势，而上游生产厂商在市场价格变动中只能被动跟随，少量产品能够顺利出货，其实获利很少。尤其近几年来，大宗商品 PVC 在全球金融危机以及国内 PVC 低潮的双重打击下，产业链的中间贸易商可以通过金融衍生工具进行套利，再加上下游厂商对现货市场价格的上涨普遍具有抵触情绪，从而加剧了市场需求紧缩以及市场交易低迷。

其实经销商也面临很大的运营成本压力，有很多的苦衷。一方面上游厂商因产能过剩要求经销商“压库”，另一方面市场需求不旺、销售不利,即使生产方式与营销模式有创新,也很难顺应市场潮流。面对瞬息万变的市场,传统的营销模式很难准确应对,传统厂商与经销商面对竞争激烈的市场都很无奈,都会遇到"高投入、低回报、需求不旺、产能过剩、价格透明、财务成本过高"的困境,整个 PVC 大宗商品市场都已经进入"微利时代"。整个产业链在交易中需要耗费大量的人力、财力、物力等资源,成本越来越高。全产业链由于微利状况,这点利润在各个渠道及各个环节上很难分配。如果新的商业模式不整合产业链,那么面对错综复杂的各个渠道就会更难应对。产业链的各个利益相关者参与商业经营目的就是为了获得利润,一般情况下,企业的生存策略就是在收入不增加的情况下通过各种有效方式控制并降低成本,也会导致"低质低价",各个利益相关者很有可能会采取一些非常规的做法降低成本,这必然会降低联盟者的协同效应,反而失去了优势。降低成本不会有错,但降低成本不能使用非常规手段,可以通过管理创新提高运营效率,通过模式创新增加利润。企业对内挖掘员工潜能是基础,对外要与产业链相关的外部供应商、采购商、下游厂商做好协调配合工作,推动整个产业链效率与利润的提高,促进各个利益相关者在追逐利益的过程中共同改善,切实维护整个新商业模式中各方合作与利润分享。例如可以从传统的寻找机会转变到创造需求。尤其是在供给侧结构性改革的关键时期,各个企业应该重视产品转型升级,重视市场新的需求的挖掘与刺激,不要紧盯低端市场,不顾实际需求一味增加市场过剩的低端产品供给,而是要做好市场选择与产品定位,努力在更高层次上提供能够满足客户更高需求的产品或服务,以便在"供给侧结构性改革"中占得先机。具体来讲,有三个途径:

一是面向市场调整创造需求。一方面通过开发新的产品和新的业务,寻找市场机会,拓展生存空间;另一方面也要通过调整产品市场结构,寻找新的市场需求,找到转型的着力点。

二是整合产业链拓展渠道。许多企业在资金实力有限的情况下，仍依赖于靠中间商订单的传统营销渠道，但传统的营销渠道存在诸多弊端，如通路长，使中小企业难以有效控制销售渠道；多层次，使得无法形成产品的价格竞争优势；单项式的流通，使得信息不能准确、及时回馈等。如果企业具备实力，可以利用现代信息技术手段构建自主营销渠道，通过自建、合作、并购、租赁等方式打造自主营销网络，提高企业面向市场的能力。

三是转型求变构建新商业模式。通过商业模式的创新，能创造出新的市场需求和找到新的消费者，获得可持续竞争优势。当下的消费者普遍有追求个性化、差异化、瞬时化特点，企业只有根据消费者的行为和心态大胆创新商业模式，才有可能“创造新供给”。

第五章 远大物产“三位一体”期现结合交易模式分析及借鉴

一、远大物产简介

远大物产集团有限公司(以下简称“远大物产”),是1994年7月在宁波成立的,是一家产业多元化的综合性企业集团,主营业务涉及“贸易、物流、投资”三大领域,年销售额550多亿元,连续进入“中国企业500强”。公司2015年缴纳税额6.15亿元,排名“宁波市纳税50强”的第30位。公司早期从事石化、能源、金属、农产品的大宗商品贸易,参股控股的子公司有30多家。海外设有多个业务机构,目前通过宁波与上海的“双总部”服务于国际国内的大宗商品交易,战略格局面向全球化。成立之初,公司是一家大宗商品中间贸易商,坚持大宗商品供应链管理商的发展定位,加强与产业上游、下游厂商建立战略伙伴关系,其中不乏世界500强与行业领导者的生产厂商。通过大宗商品现货贸易为下游厂商提供整合物流仓储①、产业信息、供应链金融②等服务,并采用先进的金融衍生工具(保险、期货、期权等)

① 在大榭开发区招商国际码头旁置地175亩,建立远大物流基地,并通过租赁及与专业物流公司合作,在全国主要港口建立了区域性物流分拨中心,为服务全球客户打下坚实基础。

② 参股宁波东海银行,发起设立宁波市外贸小额贷款有限公司。

进行大宗商品交易的风险管理，打造行业领先、商业模式新颖的国际化企业集团。远大石化有限公司（以下简称“远大石化”）是远大物产的全资子公司。

二、远大物产期现结合交易模式的发展背景分析

期货与现货的结合模式，虽然不是一个新生事物，但如何将两者巧妙结合却不是易事。远大物产的模式能够模仿，但一定是不可简单复制的。远大物产的模式创新也是在实践中不断总结、吸取经验教训得来的，模式的成功离不开公司领导的战略眼光，离不开业务伙伴单位的鼎力合作，离不开大宗商品交易所的大力支持。远大物产曾经是一个传统的贸易商，是专门从事国内大宗商品塑化原材料销售的企业，是连接石化产业链上下游厂商的大型贸易商。公司每年总销售额高达500多亿，其中塑化产品所占比例过半。由于处在产业链的中间，面临市场价格波动的风险很高，曾经的风险压力使得公司举步维艰。

大宗商品不仅具有产品属性，也具有金融属性。以前远大物产更多的是关心产业链上下游两端的供需平衡关系，但是在经营中渐渐发现大宗商品的价格还会受到商品的投资需求的影响，有时候这种影响的权重还很大，对市场的价格走向具有引领作用。因此，远大物产渐渐开始重视塑化类大宗商品的金融属性。在完善塑料产品的现货销售平台的基础上，开始构建金融平台，并利用一些大宗商品交易方面的金融衍生工具来降低现货的交易风险，例如通过期货市场的套期保值等衍生工具或手段来对冲现货的交易风险，保障公司健康稳定地运行。

期现结合的理念不难理解，做起来也不太难，但是要运用得当、游刃有余却需要一定水平，而且收益回报是检验交易效果的唯一标准。如意集团（上市公司，交易代码000626，控股子公司

远大物产通过资产重组实现对如意集团的借壳)2015 年年报数据显示，控股子公司远大物产实现营业收入 553.6 亿元，同比增长 21.3%；实现净利润 5.98 亿元，同比增长 25.72%。其中，上市公司非主营业务中投资收益 18.78 亿元，占利润总额的 224.06%，主要来自远大物产及其子公司的电子交易、期货交易业务所实现的利润。因此，可以说远大物产通过期现结合模式，获取了丰厚的利润回报。尤其是在 2008 年全球金融危机对大宗商品造成了一波大熊市的情况下，期货与现货价格双双下跌，风险不断放大，公司合理利用期现货基差，一方面加大现货市场供应，服务下游客户，另一方面通过期货交易套期保值来对冲风险，有效规避了整个塑料原料大宗商品交易的系统性风险，在下跌中让现货的亏损维持在可控范围内，客观地实现了做空利润，在金融危机发生的 2008 年，对冲风险，剔除亏损后反而获得了 1.2 亿元的盈利。

单纯风险对冲只是该模式中比较简单的业务，远远不是期现结合的全部。例如，远大物产安全库存的补库以及供应链金融模式动产仓单质押进行合理短期融资，也是该模式的一种有效运用。早在 2009 年初，公司遭遇现货市场很难在规定的期限采购到所需规模的塑料现货困境，公司就加大期货市场的多开头寸规模，最后通过合约到期交割实现现货补库，有效解决了采购力短期跟不上的问题。除此之外，公司还通过供应链金融进行融资，解决了短期资金周转困难的问题。例如 2010 年 10 月底，公司办理了 1688 手(8440 吨)LLDPE 仓单质押业务，这是中国建设银行宁波支行在宁波大宗商品交易所办理的首笔标准仓单银行质押业务。

期货市场金融衍生工具能否运用得好，关键在人才。远大物产注重采取"培养与引进并举"的方式，网罗期货市场经验丰富的高层次人才，成立了行业首家研投中心，为期货部、现货部等业务部门提供战略与趋势分析，在宏观上给予极大的帮助，成立业务部门综合处理业务关系，达成交易的“千里眼”“顺风耳”，改变了观念，优化了业务模式，如图 5-1 所示。

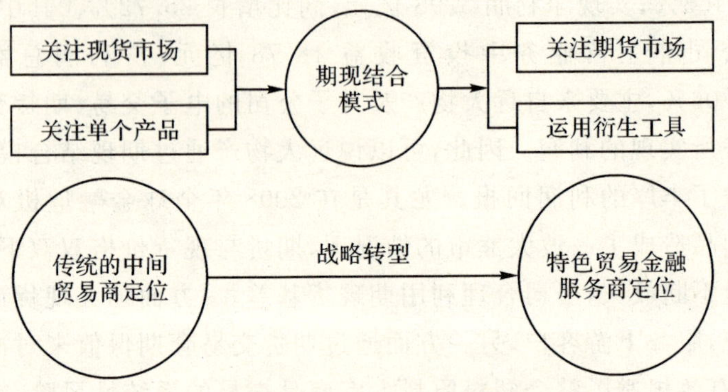

图 5-1 大宗商品贸易商的战略转型

战略转型不是一蹴而就的，而是来自实战的经验教训与洗礼。2008 年金融危机对全球大宗商品的打击，对市场的影响尤其深远，基于这种现状，远大物产就更加注重期货衍生工具的研究与运用。远大物产加强宏观经济分析，研究量化交易策略，拓展交易平台，加强产业链上下游企业战略合作。企业还构建并运用企业外部“智库”，加强专家咨询，加强产业沟通，加强与其他贸易商、厂商、期货公司、期货投资公司的沟通与合作，有效控制期现结合的系统性风险，控制操作风险。企业得到很大发展，其中大宗商品塑化产品增长迅猛，目前的年销售规模是企业初创时期的几十倍，常备安全库存规模也同比增长十几倍，而且还处于企业生命周期的成长期，企业经营规模还在不断扩大，因此对“期现结合”模式运用的要求越来越高，甚至要求实体现货贸易的业务员必须熟练掌握相应的大宗商品金融衍生工具，如果不了解大宗商品的“金融属性”，要实现大宗商品现货贸易的预期目标那就是“盲人摸象”，超级大宗商品贸易商必须掌握其“金融属性”，并有效地利用金融衍生工具做好风险对冲，才能走得更远。远大物产坚持走“期现市场”结合的道路，发挥大宗商品期货工具为实体经济与企业提供优质服务，强化产业链上下游两端的整合与联盟，提高对产业资源的控制力以及为产业服务的优质增值能力，逐渐发展为国际行业知名、国内行业领先的大型综合企业集团。

经过二十多年的超常规发展，远大物产期现结合模式成为企业的利润增长点，传统现货贸易商也逐渐转型为大宗商品交易商，即立足于大宗商品现货贸易，做大业务体量，并以期货工具为风控手段，通过“期现货”相结合，运用合理的对冲机制与规则，控制现货市场的价格波动风险，增强客户的契合度与黏性，拓展现货销售渠道，服务于产业链上下游的实体经济，并提升上下游产业链的服务价值，分享巨大的商业利润。现货贸易、期货交易、行业研究这三点是公司利润增长的驱动力源泉，主要业务为大宗商品期现结合，通过套期、套利交易实现经营目标。即使在全行业不景气的 2015 年，面对全年大宗商品指数大幅下跌，主要的 22 种大宗商品的原材料价格及相应期货价格不断下降的情况下，远大物产通过转型升级，变革经营模式，有效化解了风险，实现了企业发展目标。远大物产以客户为中心，采用期现结合模式，集研究、现货、交易“三位一体”的创新业务模式，通过研究和交易为全产业链客户提供价值服务。与此同时，公司着力培育大宗商品期现结合的交易管理模式及风险控制能力，形成完整的期现管理及风险控制体系。通过现货与期货的有机结合，一方面为上下游产业链提供稳定的交易服务，另一方面规避了大宗商品价格波动风险。在“期现结合”业务模式下，公司的整体收益来自两大块:“期货端收益”与“现货端收益”。两者相辅相成，如图 5-2 所示。

在以上收益系统中，期货交易原本是为了对冲风险的，以前当现货贸易盈利形势较好时，期货交易是不太做的。但 2008 年金融危机以来，受复杂的国际经济形势影响，塑化产业大宗商品价格持续走熊，现货贸易越来越难做，越做亏损越大，在这种情

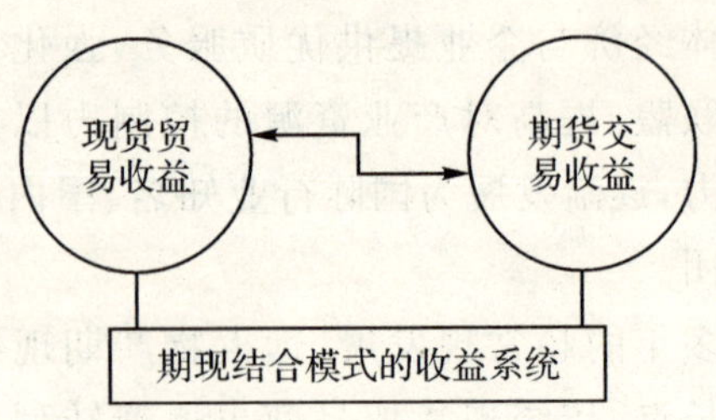

图 5-2　大宗商品交易商整体收益

形下，为了控制风险，就加大了大宗商品金融衍生交易，从近年来的利润构成来看，现货贸易一直处于微利或亏损的境地，而大宗商品期货交易则持续赢利，在整个系统中期货收益反哺现货交易，这是近年来的收益特点。

由于远大物产这些年在大宗商品期货交易中取得优良战绩，多年练就了扎实的期货交易“基本功”，因此未来即使现货交易价格走强，期货交易体量也会越来越大，这不完全是为了对冲风险，而是谋求更大的利益。这也进一步促使远大物产逐渐从传统的大宗商品贸易商向大宗商品交易商转型。这个转型是一个循序渐进的过程，改革不是一蹴而就，而是由原本被动参与市场的期货交易，逐渐转变为主动参与大宗商品市场的期货交易，并在实践中不断实现期现结合“三位一体”商业模式创新，这个过程一走就是十多年。远大物产 2005 年至 2007 年主要从事大宗商品中远期电子交易市场；2007 年至 2009 年从事大宗商品交割及部分产品的期货套保；2010 年至 2014 年熟练进行“期现套利、基差交易、跨品种交易”，丰富了经营模式；2014 年以后，增加了对外供应链库存管理、OTC交易[①]、期权交易、收购兼并上下游企业等业务,全面拓展了交易范围与经营模式。

由于大宗商品贸易企业处在产业链的中间环节,运用大宗商品交易的金融衍生工具进行期货交易是大势所趋,目的也很明确,就是为了实现“库存—套保—套利—交割”,如图5-3所示。

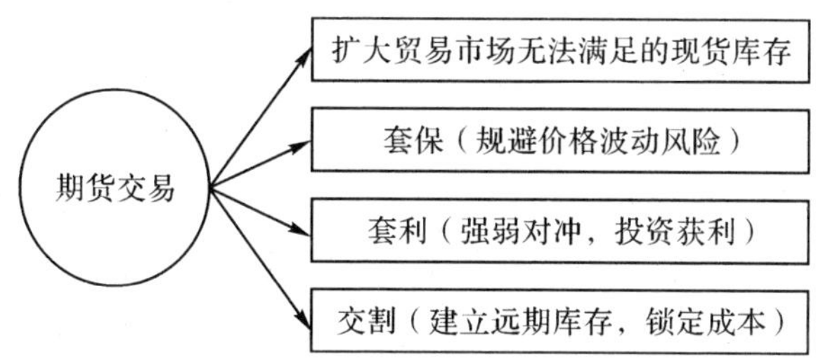

图5-3 大宗商品贸易的大型交易商从事期货交易的目的

第一,从事大宗商品贸易的大型交易商由于贸易规模体量很大,当无法在短时期内在实体经济的贸易市场采购到足够的库存时,就可以通过期货交易来补充完成。第二,通过金融衍生工具进行期货交易是为了规避现货市场因国际国内经济风云变幻而引起的大宗商品价格剧烈波动,通过套保来控制价格波动带来的风险(主要是为了规避外汇风险、利率风险、商品价格风

---

① OTC(Over The Counter)即场外交易市场,又称柜台交易市场,是指在证券交易所以外的市场进行的股权交易,是世界上最古老的证券交易场所。源自当初银行兼营股票买卖业务:因为采取在银行柜台上向客户出售股票的做法,被称作柜台交易市场。又因为这种交易不在交易所里进行,所以也叫场外市场或店头市场。OTC和交易所市场完全不同,OTC没有固定的场所,没有规定的成员资格,没有严格可控的规则制度,没有规定的交易产品和限制,主要是交易对手通过私下协商进行的一对一的交易。场外交易主要在金融业,特别是银行等金融机构十分发达的国家。在我国建立柜台交易市场,能为数百万计达不到上市条件的企业提供股权交易平台,有利于中小企业发展,也有助于我国形成一个多层次的资本市场。

险、股票价格风险、信用风险)。第三,通过金融衍生工具进行期货交易是为了套利(跨期套利、跨市场套利、跨品种套利),这主要是为了获取投资收益,与套保有一定的区别。第四,通过金融衍生工具进行期货交易是为了实现交割,锁定了远期库存交割的成本。金融衍生工具的应用也是逐步发展的,贸易商从事期货交易,早期就是为了套保,做久了就会摸索出一个商业模式,不断试错、总结,得到经验,创新地进行业务模式拓展。实际上,贸易商开展期货交易的效果都不是很好,有些贸易商赔了很多钱,就对期货交易颇有微词,其实这完全不是衍生工具不好,而是运用不当,比如期货最大的特点就是5～10倍的资金杠杆,但许多贸易商有"赌"的心理,没有科学合理地利用杠杆来对大宗商品产业进行研究并使用套保套利等方法来实现营利的目的。期货交易与现货交易是良性互动的。现货价格的产业驱动方向是实现期货套保成功的基础,而成功套保的关键是研究期现价格波动的内在机理。套期保值需要一定的基础,只有当金融衍生套期的工具与被套期的大宗商品产品项目呈现一致的价格变化趋势时,相互对冲要以相反的操作进行。但即使是这样也会有一定风险,例如当大宗商品市场价格剧烈波动时,现货市场价格暴涨、暴跌、套期过长或者突发事件,都会导致波动加剧,期货与现货就无法完全对冲,从而产生亏损,而且还可能会面临"流动性风险、信用风险和操作风险"等。所以远大物产实行现货交易、期货交易、期现结合机理研究的"三位一体"模式,协调好模式操作的基础、核心与保障三者间的良好关系,这也是远大物产的核心竞争力所在,如图5-4所示。

远大物产首先以产业为基础,通过现货贸易对接产业链上下游供给与需求的两端(侧),详细掌握了全产业链的供求信息,整合了全产业链的信息资源与客户资源。其次是以研究为核心,信息再多、资源再好,如果没有深入的研究梳理,也是一盘散沙,价值不大或毫无价值可言。加强研发部门的实力,就是为了

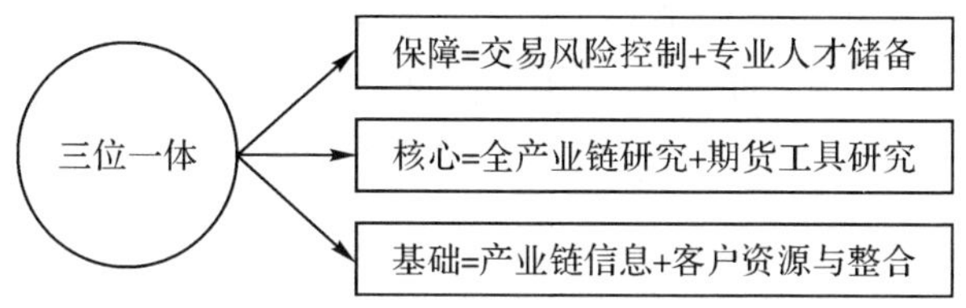

图 5-4 大宗商品交易商远大物产的"三位一体"模式的运作实质

更好地指导现货与期货的实践交易操作,更加具有投资决策的战略眼光。最后是加强风控与人才的保障。通过不断探索,总结出一套适合自己交易与投资的风险控制管理体系,严格控制风险,防微杜渐,未雨绸缪,才能保证企业持续健康发展。同时储备现货贸易、期货交易操盘、产业与金融衍生工具分析研究等方面的人才,在制度上、规则上、人的思维意识上充分重视风险并采取有效措施加以控制,在控制风险的基础上去获取目标利润。远大物产在现货和期货两个不同方向上分别设立"风控小组",各自负责全程监控期现业务的风险,将期货与现货的市场风险控制体系分设,公司决策层整体控制经营风险,加大执行力度,确保期现结合模式的决策计划快速有效地被执行。

其实,理论与实际不是一回事,就拿远大物产的期现结合模式来说,成为行业内的标杆,自然就会被其他企业争相模仿,但实际上这种模式可以借鉴却很难复制。因为基本功不一样,人才储备也不一样,人的风险意识也不一样,领导者的魄力也不一样。太多的不一样决定了这种模式不能被简单复制。

三、远大物产由大宗商品贸易商向交易商转型的思考

就近几年贸易商的生存环境来看,大宗商品贸易商转型是大势所趋。大宗商品流通是一条完整的产业链,在产业链流动过程中体现价值创造的整个过程,开始于原材料资源的获取,结

束于最终下游产品的消费。贸易商始终处于供给与需求的中间环节，从事的贸易业务本质就是促进商品的交换与价值的实现。通过有效的贸易流通，使得产业链与价值链上下游的厂商以及消费者密切联系，是整个产业链与价值链中重要的节点。贸易是古老的商业活动，贸易商也是古老的企业或职业载体，至今世界经济的发展在某种程度上都要取决于国际贸易往来的活跃程度。传统大宗贸易商获取利润的途径是什么？也就是中间贸易商靠什么生存？一般来说，传统的贸易商主要靠消除一些在流通过程中人为和天然造成的障碍（物流障碍、信息不对称、人脉、商圈等）而获得利润空间。

大型的大宗商品贸易商一般具有“物流运输、产业信息、贸易资金、集中采购”这四个比较明显的优势，如图 5-5 所示。

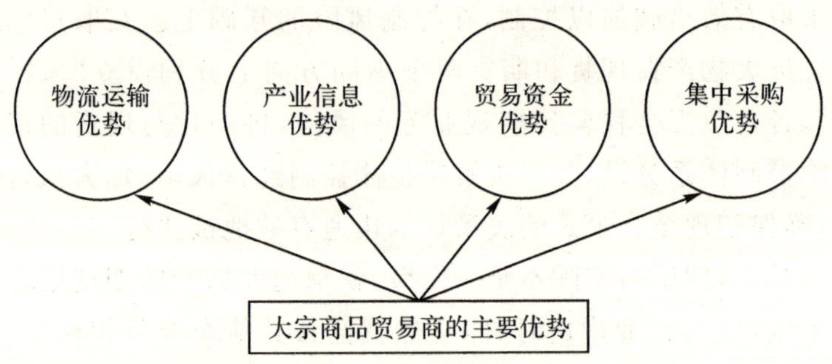

图 5-5 大型的大宗商品贸易商的四大优势

第一，大宗商品贸易商拥有交通运输及地理位置的区位优势。就拿 PVC 大宗商品贸易商来说，一般处在华北、华南、华东、东南区域的大城市，例如北京、广州、上海、厦门等，交通便利，物流业发达，可以通过立体运输体系（海陆空联运、海铁联运、公铁联运、海河联运等）把商品迅速、方便、快捷地运到目的地。

第二，大宗商品贸易商拥有熟悉产业信息的优势。因为贸易体量大，上下游厂商都十分重视与之建立战略合作关系，共享是必备条件。而且大宗商品贸易商经常与各个地方的上游厂商、其他中间贸易商、下游厂商以及行业协会等进行沟通或合作,甚至在一些重要的供给侧与需求侧所在区域建立外派分支机构,获得更为详细的行业信息(价格变化、产能变化等),促进了彼此间的合作,加快了大宗商品在国际国内的流通。

第三,大型的大宗商品贸易商拥有丰裕资金,能够集中大额采购,也能够为中小客户提供物流金融[①]或供应链金融[②]服务,从而实现上下游通吃,利润增长点较多。

第四,大型的大宗商品贸易商拥有大宗商品集中采购的优势。与一般性消费品相比,大宗商品一般具有“数量大、单价高”的特点,下游的生产厂商一般无法向上游厂商大量采购,即使有零星采购量也会因为批量较小而采购价格较高。集中采购不仅会降低一定的采购成本,还会为采购者提供大大的便利。

在长期的大宗商品市场竞争中,各个行业都会出现实力雄厚的大型贸易商,他们在整个大宗商品产业链与价值链的发展过程中影响力巨大。但随着全球经济一体化、金融危机不断出现、互联网信息技术迅猛发展、市场开放度集中度不断加大、信息资源共享透明度大幅上升,传统的大宗商品专业化中间贸易商的许多市场职能和功能正在被其他综合的供应链服务商所代替,而且随着供给侧改革去产能深入开展,上游厂商纷纷在主要

---

① 物流金融(Logistics Finance)是指在面向物流业的运营过程,通过应用和开发各种金融产品,有效地组织和调剂物流领域中货币资金的运动。这些资金运动包括发生在物流过程中的各种存款、贷款、投资、信托、租赁、抵押、贴现、保险、有价证券发行与交易,以及金融机构所办理的各类涉及物流业的中间业务等。

② 供应链金融(Supply Chain Finance)是指银行围绕供应链核心企业,管理上下游中小企业的资金流和物流,并把单个企业的不可控风险转变为供应链企业整体的可控风险,通过立体获取各类信息,将风险控制在最低的金融服务。

消费区设立自己的贸易经销子公司，并加大了经销权限下放的营销战略力度，进一步弱化了传统中间贸易商的功能优势，挤兑了他们的生存空间。例如，通过整合第三方物流甚至第四方物流的综合功能服务化的优势，无形中削弱了传统贸易商的大宗商品运输优势，综合物流公司避开中间贸易商而直接与厂商进行物流运输及供应链金融战略合作。信息资源的整合与共享使得通过信息不对称牟利的机会及其空间大幅度减少，尤其是大宗商品电子盘“线上交易”的发展大幅度降低了交易成本，也逐渐取代了传统贸易商的“线下交易”。这些情况倒逼大宗商品贸易商创新赢利点及拓展利润空间，从而带动了新的模式创新与发展，因此各个行业的大宗商品贸易商都希望寻求转型，逐步切入实业化谋求战略合作，变传统贸易商为综合交易商，开创新的贸易空间及服务效能。

但是如何来实现大宗商品贸易商的战略转型意图呢？必须深入分析大宗商品在产业链中如何拉伸并壮大其价值链条，不同的大宗商品，其流通模式有一定的差异，需要区别对待，通常来说有以下五种主要流通模式，如图 5-6 所示。

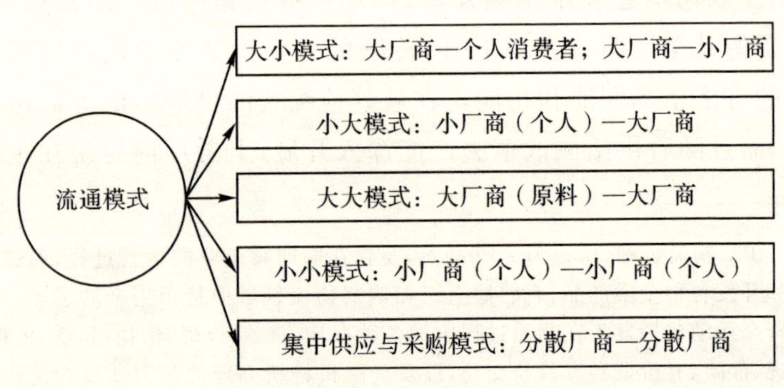

图 5-6 商品流通形态的五种模式

“大小模式”指的是生产商品数量规模较大的厂商向终端消费者提供商品（例如数量规模较大的生产厂家向消费者直接提

供生活用品);或者是产业链上游大的厂商向产业链下游小的厂商提供原材料产品(上游大工厂满足下游小工厂的原料或零部件需求,例如燃油、计算机、化肥、化工原料等)。在这个模式中,中间贸易商的出现能够替代厂商的销售网络,从而降低交易成本。“小大模式”指的是生产商品数量规模较大的厂商或个人向需求较大的厂商提供商品,例如棉农向加工厂商供给棉花、甜菜、蓖麻等。这些原料需要当地的中间贸易商分散收购,统一转卖供给厂家。“大大模式”指的是原料供应规模较大的厂商向原料需求规模较大的厂商提供原料或产成品(例如电石厂对氯碱厂、PVC 厂对塑料型材厂、采油厂对炼油厂,煤炭厂对热电厂等等)。这种模式下的中间贸易商一般要求贸易体量较大,厂商人脉关系广泛。有时候贸易商充当厂商的外包采购商,提供专业而低廉的服务。但是厂商打通全产业链一体化,或者厂商与厂商结成产业链战略联盟,可能不需要或不那么依赖中间贸易商,因此该模式会对中间贸易商产生不利影响。“小小模式”指的是原料供应规模较小的厂商向原料需求规模较小的厂商(或终端消费者)提供原料或产成品。例如手工艺品、小五金、二手车等商品被分散收购后,再分散出售给其他小厂商或终端消费者。

集中供应与采购模式指的是从分散的上游厂商采购商品后再分散销售给下游厂商。可以算是“大小模式”与“小小模式”的综合业务拓展。这种模式比较适合“产品功能类似、厂家众多且分散、品种繁多、消费者也分散”的业态,例如超市、专业卖场(百安居、宜家等)、农村生产合作社等。

以上分析发现传统贸易商在信息、资金、贸易灵活性、贸易组织分散性等方面具有一定的优势,能够在上下游厂商与消费者中间发挥专业化的功能性作用。

远大物产初创于传统的大宗商品贸易商,其转型路径也是基于现实的变化以及多年经验的总结与探索。作为大宗商品专业贸易商,探索一定程度的实业化转型路径也是公司转型的战略方向之一，由于公司一直从事塑料、钢铁、液化气体、橡胶等大宗商品的现货与期货贸易，经验丰富，商业模式在行业内独树一帜，拥有丰富的行业信息资源、广泛的现货采购及销售渠道以及雄厚的贸易资金量。随着对全产业链的商品知识、信息资源、营销渠道的掌控以及资金实力的不断提高，公司将来可能会进行实业化转型，但一定是供给侧结构性改革支持的创新性产品，例如纳米PVC、防火PVC等产品领域。目前远大物产与上游厂商的“世界500强”或行业领导者企业已经逐步建立了战略合作伙伴关系，从贸易合作开始，逐步切入其实业化领域。另外建立远大物流基地，这不仅是进行实业化转型的重要环节，也是进一步为未来开展第三方、第四方物流服务（目前已经在宁波大榭开发区招商国际码头旁置地175亩，并计划在全国主要港口建立区域性物流分拨中心），开展供应链金融（目前已经参股宁波东海银行，发起设立宁波市外贸小额贷款有限公司）打下坚实的基础。但是实业化转型不仅需要生产、研发及管理人才，还要改变公司轻固定资产现状，向重固定投资转变。考虑到这些原因，远大物产计划向大宗商品专业服务型以及全产业链提高附加价值链的路径转型，以期实现最终向大宗商品交易型转变的战略目标。首先继续保持传统的贸易服务，长期坚持主营业务所在的行业跟踪，不断维系客户、开发客户，利用“市场、人脉、信息、资金”等优势获取利益，激发上下游客户新的需求，打通产业链价值空间。整合并分享信息资源，把下游厂商的需求及时反馈给上游厂商，协同并促进大宗商品供给侧与需求侧改革，提供专业化、综合化的“质优价廉”的大宗商品交易服务，建立利益相关者战略联盟，“买断”上游厂商产能，消灭上游厂商经销部门与下游厂商采购部门，衔接上下游大宗商品交易一体化，进一步延伸全产业链价值空间，为上下游厂商有效降低流通成本、经销成本、渠道建设成本、人力资源成本等。提供供应链采购服务、供应链综合物流、供应链金融质押贷款融资、产品售后等服务，切实实行优质而专业的"一站式服务",逐步发展成为一系列下游客户大宗商品供应链采购的外包服务商与期货交易商,组织协调研发、生产、物流、销售、期货交易等各个环节,成为全产业链整合多方面资源的大宗商品交易商。

从远大物产的发展历程来看,其商业模式转型的成功,不仅与其默默坚持与努力拼搏有关,而且符合这个转型的时代要求。远大物产的发展沿革与我国企业改革三十多年的发展"生态环境"以及市场化特征是高度契合的。一个好的商业模式离不开一个好的商业时代,离不开市场爆炸式增长的生命周期阶段,更离不开全球经济一体化的融合,这些是企业发展的强大依托和坚实基础,同时也给予了企业在发展过程中的"试错、纠错"以及缓冲、重生的时代机会。尤其是最近两年在推动大宗商品供给侧改革结构性调整的攻坚战中,上游企业主动去过剩产能,落实供给侧改革结构性调整,加速产业转型升级,整个行业逐步摒弃了"大规模、低价格、老产品"的竞争方式,而是借助技术创新、品质升级来提升产品竞争力。例如中泰化学经过最近几年超常规发展,产业链拉伸,依托传统的氯碱行业,加大产业链重组整合,已经切入热电、电石、能源、PTA、纺纱、环保脱硝催化剂等行业。中泰化学加大了 PVC 新的应用领域的开拓,一直致力于拓展下游产品 PVC 应用领域,提供产业链延伸度,打通全产业链,通过战略合作实现 PVC 上下游企业优势互补,进一步加强与下游企业的实业合作,促进传统 PVC 产品向化工新材料转型升级,切入消费者终端市场,分享全产业链各个环节的利润增长点。例如中泰化学与浙江新远方塑胶有限公司共同出资组建新的公司,专门生产 PVC 新型包装、建材 PVC 装饰片、大型超市(麦德龙)专用 PVC 型材等新的领域所需的材料,分三期规划建设项目,其中包括新型包装材料生产线 100 条,建材装饰片生产线 40 条,超市型材生产线 200 条,每年可以消化 47 万吨 PVC 原料的过剩产能。同时将配套建设"新型包装材料加工物流产业园",

加强双方在“产、供、销”领域的实质性合作。

当然，远大物产能持续发展除了建立较好的产业链企业人脉关系以外，还具有良好的政府人脉关系，而且善于整合“政商资源”并加以合理巧妙运用，规避了很多不利因素，坚定了商业模式创新及运用的信心。目前供给侧结构性改革已经进入关键期，大宗商品贸易商在转型期面临的风险与挑战更大，在交易中需要对价格走势进行更为精确的判断。传统的大宗商品现货贸易利润空间越来越小，利用衍生品进行风险管理、锁定利润是企业经营管理的必然要求。传统贸易发展面临瓶颈，由最初的低买高抛从中赚取差价的业务模式，逐步转向期现结合从中赚取合理基差利润的模式，期现结合模式是大宗商品贸易企业的未来发展方向。因此，在保证发挥原有的竞争优势的基础上，需要及时实现传统现货贸易商向大宗商品交易商的转型。从不做期货，到引入期货为现货服务，再到期现紧密结合，思路的转变促成了远大物产的转型。也正是因为转型，在 2011 年之后的 5 年商品大熊市中，远大物产利用期货为现货贸易做对冲，同时又通过现货贸易的信息渠道为期货交易奠定扎实的基础。无论市场上如何“狂风骤雨”，其依旧能成为行业内的翘楚。远大物产带来一种理念的创新，通过研究员的发散思维来研究价格变化的逻辑与内在机理，从而发现市场价格变动的规律，以研究为主体，建立更大的产业格局，利用所有能运用的工具获得利益。这是远大物产的特长，远大物产的成功模式可以被模仿，却永远不可被复制。其“三位一体”的核心能力并不是所有大宗商品贸易公司都可以具备的。尽管不可复制，但其他上游厂商与中间贸易商也必须学会“两条腿”走路，坚决走“期现结合”的道路是未来大宗商品产业链转型的主要方向。

四、远大物产"三位一体"模式的借鉴

1.通过改革不断完善丰富模式内涵

远大物产经过多年的业务模式改革,已经将"三位一体"模式运用得比较熟练。2015年公司又加大了改革的力度,根据业务整合调整了组织结构,整合为"研究部、现货部和交易部"三大部门。虽然期货交易是主要盈利来源,但公司的核心业务依然是现货贸易,大的经销商现货贸易规模很大,现货业务模式反而不太容易被复制,相比较而言,现货贸易会遇到流动性较差的困境。研究是交易的基础,交易是研究的产出,不断的交易总结能提升操盘能力。追求盈利是"三位一体"模式的核心目标,不断盈利才能不断壮大,才能走相关多元化道路。各部门战略协同是"三位一体"的关键,合力共振来自分工与协作,协同效应才能创造价值并共享价值,推动协同系统不断完善的是领导的高瞻远瞩以及各种专门人才的优势互补,即"远大的工作就是一群比较靠谱的人做一堆有意义的事"。

2.不断改进模式的盈利方式

2015年远大物产加大了"三位一体"的执行与落实力度,并把上下游产业客户的体验升级到核心地位,"买上游客户的原料要贵,卖给下游客户的原料要便宜",把传统贸易机制下"以盈利为目标"转向"以客户服务为目标",首先应该让上下游客户赚钱,这是远大物产赚更多钱的基础。那么有人会问,哪有贸易商不断亏钱的做法呀?其实现货贸易与期货交易是不能割裂的,两者相辅相成,期货交易的盈利以及其他拓展的新兴业务(物流运输、行业信息咨询、供应链金融等)的盈利完全可以补偿给现货贸易,综合服务也提高了客户黏性,可降低一部分成本。

3. 三大体系整合及功能发挥

“三位一体”模式共有现货贸易、期货交易、研究三大体系，如图 5-7 所示。

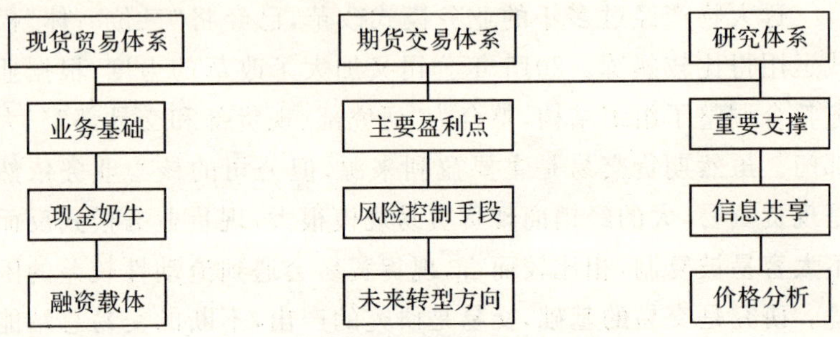

图 5-7 “三位一体”模式的三大体系及功能

其中研究体系是重要支撑，主要从宏观、中观、微观三个方面进行深入分析，包括宏观经济与价格走势分析、中观产业链分析、微观库存分析。远大物产实行“宁波—上海”双中心，上游产业对口业务由上海负责，下游产业对口业务由宁波负责。物流运输由第三方、第四方物流负责，对接现货贸易交易及期货贸易交割。在以上体系功能模块中，价格分析是最难的，它会涉及很多影响因素，其中人为因素比较难以分析。针对供给侧改革的前端产业客户，产业链的供求关系是重中之重，对未来现货交易与期货交易的交易方向起决定性作用。远大物产一般从上下游互动关系及产业转移这两个方面来决定交易方向。例如，塑化产品会考虑“原油—石脑油—烯烃”这条分析路径，产业转移分析也是为最后的交易策略做铺垫。“三位一体”对塑造产业价值、搭建平台纽带、加快市场培育、维护市场稳定都具有十分重要的作用。

远大物产在整个体系中主要做好供应与需求的分析，一方面与国内行业大型企业建立了供应关系，大数据信息处理能够准确及时掌握上游厂商信息；另一方面深入调查下游厂商的真实需求，与340多家下游厂商建立了合作关系，通过问卷调查对下游行业的需求进行调查与测评，做出简单的趋势判断。最后对十几个品种的大数据进行整合处理，由于自建的大宗商品库存仓库分布在国内主要货物集散地，便于数据采集、整理与分析，得出的结论比较科学，能够指导实际交易。研究支持体系不仅关注国内外的供给侧变化，而且对下游厂商及下游行业的动态变化进行研究。

远大物产的交易体系是非常高效的，能够依据研究策略迅速反馈市场的变化。但这个交易体系主要还是通过产业链的基本面来支撑。交易策略对以上因素是有一定权重的，产业链投资方法、市场机构、操盘技术因不同的交易品种而被赋予了不同的权重。

4."三位一体"模式的交易运作

远大物产的交易是基于期现结合方式进行的，其核心是必须研究透"期货市场和现货市场之间作用力和反作用力的关系"，这种关系表现在两个"回归"上。首先是期货回归，期货表现良好，会刺激各个环节增加一些现货库存，这反过来又会影响期货价格的继续上涨。反过来，当期货市场表现不好的时候，现货市场就会面临更加难以处理的价格下跌的困难，从而继续影响期货的进一步走低。其次是基差回归，大宗商品期货品种的买卖对冲，与整个市场的基差分布结构有关，基差水平近三年来变化不大，但结构会是一个渐变优化的过程。现货与期货两者相比，期货基差预期低，操作或经营的成本较低，可以通过"买强卖弱"来实现现货与期货之间的盈利均衡。而且远大物产加强大宗商品中间库存管理，实行综合的大库存管理模式，对较强的期货交易品种进行库存的正负配合，特别强的品种就强化库存，特别弱的品种就及时沽空库存。就拿甲醇库存管理来说，甲醇厂商的市场很分散，生产企业处于低层，具有非常明显的“跨区域”特点，再加上华东区域物流能力比较弱，因此如果对甲醇进行跨区域采购，成本会有所上升且物流效率低。在这个时候就可以调整区域供应能力，下游生产企业就没必要去甲醇供给侧的河北、山东、西北等地采购，远大物产可以调配大销区就近的物流仓，就近消化库存，可以顺利实现“降低成本，提升效率，扩大影响”的目标。

远大物产在交易时经常运用“盘面点价模式”，例如 2014 年原油价格不断下滑，由于订单回量，订单下跌比原油价格下跌的幅度要小得多。下游市场的厂商库存非常低，就会有库存走好的预期，不论上下游厂商交割是否会受到物流成本的影响，远大物产作为大型的中间贸易商都可以起到平台和纽带的润滑作用。因为原材料是有价值的，产业价值链各个环节也要生存下去，因此原料不能永无止境地跌到地板价，跌多了自然就有了价格上涨、利润回归的驱动力。远大模式改变了整个大宗商品市场的定价模式，使得传统的“通过现货定期货价格模式”转变为“通过期货定现货价格模式”，激活了交易品种的交易活性，抢占了市场的话语权，并合理引导下游厂商参与期货风险对冲，减少他们的亏损，培育未来市场。此外还可以采用“保价模式”，就相当于 OTC 期权①，早期目的是从期货金融市场获取产业订单，最后变成了促进整个产业链效率的提高。保价模式与别的保障模式有一定区别，通过保价买断上游厂商产量（产能），也保证了下游厂商采购价格的优惠，使得上下游供给侧与需求侧获得更多的利益，中间贸易商也规避了产业链大部分的交易风险，虽然

---

① 场外期权（Over the Counter Options，一般简称为 OTC options，也可译作“店头市场期权”或“柜台式期权”）是指在非集中性的交易场所进行的非标准化的金融期权合约的交易。场内期权与场外期权的区别最主要就表现在期权合约是否标准化。

权益会相对减少，但关系更加紧密。其实有时候刺激下游厂商对大宗商品原材料的库存需求，也是供给侧结构性改革的一种有效路径。下游厂商没有那种研究实力来把握原材料市场价格的动态变化，更不能掌控，但中间交易商可以主动承担一些价格变化的风险，中间商可以买断上游产能，不论市场价格涨跌均按照高于市场价格的一定幅度结算，保障了上游厂商的利益，厂商才会把产能出售给中间商。而不论市场旺销还是滞销，对上游厂商始终有利，而且节约了销售成本，例如据中泰化学 2015 年年报显示，公司当年销售费用为 19.47 亿元，远远高于净利润 8350 万元。对下游订单也给予一定优惠，且通过现货与期货的交易行情来激发下游厂商增加库存的热情，毕竟市场交易是“买涨不买跌”的，不论现货还是期货都是这样。所以即使是在市场价格下跌的行情中，按照这种模式也能够促进下游厂商扩大订货批量和库存规模。这样的话，一定程度上消化了供给侧过剩的产能，提升了整个产业的效率，而且有利于稳定大宗商品的市场价格。虽然中间商从短期来看利益受到了一定损失，承担了上下游厂商部分权重的不确定性市场风险，但其交易规模与市场份额大幅度提高，交易体量不断增大，就会提升在现货产业链乃至期货行业中的话语权，“小而美”虽然好，但做大了才能做强，就可以更好地获得低利息成本的信贷融资，就可以获得更多的产业客户资源，就可以详细掌握整合产业链产能与价格的变化趋势，从而可能获得期货交易的巨大利益，与期货交易这种带有杠杆的交易所带来的巨大利润相比，现货交易那些亏损就是“小巫见大巫”了。就拿大的房地产企业万科企业（上市代码 000002）与小的房地产企业珠江控股（上市代码 000505）两家企业来比，成立时间与上市时间差不多，且同样经历了房地产发展的十年黄金时期，两家具有相同发展历程但发展规模不同的房地产公司的发展结果却差别很大，这虽然有管理团队的能力与水平差异的原因，但商业模式与发展规模显然也不可忽视，如表 5-1 所示。

表 5-1　两家具有相同发展历程但发展规模不同的房地产公司比较分析

	创立年份	上市年份	上市地点	股票代码	2016 年 8 月 6 日市值	年融资利率
万科 A	1984 年	1991 年	深市	000002	2313 亿元	3%左右
珠江控股	1988 年	1992 年	深市	000505	42 亿元	10%以上

市值相差太大，市场话语权完全不可同日而语，年融资利率相差好几倍，而且小公司由于业绩差，连融资的平台都受到限制，不断形成恶性循环。万科成为行业龙头，一线蓝筹；珠江控股就不断反复戴帽“ST”或“★ST”，处于退市的边缘。有人会说“拿亏损严重的小公司与盈利丰厚的大公司来比较很不妥”，但万科也是从小企业发展起来的。

大宗商品期货交易具有控制风险、价格发现的功能，但这些都不是本质，金融就是为实体经济提供服务的，金融衍生工具的运用，其目的依然也是服务于实体经济，提升产业效率。

第六章　中泰化学战略营销创新及交易商产业联盟构建

营销的实质是创造。大宗商品的营销与市场产业链的联系越来越密切。营销不仅要创建、沟通和传递价值给目标客户或目标人群，还需要从战略转型的角度进行市场细分、分销渠道设计与管理、产品定价、营销定位等。进入经济一体化与互联网信息时代的营销也在悄悄发生变化，营销管理的核心由20世纪50到60年代的产品管理，转变为20世纪80年代的客户管理，而后进入品牌管理。但这还是围绕产品来销售，未来营销要结合人们的信念与企业价值观，需要把用户的思想(Mind)、心灵(Heart)和精神(Spirit)联系起来。如果企业能创建一种新的商业模式或生活方式，由此去开展营销则会事半功倍。因为与客户一同创造价值、分享价值更加能够产生同感和共鸣。迅猛发展的互联网正在改变营销的基础，营销将呈现互联网化和平台化。构建一个新的商业模式，通过平台集成较多的采购路径与贸易信息，在利益相关者联盟的范围内，在供给侧结构性改革的深入发展领域，产业链上游厂商未来出售的也许不是产品，而是产能。

一、中泰化学战略营销变革基础分析

1.中泰化学的目标顾客选择分析

(1)市场细分。市场定位需要市场细分作为基础。根据

PVC广泛的应用范围，中泰化学加大了异型材、管材、膜、硬板材、一般软质品、包装材料、护墙板和地板、日用消费品八大品类的开发与市场开拓。PVC包装材料主要用于矿泉水瓶、饮料瓶、化妆品瓶和药品外部PTP包装。同时PVC膜也可用于拉伸或热收缩包装，用于包装床垫、桌垫、玩具及一些工业商品。即使这样，目前公司依旧面临PVC市场产能过剩、需求不旺的压力，一方面是因为下游开工不足需求低迷所致；另一方面是行业结构调整不够，使得地域之间项目规划不协调，产业分工紊乱，生产工艺不够先进，造成产品档次低、同质化竞争严重，最终激化了市场竞争矛盾，扰乱了市场秩序。中泰化学针对当前困境，积极做好转型升级、结构调整的工作，同时做好市场细分工作，逐步进军高端市场，减少“红海竞争”，减少低层次同质化的产品产能，迎难而上解决困难。从2015年年报来看，公司按产品营业收入分，PVC占49.33%，粘胶纤维占18.07%，贸易占16.28%，烧碱占10.85%，纱线占5.35%，其他（自制电）占0.12%。按销售片区分为华东37.09%，出口5.18%，华南17.5%，新疆25.34%；华中6.58%，西南5.43%，其他地区2.88%，如图6-1所示。

表6-1　中泰化学市场构成分析　　　单位：万元

业务名称		营业收入	比例	营业成本	比例	利润比例	毛利率
按行业	工业	909208.06	60.30%	662239.01	56.99%	71.42%	27.16%
按产品	PVC	743844.97	49.33%	573414.77	49.35%	49.29%	22.91%
	烧碱	163617.61	10.85%	86716.06	7.46%	22.24%	47.00%
	粘胶	272451.45	18.07%	214335.18	18.45%	16.81%	21.33%
	贸易	245492.47	16.28%	220088.44	18.94%	7.35%	10.35%
按产品	纱线	80622.53	5.35%	65309.11	5.62%	4.43%	18.99%
	电	1745.47	0.12%	2108.18	0.18%	−0.10%	−20.78%

续 表

业务名称		营业收入	比例	营业成本	比例	利润比例	毛利率
按地区	华东	566177.98	37.09%	435504.13	37.09%	37.12%	23.08%
	出口	79128.34	5.18%	57210.64	4.87%	6.23%	27.70%
	华南	267078.46	17.50%	199312.28	16.97%	19.25%	25.37%
	疆内	386695.20	25.34%	322854.64	27.49%	18.14%	16.51%
	华中	100386.67	6.58%	70982.74	6.04%	8.35%	29.29%
	西南	82933.26	5.43%	55968.23	4.77%	7.66%	32.51%
	华北	38163.73	2.50%	28190.78	2.40%	2.83%	26.13%
	东北	60.81	0.00%	46.43	0.00%	0.00%	23.64%
	西北	5695.49	0.37%	4223.76	0.36%	0.42%	25.84%

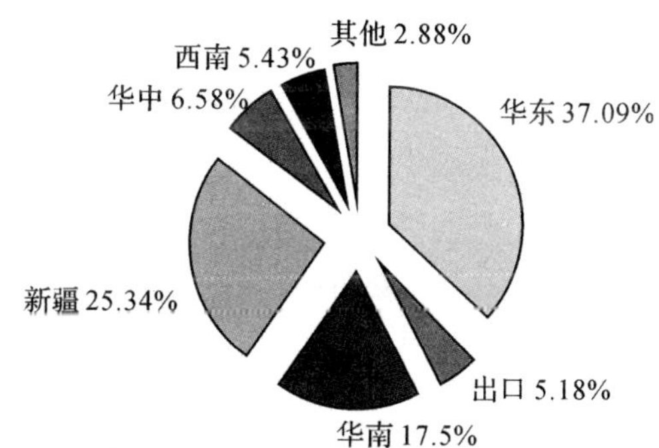

图 6-1 中泰化学销售区域市场构成

根据市场和顾客导向原则,中泰化学一直特别重视根据自身的战略优势和市场环境的变化,通过市场研究确定公司顾客群和目标市场,并不断地细化和优化。目前公司按照销售的市场区域划分为新疆市场、内地市场和出口市场。

新疆市场。该市场主要是指新疆维吾尔自治区业务市场。公司在稳定本地市场的前提下,发挥公司优势,优化服务产品,结合当地的实际情况,对客户进行深挖掘,目前已经在新疆 8 个县市建有销售分公司、子公司。该市场的份额贡献率约占公司销售总产值的 13%。

内地市场。公司立足新疆，开拓长三角、珠三角等区域市场，目前已在上海、厦门、无锡、武汉等地成功布点。目前该市场份额贡献率约占公司销售总产值的65%，是公司主要的营销市场。

出口市场。主要出口销往中亚五国、俄罗斯等，为消化公司产能，实现去库存化，该市场是未来营销的主要战场。目前该市场份额贡献率约占公司销售总产值的21%。

(2)目标市场选择。中泰化学是行业内规模最大的企业，理论上来讲，所有国内市场都是其目标市场，但有一些重点的目标市场。一是下游工厂的大型企业，由于他们使用量大，为保证原材料的采购稳定而有效地进行，只从能够一次性提供大订单的龙头企业采购。二是各片区大型经销商，他们通过大宗现货贸易获得话语权，而后去研究期货或者控制所在区域用量需求不大的诸多中小生产企业或小型二级供应商。例如，2012年中泰化学授予无锡利源首家区域总代理权，就是考虑到无锡利源是中泰化学长久而忠实的合作伙伴，从1996年起就与中泰化学的前身新疆氯碱厂建立了PVC业务合作关系，多年来双方以互利共赢、协同发展为宗旨，合作范围不断拓宽，合作层次不断加深。三是海外市场。出口市场是公司第二大目标市场，份额占到五分之一，未来有希望成为第一大目标市场，开拓海外市场还能够提升企业形象。例如，2015年中泰化学出口产品金额7.91亿元，占比5.18%。其中，对中亚、俄罗斯的PVC出口量占到乌鲁木齐海关出口总量的54.27%，出口俄罗斯PVC较上年同比增加2.4%。

2.中泰化学营销定位选择

定位钻石图理论指出定位包括利益定位、价值定位与属性定位。下面对中泰化学的三方面定位进行分析。

(1)利益定位点选择。中泰化学所属行业(氯碱行业)是个传统而成熟的行业，同质化严重，生产工艺和产品品质没什么差别，最终决定竞争力的是成本。在控制成本的前提下，依然能够保障上游、下游企业的利益诉求，这就是中泰化学的利益定位点，一方面要做到快捷方便而有效地保障下游生产单位的原材料用量，另一方面最大限度地化解风险并保障全国各个片区大型经销商的利益，即使市场价格疲软，也要让经销商有钱赚。能够这样选择利益定位点，主要得益于公司规模以及产业链一体化的运作。这样不仅能够提供价廉物美的产品，还能够保证规模化的充足货源以吸引大客户，同时还能够降低成本。决定竞争力的主要因素还是成本，市场的逐利行为推动上下游有实力的客户聚集在公司左右，建立并维护关系，寻求共同发展。

公司客观对待市场危机，注重从危机中把握机遇，苦练内功，向管理要效益，严格按照细分市场的个性化需求，通过“层级销售”模式，调研不同客户的需求，以差异化、高质量产品来提供多层级全方位服务。一是加大研发拓展 PVC 市场应用新领域；二是加大物流运输周转率，加快去库存化，做到“生产、销售、运输大联动”，实现 PVC 质量提升，促进上下游产业联动。

(2)价值定位点选择。中泰化学的产品属于传统产品，不同企业提供的产品价值定位差距不大，但与其他同行业企业相比，中泰化学具备电石、煤炭、电力等资源的整合优势。从实际生产情况来看，“煤矿—盐矿—石灰石矿—电厂—电石厂”这样一条产业链，具有整合价值，并具有很高的产业政策与区域经济壁垒，企业想做大做强做完整，并不容易。中泰化学为市场客户提供的价值定位点主要在两个方面：完整产业链塑造的品牌价值，以及多年来打造的健全营销网络。前者是由企业的行业地位决定的，毕竟是行业规模第一名；后者是近年来加大电子商务营销、现货贸易与期货交易一体化销售的建设力度而带来的良性反应。目前，公司根据产品定位与市场需求的匹配度，加大特种树脂开发力度，2016 年目标是开发 2—3 个品种，投产 1000 吨以上的特种树脂。目前发布研发课题30多项，经专家评审，其中13项为氯碱行业级别课题，21项为企业级别研发课题。通过加大基础实验室建设力度，推进"新疆维吾尔自治区氯碱工程技术研究中心"的申报工作，为下一轮技术改造与升级打下基础。

(3)属性定位点选择。客户一提到中泰化学的产品就会联想到什么？通过走访调查我们了解到，客户对中泰化学公司的属性定位点包括四个关键词：地位、资源、品质、信誉。

地位属性：中泰化学规模排名行业第一，是实力的象征，对客户具有很大吸引力；

资源属性：新疆大开发背景下把资源优势转化为经济优势是新疆发展战略的主线，中泰化学牢牢占据完整的资源产业链，优质资源是打造优质产品的先决条件；

品质属性：中泰化学的品牌给予客户强烈的归属感，品牌就是品质，强化了下游企业在使用中泰化学品牌产品的情感性与象征性。

信誉属性：中泰化学自上市以来，坚持诚信经营，积极承担对利益相关方的责任，积极履行企业社会责任，较好地实现了企业与利益相关方在经济、社会与环境方面的共同发展，在行业内树立了良好的信誉口碑。

以互联网为载体的现代信息经济得到快速发展，赋予了氯碱产业结构调整新的机遇，中泰化学虽然远离核心市场中心，缺乏厂商贸易商普遍认同的价格形成机制，但中泰化学创新营销模式，以突破"产能过剩、经济波动、市场萎缩"带来的困境，推动企业技术进步与产业转型升级。

3. 中泰化学营销组合策略分析

(1)产品策略。产品是企业参与市场竞争的核心"通行证"，没有优质产品，就不会有良好的产品形象，就不能采取优秀的产品策略来开拓市场。中泰化学的产品策略主要是做好产品的系列化、差异化和完善的包装。

系列化策略:化工产品的系列化体现了产品的功能。一个系列就是满足客户的一类需求,例如公司 PVC 的 3 型、5 型、8 型料满足了下游生产企业对不同产品的原材料需求,也决定了下游产品的品质归属。目前来看,不论是厂商客户,还是经销商客户,为了获得市场竞争力,都开发了不同产品组合策略,这就必然需要不同原材料做支撑。例如,通过技术攻关研究,公司研发了新的产品,解决了成品热收缩膜长时间库存导致变色、拉伸强度下降等问题,甚至电石法 PVC 出膜率和拉伸强度比乙烯法 PVC 更具优势。同时,改型和改性 PVC 原料,攻克韧性、厚度、强度的障碍,做好可替代制品(PP、PE)的 PVC 下游产品研发工作,使 PVC 应用领域得到不断拓展。

(2)服务策略。针对客户不同特性,采用不同方法了解顾客需求与期望。公司通过各种倾听和了解的方法来确定客户需求,根据发展潜力空间大小、是否符合行业产业导向、是不是区域代表性品牌企业以及产值规模大小四个因素对服务内容进行了分类,并确定了相应客户类别的不同要求和期望。通过精准划分、定位服务,顾客的要求和期望得到转化和满足,并促进公司进一步拓展市场及改进服务。公司一直很重视动态了解不同客户群的需求、期望和偏好,并相应调整战略部署,根据其需求的差异性,有针对性地整合资源给予满足,从而提高客户的满意度和忠诚度,达到合作共赢的局面。公司每年都会对倾听和了解顾客要求和期望的方法进行定期和不定期讨论,并不断改进了解顾客需求的方法,确保持续提高顾客满意度和忠诚度,维持市场竞争力。

(3)定价策略。定价不仅能够满足不同客户的价格需求,定价与价格管理也是提升企业形象的有效载体。中泰化学实施差异化定价策略。行业信息化以及期货贸易的发展,使得化工企业产品定价相对透明,下游厂商与经销商比较清楚产品价格,导致更为激烈的市场竞争。中泰化学面对竞争企业以及国际进口倾销产品以低价冲击市场时，积极采取客户差异化、市场化的跟随定价策略，紧紧围绕市场规律来开展销售。采取“ABC分类法”对公司客户进行分类，主要考虑因素是采购量、运费、结算方式、信用等级。其中A类客户用量很大，合作期长，结算及时。B类客户用量较大且支付能力较好。C类客户采购量小，付款能力也较弱，基本属于零散客户。尽管客户议价能力不同，中泰化学本着公平竞争的原则，还是采用竞争性市场跟随定价策略，多渠道收集市场信息，科学预测价格走势，价格涨跌走在同行企业前面，逐步增强市场主动权。

(4)渠道策略。现代信息经济的发展，对中泰化学拓展市场渠道是有利的。目前公司共有三种渠道方式。

自建片区销售部。公司在全国各地的主要产品使用片区设立分支机构，负责当地的产品销售与渠道建设及维护，及时掌握市场变化情况，把信息及时有效地传送给总部，以利于新的策略的实施。

开发实力经销商。中泰化学利用销售片区从事多年PVC等产品销售的厂商，发展成为实力经销商。在利益共享的前提下共同开拓市场，更好地销售产品。公司主要产品40%的产量是由这些经销商消化的，降低了公司自营销售的成本，也便于集中整合资源施行科学的市场化管理。

融入电子商务(渤交所)交易平台。这是一种现货贸易与期货贸易相结合的线上线下一体化模式，整合了资源，形成了互补优势，抗风险能力得到较大提高。目前公司在这些业务方面开展较快，效果明显，对控制风险有积极的预防作用。

(5)信息策略。第一，积极收集顾客需求信息。中泰化学十分重视对顾客需求信息的收集，并用于服务改进与创新的营销执行过程，通过不同渠道和方式收集到的当前和以往顾客的发展战略与方向、顾客满意度与忠诚度、客户评价结果、顾客投诉、流失顾客分析等相关信息和反馈，建立资料档案，并召集相应部门和人员一起分析、讨论和落实有关工作，从而确保这些信息用于服务的改进与创新，强化顾客导向、满足顾客需求，找到新的市场机会。公司在了解现有客户和市场的同时，一直很重视通过不同渠道和方法了解包括竞争对手在内的潜在顾客和市场，收集竞争和市场情报，以拓展新的市场，优化公司顾客和业务架构。所采用的方式包括：通过现有客户的正式和非正式的各种讨论和分享；公司市场部有关团队不同形式的市场调研；参加不同的行业协会和组织；搜集分析相关行业网站、报纸、杂志的报道等信息；业内专家学者、第三方机构及智囊顾问的协助调查等。公司对收集的信息进行过滤、整合并对现有客户进行分析以确定竞争优势，然后用于市场拓展与客户关系管理的实际业务中。

第二，加强信息处理与内部管理。中泰化学对收集的信息进行过滤、整合并对现有客户进行分析以确定竞争优势，然后用于市场拓展。首先，公司对外信息沟通。通过定期采用客户满意度调查、客户回访、交流分享会、沙龙等形式，与客户保持密切沟通。同时，与战略性及重点客户进一步建立起个人友谊，随时保持互动，搜集客户建议及意见。其次，公司对内信息沟通。根据情况对客户进行了分类，不同类型的客户服务及沟通平台各有侧重。同时，客服人员在主管的带领下，以组为单位进行服务，遇到突发事件时主管为第一责任人，对事件的处理结果负主要责任，部门经理必要时进行指导和协助。另外，拟通过系统平台，对具体事项客服按客户进行每日记录，以便随时调阅进行整体分析，并不断改进。

4. 中泰化学营销战略保障与控制

(1)营销业务流程再造。第一，营销渠道改进。营销渠道变革是营销体系变革的关键内容，渠道是实现销售增长与经营利润的重要载体，也是企业保持核心竞争力的重要途径。中泰化学从公司整体战略出发，遵循“有效性、可控性、竞争性、系统创新性、效益最大化”的原则，近年来重点解决营销渠道可控性与稳定性的问题，依托行业规模第一的优势，以及行业产品的品牌优势，加大了与自建营销渠道、经销商联盟渠道的战略合作，以市场为纽带的松散型合作逐渐向以产权为纽带的战略合作转型，上下游产业供应链联动，加强了渠道的控制与激励。中泰化学通过战略合作伙伴的资源共享、优势互补、强强联合，增强了竞争优势与综合能力。第二，营销模式创新。在营销战略的导向下，优化创新营销模式。

一级代理商。在较大且成熟的市场区域，建立一级代理经销商。如在成熟且销量较大的华东市场、华南市场、国际市场，建立了一级经销商战略联盟，以产权关系为纽带，建立合资公司，互惠互利，加强合作与沟通。对一些用量巨大的厂商客户，建立产业一体化的供应链，享受更优惠的销售政策，调节淡旺季销售用量指标，提供资金周转优惠与信息共享支持，相互促进、共同发展。

合同经销商。对成熟市场的销量较集聚的片区经销商实行包干包销专营协议，实行先款（预付）后货策略，给经销商一定数量的铺货，不论市场价格上涨还是下跌，都严格保证经销商稳定合理的利润空间，在一定程度上对经销商的销售积极性具有较大的激励性，且避免了“窜货现象”。

分公司（办事处）。在新兴市场或成熟市场，设立销售分公司或办事处。例如疆内市场，在各个地州都设立了销售分公司，在出口市场销量较为集中的俄罗斯、中亚地区设立了国际贸易分公司。

建立线上线下互动的营销模式。依托渤商所“现货贸易、商品投资、商品定价”三大功能，将传统 PVC 的现货贸易转到互联网上，促进内销及出口贸易，扩大企业影响力、提高知名度，提升抗风险及盈利能力，整合行业资源，实现与上下游产业供应链共赢。例如，中泰化学积极支持经销商（远大石化有限公司）在做PVC现货贸易业务的同时，利用离岸业务取得较低融资成本，利用期货业务套期保值规避现货波动风险，利用多种产品的组合采购与销售增加服务附加值等多种手段，增加公司的赢利点，提高竞争能力。

（2）调整营销运行流程。一是强化战略目标分解。中泰化学未来持续发展存在很多不确定因素，高端产品份额会逐渐提高，中低端产品竞争较为剧烈，专业化程度要求越来越高，执行进出口反倾销政策日趋严格，业务一体化、经销商管理创新以及产品产能合理布局在一定程度上可以降低风险，但竞争激烈的价格战与业务低层次满足顾客需求，则会严重影响利润率。中泰化学以三年公司整体战略规划为依据，用目标管理的方法将战略规划分解到每年的年度经营计划，结合外部环境的变化情况，制订年度经营目标，并通过对具体工作计划和阶段性目标的检测实施来检验战略执行情况，对于营销战略，运用平衡计分卡的理念，提出目标分层并加强 KPI 考核。二是加强营销执行中的风险控制。第一，控制系统性风险。严格按照国家法律法规以及政府指令政策进行合法经营。加强资本运营、市场调研、进出口汇率研究，制订“风控计划”，构建预警机制，设定专职岗位，确保营销战略的安全性。第二，控制营销团队管理风险。营销战略是促进企业持续发展的重要规划，营销团队能力是保障战略顺利实施的关键因素。随着公司规模的扩大，对销售团队的管理成为中泰化学的难题，由于公司发展战略向产业链上下游延伸，产品销售区域也随之扩大，战线从华南、华东片区一举扩展到全国，对各个片区的销售团队外派人员缺乏标准化的过程管理，制度建设相对滞后，激励模式也比较单一，使得营销团队管理中出现一些问题。因此，中泰化学必须培养一支素质高、效率高和执行强的营销团队，在过程管理、制度建设、激励模式等方面加强管理，向管理要效益，避免风险损失。第三，加强客户违约风险防范。中泰化学严格考察下游厂商的财务情况，防止销售货款不能回笼，防范商业风险。此外，时刻关注现金流控制、利率变动对营销的不良影响。

(3)完善营销执行的保障机制。

思想保障。营销思想需要统一，营销执行需要公司使命、价值观、经营理念的支撑。中泰化学上上下下围绕营销战略统一思想、提高认识，转变观念，打开思路，紧紧围绕企业整体战略目标，创造性地开展营销工作。员工应强化现代营销理念，强化服务意识，建立沟通渠道，理解营销战略，加大执行力度。

组织保障。第一，加强治理结构，设立营销战略制定机构，高层经理中设置专职副总全面协调营销相关的业务，监控营销战略执行效果，修正战略目标与方向，提出实际执行策略。第二，销售总公司下设市场部和营销部。市场部负责销售支持，把脉市场状况及市场竞争态势，研究产品在质量、价格、服务上与竞争对手的差异；营销部则负责销售业务，精细化管理分解细化工作，通过现代信息经济技术，建立信息库，加强客户关系管理，执行日常客户管理流程，提高组织效率与决策的灵活性。

制度保障。第一，完善营销管理制度。为保证销售业务完成效果，制定了目标管理制度、经济指标责任制等，促进战略实施，并根据市场变化动态修订完善制度。例如，中泰化学强化合同管理，对合同签订进行流程优化，加强合同评审，监控督促履约，保障营销执行效果；同时，中泰化学严格执行定价流程与制度，遵守价格策略及定价原则，研究分析价格走势，减少损失。第二，完善绩效管理制度。与经济责任制配套执行，根据目标任务以及业务关系，将经济目标分解成关键绩效指标(KPI)，例如销量、市场占有率、销售平均价格、营销费用控制等，强化执行，实现营销战略目标。第三，完善客户关系管理制度。以客户导向为营销战略执行的基础，提高服务意识，满足客户需求。一方面加强客户回访制度,了解客户对产品型号、产品质量、服务方式与层次等方面的需求及意见,真诚沟通,维系好客户关系,提高美誉度与忠诚度。另一方面制定客户满意度调查与改善制度,把客户打分情况作为营销业绩考核的一定权重,对质量、交期、服务、包装等方面进行问卷调查,掌握情况,化解不满,解决问题,面向未来,构建战略性供应链关系。第四,加强研讨。认真分析客户与政策变化情况,宏观与微观相结合,强化研究,甄别信息,把握市场,调整思路,科学决策,保障营销战略有效执行。此外,中泰化学加强完善营销费用及档案资料等方面的管理制度。建立健全费用报销、档案资料保管等制度,强化营销日常管理,控制营销成本。

企业文化保障。中泰化学始终站在员工和客户角度谋划企业发展,高度重视新形势下企业文化建设,凝聚人心、以人为本、激励斗志、推动企业发展,围绕企业发展战略,进行公司文化建设。站在客户的角度谋划公司的发展,更是要打造共同的价值链,本着“深入沟通、诚信交流、携手合作、共话发展”的宗旨,与供应商构建共赢的战略伙伴关系,与上下游客户利益共生、包容增长。

(4)营销战略资源配置与实施。为应对面临的战略挑战,确保战略部署,公司通过营销战略规划、年度规划和全面预算,为实现跨越式发展提供人力、财务、信息化建设等资源保障,并统筹资源,实现目标。一是配置营销人才资源。中泰化学以3P模型构成人力资源管理的核心,即由岗位评价(Position evaluation system)、绩效评价(Performance appraisal system)和薪酬管理(Pay administration system)为核心内容构建人力资源管理系统。通过工作分析,明确岗位的职责和要求,编制岗位说明书,以此为依据对营销应聘人员进行筛选、把关,通过岗位测评确定各岗位的相对价值,为新入职人员和岗位调整人员进行定岗定级。通过绩效考核进行分析,将已选用的人员放到实际工作岗位中进行使用，制定规范的绩效考核体系，根据公司战略，通过战略地图和平衡计分卡，结合部门及岗位职责，制定各岗位绩效指标，从财务、客户、内部流程及学习四个方面进行综合评价，把好用人关。在培训方面，内训与外训相结合，实行外部引进与内部培养相结合的方式培养一批有创造性的营销管理优秀人才，为公司导入先进的管理理念。中高层营销管理人员通过考察、调研，参加高层管理研讨会等学习方式，提高管理和决策水平。建立能上能下、竞争上岗、薪酬与贡献挂钩的人员聘任和激励机制。二是加强财务资源配置。中泰化学进一步细化财务核算，深化财务分析，通过对各重要管理节点的及时分析，为公司领导的正确决策提供重要依据。在现有财务核算体系基础上，做好产品成本核算，以适应公司发展的需求。同时发挥财务监督控制作用，协同业务部门做好客户的信用管理工作，对各项费用按内控制度要求进行有效审核监控。三是完善实物资源配置。中泰化学营销部门注重办公物品的节约，实行计划预算领发控制的同时，强化各项办公材料的实际耗用分析与有效控制。加快先进物质装备投入与环境改造。加快“产学研”与各个高校共建实验室设施的完善，构建战略合作研究框架体系，研究开发新产品。

(5)营销战略调整与执行。中泰化学营销总公司从法规政策、行业趋势、竞争对手、服务创新、顾客需求等方面信息的变化，根据客观环境的要求，动态调整行动计划，加大执行力度，定期召开经营调度分析会、行政会议、市场营销分析例会对各部门行动计划进行协同、督促、跟踪，每月由各片区对上月行动计划的完成情况进行分析，完成月度工作总结并制订新计划，将结果书面上报营销总公司备案。根据市场变化或运营调整要求，提出变更要求，经公司高层会议审核后，进行计划变更实施，并及时在公司宣传栏公布，必要时组织相关培训，确保战略与行动计划的可行性和灵活性。

(6)整合营销价值链资源。营销竞争就是上下游产业价值链的竞争，需要整合包括自然资源、社会资源、客户资源、行业内存量资源等在内的产业价值链资源。营销战略执行者就是最好的营销资源整合者。新疆有丰富的自然资源，例如煤炭、石灰石、原盐等，如何将这些资源转换成 PVC、烧碱等产品，这是一个重要的课题。中泰化学充分利用资源，率先建立起“煤炭—电力—电石—聚氯乙烯—现代物流—下游产品生加工—现代农贸业”完整产业链。也特别重视政府资源等社会资源，例如中泰化学用足用好第二次中央新疆工作座谈会(2014 年 5 月召开)提出的振兴新疆经济的“政策红利”，加快发展步伐。中泰化学也特别强调要维系客户资源与行业内存量资源。目前公司在全国各地有 40 多家在行业内具有较强实力的经销商，以及 30 多家原材料及项目设备的战略供应商，有了这些发展基础，才使得中泰化学的综合实力和产能规模跃居全国行业第一。

二、中泰化学战略营销改进与创新

1. 中泰化学战略营销转型的基本判断

在企业持续发展中战略管理发挥着重要作用，没有战略的引导，企业发展会失去方向。传统的化工生产企业由于产能过剩，营销压力剧增，因此企业都以营销为龙头，引导企业合理投资与生产。因此研究营销战略具有十分重要的现实意义。实际竞争环境会给营销战略执行带来巨大挑战，企业如何根据自身品牌、行业地位以及资源配置状况，研究制定适合的创新型的营销战略，是目前传统生产企业面临的关键问题。中泰化学地处新疆地区，拥有丰富的资源优势，如何将它们转化成企业经济优势是企业未来的重要战略方向。从企业实际情况出发，采用 SWOT 分析模型、五力图模型、钻石定位理论等工具，深入分析了企业面临的内外部环境的优劣势以及机会与威胁，我们认为面对新的战略环境与发展态势，如何建立与新发展阶段相匹配的营销战略的思考及实施过程是十分重要的。中泰化学的优势比较明显，但也遇到一些问题，例如在规模效应、区位资源能源整合、品牌声誉、经销网络、现货与期货贸易等方面有一定优势，但也面临产品结构调整、原材料成本上升等方面的劣势。振兴新疆经济政策、产业一体化整合以及技术与管理水平的提升，赋予了企业新的发展机遇。然而企业也面临行业竞争加剧、成本价格上升以及企业搬迁的挑战。如何“扬长避短、抓住机遇、发挥优势、克服困难、解决问题”？中泰化学未来发展应该选择“进攻性战略”，即积极发挥行业规模优势、政策支持优势、资金实力优势，加大投入研发力度，开发出高档 PVC 新产品（大口径 PVC 管材原料、纳米 PVC、塑料管道、PVC 墙体等），抢占技术制高点、规模制高点，稳定并开拓新市场领域。但要以“战略转型、战略防御、多元化战略”为基础，进一步明确重点投资方向，提高品牌影响力，完善营销渠道体系，扩大销售半径，积极稳固国内市场，开拓国外市场，以新产品、新服务，寻求新的利润增长点。同时要有效整合外部资源，做好以下保障工作：创新营销模式、调整营销运行流程、完善营销执行的保障机制（思想保障、组织保障、制度保障、文化保障机制）、强化营销战略资源配置与实施、加强营销团队建设、加强营销战略执行的风险控制等。

2. 中泰化学战略营销转型的主要做法

(1)重新梳理调整公司营销体系

一是加强营销目标体系构建及目标分解。中泰化学制订营销目标时，不是简单地以自己的产能增幅、行业发展增幅、竞争企业发展速度以及自身行业野心作为制定目标的绝对因素，而是将重心转移到详尽的客户分析上来，营销目标始终围绕满足客户需求来制订。

二是规范销售流程。从销售开始到结束的所有环节都制定标准，严格规范，以此作为提高销售效率的突破口。此外，中泰化学及时根据战略发展要求，不断调整营销体系，根据企业的内外部环境进行综合设计，实现既定战略目标。

（2）扩大市场营销部门职能

战略规划需要兼顾长期与短期利益，以便保持竞争优势。在营销战略引导下，营销职能部门必须明确战略，然后制定行动策略，监控并实现企业整体战略目标。由此看来，营销部门是推进营销战略实现的核心职能部门，必须转换为市场驱动型的组织架构，明确营销岗位职责，完善营销制度，激发营销人员潜能，发挥营销战略与执行的关键作用，提高市场营销能力。

（3）促进团队营销模式创新与实施

真正推动企业获得成功的因素是团队建设中的营销模式创新。中泰化学经过多年的发展形成了自己特定的营销运作模式，营销团队为实现企业战略构想而努力工作。中泰化学改“单兵型销售”为“团队项目型销售”，率先在全国各个片区形成了“二级联销体”营销模式，针对大客户营销和行业招投标项目实行整合资源，组团出击策略，将稀缺的营销资源聚焦于大客户（大经销商），不跟风、不投机，从长远战略合作考虑，推动企业市场辐射力形成及品牌塑造的进一步发展。

（4）加快营销团队职能重新定位

中泰化学加强突出营销团队在销售中的功能与地位，梳理关键营销业务，强化各个片区营销核心职能的重新定位，明确每个营销团队职责和业务目标，并分解到每个成员的详尽岗位职责中去。此外，随着现代信息经济的发展，营销团队职能与角色也在发生变化，以往销售人员是公司其他部门（如生产部、采购部等）联系市场与客户的中介，营销职能部门的功能与地位处于较高层次，但是，互联网时代使得企业变得更加虚拟化与网络化，任何部门都可以通过现代信息经济交互系统直接与顾客联系，因此要求营销部门加强与企业部门的协同管理，至少对外部客户与市场的沟通表达口径要统一。

(5)促进营销激励机制对营销团队行为的引导

中泰化学十分重视团队的销售激励机制的构建,通过激励销售人员的销售行为来实现公司财务战略目标。一是设定组合激励政策,综合考虑销售业务量、销售政策把握、客户维系以及市场开拓的组合拳来引导销售团队规范行为;二是注重销售短期目标与长期目标的综合考虑,定型与定量相结合,既考虑短期销售额与利润率,又重视长期的市场培育目标的实现;三是设计科学的考核机制与分配机制来保障营销体系高效运转。例如,中泰化学用积分(奖分和扣分)对员工的能力和综合表现进行全方位量化考核,积分与绩效、福利及物资待遇等直接挂钩,积分高的员工可以得到更多的福利待遇。通过这种积分制管理,激励员工。

(6)完善制度系统来提高营销团队的执行力

营销管理系统的关键要素就是制度化,它不仅能提供一种明确的销售业务工作标准,而且还能促进营销战略的执行与落实。在营销制度激励方面,中泰化学要卸下销售人员的包袱,调动他们的销售积极性。公司一方面通过积极鼓励全员参与和深度沟通来构建制度,另一方面从使命感、价值观、认同感等方面加强对销售人员进行制度化教育与管理,鼓励他们加强团队协作,引导营销团队积极行为与良好习惯的构建,匹配营销模式,构建企业文化中的营销文化,从根本上提高整个团队的营销能力。

三、中泰化学构建交易商产业联盟的思考

1. 产业链整合及生产厂商角色与功能的变化

经过十多年的发展,从目前发展态势来看,我国大宗商品PVC的“产能西迁”基本完成,PVC生产工艺中以电石法为主,

市场销售的产品中电石法产量占 80%。电石每吨价格是 2000 元，这是生产成本的底线。由于产业链协同与整合还不到位，因此产业链中各个环节的 PVC 库存很难统计，只能大致了解，也就是根据上游厂商的产能产量变化情况来粗略推算出产业链中间各个环节（中间贸易商、下游厂商等）的库存变化情况。目前这种情况显然是不利于供给侧结构性改革的深入展开的，对下游需求及中间库存都没有一个清晰的数据信息资源共享，那么对过剩产能就更难处理，甚至连去产能的策略制定起来都很困难。

因此，首先需要在一定程度上对产业链进行协同与整合。信息技术的迅猛发展，正在猛烈地改变经济环境与企业经营模式。信息资源的共享以及互联网经济平台的搭建，对传统的供需模式产生了剧烈的影响，驱使企业将运营重心由后端向前端转移，平台经济与信息资源的共享进一步改变了产业链利益相关者之间的沟通与互动方式。大宗商品厂商在产业链的影响力也不仅仅局限于产业链的供给侧的前端，发挥的只是制造功能，其角色与服务功能均发生了革命性的变化，制造厂商已经开始由生产制造逐渐向贸易、物流、金融进行功能拓展延伸，进而向大宗商品期货交易领域（交易商）过渡，如图 6-2 所示。

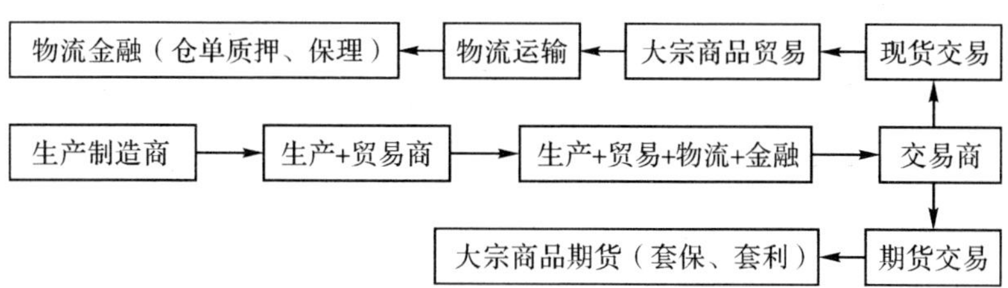

图 6-2 生产制造厂商角色与功能的变化

2. 交易商产业联盟的设计思路

交易商不是一个单独的企业，而是一个产业联盟[①]，一个“企业群”，如图 6-3 所示。

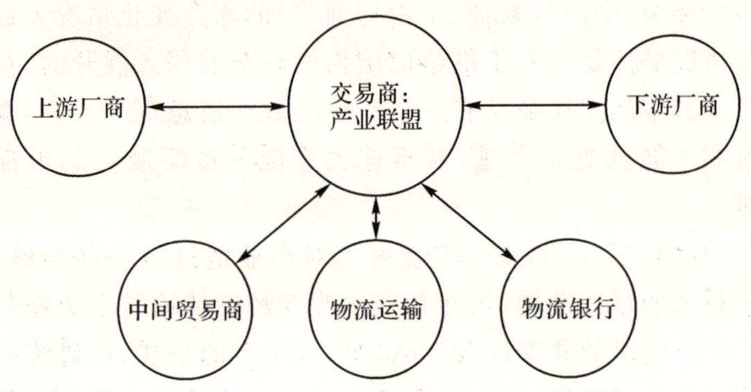

图 6-3 交易商“企业群”模式

交易商是以一个或几个核心企业为主体，通过资产为纽带发起成立产业联盟，将原来全产业链主要流通渠道、贸易渠道以及金融服务的企业囊括其中，通过交易商这个平台将原来单个个体企业的功能统一到产业联盟的共同目标上来，整合了资源与优势，共享了大数据行业信息，提高了沟通效率，结成了利益共同体。目前，在实体经济下行、压力越来越重的困境下，大宗商品产业链各利益相关者（上下游厂商、中间贸易商等）纷纷结成战略联盟，在全行业内不断进行业务组合的运营模式创新，深耕“产业联盟”。中泰化学交易商创新的过程建议分两步走：一是打破原有产品营销模式，全产业链联动，打造产业平台，促进

---

① 产业联盟（Industry Alliance）是指出于确保合作各方的市场优势，寻求新的规模、标准、机能或定位，应对共同的竞争者或将业务推向新领域等目的，企业间结成的互相协作和资源整合的一种合作模式。联盟成员可以限于某一行业内的企业或是同一产业链各个组成部分的跨行业企业。联盟成员间一般没有资本关联，各企业地位平等，独立运作。

产业联盟，推动产业升级；二是加快向交易商转型，采取期现交易相结合的模式，通过资源整合与嫁接，运用资本干预与利润让渡等方式提高产业联盟的运营成效。

以上的交易商模式，能够促进产业整合与产业升级，能够在全产业链原有业务基础上增加衍生业务种类（物流运输、信息咨询、行业研究、小额金融融资、期货交易等），有助于增加利润增长点。按照大宗商品厂商传统运营模式，生产制造后自行进行市场化贸易交易的运营成本还是很高，商品流通全过程接受的服务效果也不见得有多好，而且还不放心。而新的模式在“合作共赢、风险共担”原则下，积极开展边界扩大化的业务，有助于发挥利益相关者各自的优势，提高“三大能力”，即“生产协同能力、统筹供应能力、产品分销能力”，而且还能够根据市场竞争态势来推动供给侧结构性改革，调整产品布局，变革营销策略，在一定程度上降低产品经营成本，改善产品销售结构，加快中间库存周转，这必然会提高交易商的整体赢利能力。以上变化不是一步完成的，是来自实际形势的要求，产业导入方式的变革也是经历了多年的探索，一开始摸索“产业集聚”，做人产业规模，通过规模经济达到降低生产成本的目的；而后实行“从有到高”模式，增加产品系列，提高产品档次，并通过产业横向一体化与纵向一体化资本运营，做强产业，实现成为行业领导者的目标；最后进入“从高到新”模式，积极将大宗商品产业链向上游及下游领域拓展延伸，实现“产业融合”良性互动与可持续发展。

在全球大宗商品步入漫漫熊市的情势下，交易商产业联盟的核心主体企业（中泰化学）积极面对产业转型与供给侧改革，致力于企业转型与产品升级，打造新的商业模式与业务盈利模式，努力做到“十化”，即“生产本土化、贸易服务化、物流社会化、动产金融化、经营产业化、合作契约化、利益制度化、资源共享化、产业联动化、交易期货化”，开创新的商业模式，控制交易风险，为产业链客户提供“优质商品、快捷流通、综合信息、社会物流、代理金融”等综合服务，整合资源，发挥各方特色优势，维系老客户，拓展新客户，增加客户黏合度，保障产业链上下游客户关系稳定，促进企业持续、健康、快速的发展。交易商产业联盟的影响力在产业链各个环节渗透，并不断强化，这要求企业制定好战略合作的体制与制度，规范各方关系，积极开拓好的金融衍生工具，提高盈利能力，通过好的服务平台向产业链全过程的客户提供“产品、服务、品牌”等的体验与分享，不断优化成员企业间的专业知识，开拓新商机，保持竞争优势。要重视产品运营、平台建设，引进行业重量级战略合作伙伴（中泰化学、远大物产、浙江特产、无锡利源、新疆天业等），制定创新的产业链共赢计划，在强调产业链专业分工的基础上，加强协同，打破瓶颈，共享价值链成果，为大宗商品产业链的发展构建一个全新的商业发展模式。

第七章　大宗商品交易商综合服务模式主要功能分析

一、实现销售产品到出售产能的转型

1. 生产厂商面临产能过剩的窘境

产能就是装置能够生产产品的具有规模效应的最大数量，也就是生产成本最低时的产量与经济学家眼中认为的长期均衡的实际产量的差值。但什么是过剩呢？一般情况下会认为供给大于需求就是过剩。但在产业链的实际运作中，供给除了要满足需求，还要在整个价值链中有一定的社会库存，其实库存是一个对未来的估计问题，乐观与悲观的估计会对库存产生不同的影响。下游生产商为了保障生产正常运行，需要一定的安全库存，而且还需要预防不测事故的发生。例如，2016 年 8 月 1 日晚间开始，G30 线环乌高速公路受到一夜暴雨的冲刷，导致 2 日上午 11 时 30 分，先是 G314 国道后沟路段的路面出现了塌方险情，车辆无法正常通行，转由高速公路通行，造成吐鲁番至乌鲁木齐市的 G30 连霍高速公路车流量较大。14 时左右，环乌高速后沟路段突然再次出现路面塌方，塌方路面位于 G30 线 3502 公里处后沟路段，吐鲁番至乌鲁木齐方向的高速路上因为塌方形成了一个直径约为 2 米的“巨坑”，挡住了吐鲁番方向所有车辆的去路，如图 7-1 所示。

图 7-1　高速 G30 线环乌高速公路被大雨冲毁影响生产原料运输

作为连接南疆的交通咽喉要道，道路能否正常通行直接关系到中泰化学的生产原材料电石能否保证生产所需。为保证电石、氯碱园区的生产平衡，公司针对道路运输受阻的情况第一时间做出反应，全资子公司蓝天物流派出工作人员密切关注整个道路的通行状况，并协调安排拉运车辆绕道黑山，但是黑山道路比较窄，堵车情况比较严重，早上只到了八车电石。因此为了保障园区生产平衡，公司协调将子公司华泰公司的液碱运力临时调整到北疆片区；电石方面，在保证阜康能源正常生产的情况下，将矿冶的电石最大限度地向华泰公司调运，以满足华泰公司的生产用量。中泰化学还动用电石等原材料的安全库存。这个例子是上游厂商为保障安全生产动用安全库存，或者在不同的子公司及生产区域调配原材料的真实情况。可见电石过剩产能中不小的一部分是在各个生产厂商的安全库存里面储藏，这部分库存显然使得供给量大于需求量，这部分数据经常在变，行业很不好统计。但是，中泰化学生产的 PVC 又是下游厂商（塑料型材厂等）的原材料，同样下游厂商出于安全库存的考虑也会多采购一些原材料，何况批量采购还能获得价格上的优惠。这样就势必会导致全行业的供给量会大于需求量，这些供给略微大于需求的情况不是真正的过剩，没什么可怕。这种过剩本身不但不会对产业造成伤害，而且还能保障产业利益。但即使充分考虑到全产业的社会库存量，由于经济萧条，下游产业遭遇打击，需求量严重不足，何况还有那些在经济繁荣时扩张的过剩产能，使得从整个产业来看，供给还是远远大于需求，这种情况是真正的过剩。这种过剩状态产生的原因是一定时期内总需求相对不足，使得总供给过剩。因此“产能过剩”是一个“总量”概念。产能也是能力的总和，一般指现有的、在建的和已经立项拟建的产业生产能力的总和。产能过剩量就是生产能力与消费能力之差后的那部分。但产能不能简单地把项目设备相加得出，因为大宗商品都是依据一定节拍的流水生产线完成的，需要各个工序协同配合才能完成生产，才能把产能转化为现实产量。另一方面，由于市场是动态变化的，厂商经常会根据市场供给侧情况来调整企业产能的输出，企业大多数时候不是满负荷生产的，如果产能按 85% 释放，这对一个企业或者一个产业来说都不是事，都是正常状态而不是过剩。此外，产能过剩与否也不能单纯按照某一节点的需求来看供给总量，因为需求是动态变化的，需求是由提供的产品结构、产品品质、服务质量等来决定的，所谓“菜好，心情好，胃口好，就能多吃几碗饭”就是这个道理，这是一个供给与需求的相对概念，有效需求一般不太好估算，而且有效需求也是有市场细分的，产能过剩是一个结构性概念，例如钢铁行业这几年处于产能过剩情况，但那是指普通钢的产能，而特殊钢依然是紧缺的。人才结构也是一样的道理，高端特殊人才永远是稀有的，是供不应求的。这里面也有一个地域范围、时间期限的概念，例如某一类人才在一线城市北京、上海、深圳、广州是过剩的，但在宁波却是稀缺的。钢铁、塑料、水泥建材等大宗商品也具有这样的特性。因此，考虑过剩要放在宏观与微观环境中一起来衡量。从目前大宗商品运营环境来看，产能过剩将导致CPI[①]下降，进而加大通缩压力，加剧宏观经济不确定性。产能过剩持续较长时间会引发企业投资和居民收入(消费)预期的下降，在一定程度上加剧宏观经济下行压力，严重的产能过剩甚至会引发银行不良资产比例上升，金融风险加剧，为新一轮金融危机埋下祸患。如前几年房地产、建材、钢铁等大宗商品投资过热，产能扩张超出实际需求，引发大量的资金链断裂。因此产能过剩的本质原因是不合理的经济增长方式，地方保护主义以及地方GDP增长诉求引发新一轮恶性投资竞争，行业(房地产业、钢铁行业、汽车行业)"暴利效应"，促使企业投入大量资金迅速扩大了次初级产品规模，缺少技术水平高、自主创新的产品。虽然产业集中度在不断提高，但大量的小型生产企业"一哄而上"无疑又加剧了供需矛盾，小企业为了活命就"打价格战"，进一步导致了现货市场的价格扭曲。

2.生产厂商销售产品到出售产能的设想

在大宗商品产能过剩的情况下，行业竞争越来越激烈，企业各项经营成本都在上升，各种税收、管理费，生产设备折旧、财务成本(融资利息)等也在不断上涨，而大宗商品的市场价格却不断下滑，竞争对手"价格战"打得热火朝天。营收越做越大，利润却越做越薄，营销人员疲于奔命、"压力山大"，自然就会怨声载

---

① CPI是居民消费价格指数(Consumer Price Index)的简称。居民消费价格指数，是一个反映居民家庭日常所购买物品的消费价格水平变动情况的宏观经济指标。它是度量一组代表性消费商品及服务项目的价格水平随时间而变动的相对数，用来反映居民家庭购买消费商品及服务的价格水平的变动情况。居民消费价格统计调查的是社会产品和服务项目的最终价格，一方面同人民群众的生活密切相关，同时在整个国民经济价格体系中也具有重要的地位。它是进行经济分析和决策、价格总水平监测和调控及国民经济核算的重要指标。其变动率在一定程度上反映了通货膨胀或紧缩的程度。一般来讲，物价全面地、持续地上涨就被认为发生了通货膨胀。

道。代理商(贸易商)也会提出各种各样的优惠让利条件,无形中又加剧了生产厂商销售产品的难度,难怪有生产厂商的销售负责人发出“做好产品难,卖好产品更是难上加难”这样的感叹。

就拿大宗商品 PVC 来说,目前行业景气度依然不高,受下游产业(房地产等)的影响,PVC 销售基本上是处于“旺季不旺,淡季更淡”的情况,整个行业增收不增效,产能过剩、市场低迷。这是客观存在的,是企业成长机制与产业模式的不完善导致的,尽管各个厂商的销售团队时刻考虑企业整体利益,且与中间贸易商形成合作统一了目标,但产业利润空间依然很有限。加上由于市场行情不好会加剧贸易结算资金的拖滞,资金不能有效流通,“能欠的欠着,不能欠的拖着,欠不起的赖着”,日复一日,年复一年,形成不良循环。在传统的销售模式下,在“生产厂商—经销商(中间商)—终端商”这条产品销售链中,企业在各自利益诉求的驱使下,很难高度协同制定出一个公平公正的竞争模式。传统贸易模式下,贸易规则、商业信誉度、产业价值等很难统一,会导致行业整体滑坡,甚至会影响相关产业的发展。产能过剩严重、市场需求萎缩,如果没有一个很好的模式,则行业发展会更加混乱,人为竞争加剧,最后全产业都受伤。

大宗商品如果要突破困境持续发展,就需要整合国内市场上的产业资源,包括产业客户、贸易客户、交易客户。目前下游需求量在缓慢增加,但还不足以走出“产能过剩与市场疲软”的困境,在行业巨头企业中还不存在一两个企业就能满足下游需求,就能垄断整个市场的情况。因此,将产业内各大先进(或优势)产能联合起来,形成一个竞合关系的产业联盟交易商平台,是一个不错的选择,值得各个企业高层重视。就拿 PVC 来说,大型电石法 PVC 生产企业为了保持自己的竞争力,有可能通过进一步提升产能来降低单位生产成本,从而尽量扭转与乙烯法 PVC 生产企业竞争中出现的不利的局面。同时,乙烯法 PVC 价格走低会对电石法 PVC 价格带来较大冲击,促使生产企业降价来应对激烈的市场竞争。因此，在厂商中可以竞合国内中泰化学、天原集团、鸿达兴业、君正集团、氯碱化工、新疆天业、金路集团、云南化工等厂商；在中间贸易商中可以竞合浙江特产、远大石化、无锡利源等具有很强现货贸易与期货交易的经销商；下游厂家可以竞合山西中德公司、顾地科技公司、山西惠丰、东营大明、中财集团等下游塑料加工企业；服务商可以竞合外部的金融机构、第三方（四方）物流公司等。一共四个小集群，统一形成大集群，构建大的交易联盟平台，成立一个统一的联盟交易中心机构，制定新的运行体制、合作机制、框架协议。以“三公——公正、公平、公开”为原则，信息共享、交易统一、利益均衡、协同发展，形成竞争和交易的新格局。上游厂商约定交易价格将产能出售给交易中心，取消上游厂商自建的区域经销商，降低营销成本；同时帮助下游厂商做好采购入库计划，减轻下游厂商的采购职能，降低采购成本，如图 7-2 所示。

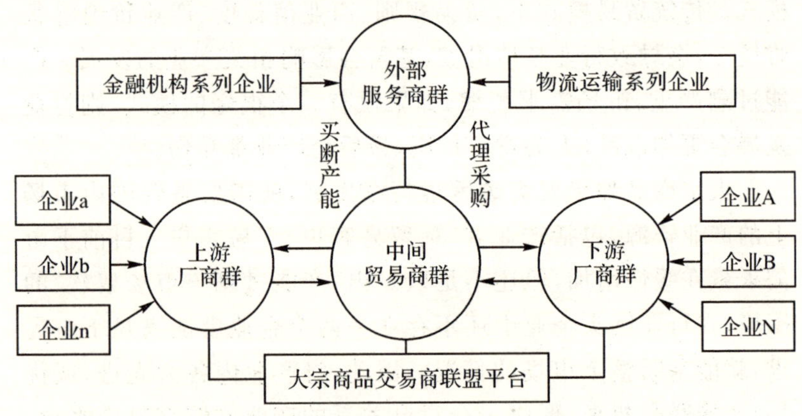

图 7-2 大宗商品交易商联盟平台的功能及业务流程

交易商联盟平台在国内产业链发展的中心区域设立供应链采购交易分部，共享产品信息，互通市场信息，均衡分配利益，促进商贸合约统一、期现交易互动、资金统一调拨、物流金融协同，制定加入标准，对竞合企业入伙实行严格统一管理，规划交易条件，稳定市场秩序，减少市场摩擦，克服企业“内讧”，规范统一管理，提高市场信誉度，合理引导市场，逐步形成非垄断的联盟平台集群，以国家对行业各项支持优惠政策以及制造厂商先进产能为先导优势，在短期内迅速淘汰弱小落后的产能，把信誉度低或投机倒把的中间商贸易商（经销商）挤出市场，打好供给侧改革去过剩产能的关键一仗，逐步瓦解市场萎缩及产业发展不良因素，使大宗商品 PVC 产业及相关行业市场实现“发展空间精简化、产业价值最大化、销售模式均衡化”的目标。竞合与整体化调控是优化供给侧结构改革的必然过程，产业持续发展可期，产业空间优化领域广泛。

3. 联盟平台产业客户与行业（贸易商）客户交易目的的统一

综合交易围绕期现结合模式展开，在现货交易方面产业客户与行业客户的分歧不大，但期货交易目的就差很多。

在现货交易方面，PVC 经过长时间下滑调整，现已步入了行业新常态，以往八九千元一吨的暴利是不正常的，导致产能迅速扩张，目前价格虽然还不高，行业还处于微利时代，但都客观地反映了实体经济的实际情况。在供给侧结构调整改革的形势下，整个行业的发展将呈现差异化，未来的发展空间会得到进一步拓展。据统计，我国 PVC 人均消费量大约为 10 千克，只占发达国家的一半比例，从经济发展的过程来看，PVC 市场增长空间会因为后发优势而大步追赶，问题是如何去有效深耕、激发、开拓未来的空间市场。毫无疑问，供给侧结构性改革的目的就是要生产出更多品质高、用途广泛的 PVC 产品，以便能够满足日益增长的市场需求。产品的发展方向是“高聚合度、高透明性、增韧型”的 PVC 树脂，我国每年都要从国外进口一百多万吨高附加值的特种专用树脂。创造产业链价值一要靠产品系列多样化，二要提升产品附加值。目前行业产能过剩的主要还是 PVC 通用树脂，产能过剩价格才会不断下跌，拖垮了一些抗风险能力弱的企业。目前我国 PVC 树脂开发还比较弱，还没有建立专用料体系，厂商迫切需要拓宽 PVC 应用领域。目前专用料体系有通用型用料与特殊型用料两种，如图 7-3 所示。

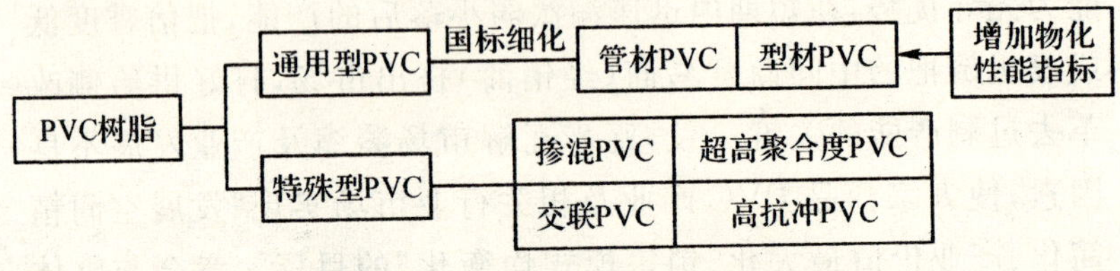

图 7-3　大宗商品 PVC 专用料体系

研究好专用料体系，才能将产品与其功能匹配，对 PVC 通用料的国标进行细化，明确每一种产品的专有性能，打通产业链上下游原料一体化，并针对体系生产特定的料型，这也是拓宽 PVC 应用领域、推动产业供给侧结构改革、实现产品转型升级的重要步骤。一方面，由于通用型 PVC 竞争越来越激烈，本来利润就很少，企业迫于眼前的生存压力，投入研发的动力就更小，产品创新与结构调整形势依然严峻，打击了企业开发高附加值产品的信心。虽然高附加值的特种、专用树脂具有较大的市场需求，但开拓的步伐依然缓慢。另一方面，由于下游厂商（塑料制品企业）的塑料制品生产大都没有国家标准，市场生产的用料极不规范，原材料品质"就低不就高"，这不利于高性能、高层次 PVC 树脂的生产与推广，塑料制品的品质也会受到影响。例如，在以 PVC 为原材料的型材和管材生产过程中，产品成本的 70%来自原材料，为降低成本，企业会采用成本较低的原料，降低了产品的品质。甚至有少数下游生产企业通过"减少壁厚、大量添加碳酸钙"等手段偷工减料，加剧了竞争，制约了企业提高产品性能的动力，减少了特种产品研发与生产的热情，因此需要制定详细的用料及执行产品检验的国家标准，加强生产监管，规范市场，促进 PVC 行业良性发展。

在期货交易方面，产业客户与行业客户（贸易商、金融衍生工具的投资机构)期货交易的目的是不一样的:产业客户主要是为了套保,控制市场价格变化带来的市场风险;行业客户主要是为了投机获利。这种差异化的交易目的,可以通过联盟平台有机地统一起来。

二、实行贸易定价与物流运输相分离

在产能过剩的环境下,大宗商品的销售效果直接影响生产厂商去产能、进行供给侧改革的进程。大宗商品销售就是大宗商品厂商把生产出来的产品通过一定的销售渠道,沿着产业链由上端销往下端的过程。通常生产厂商会采取厂商直销模式、经销商模式两种模式中的一种或两种模式综合来进行销售。

1.大宗商品销售的厂商直销模式

这个模式主要是指上游生产厂商直接对接下游生产厂商的销售模式,如图 7-4 所示。

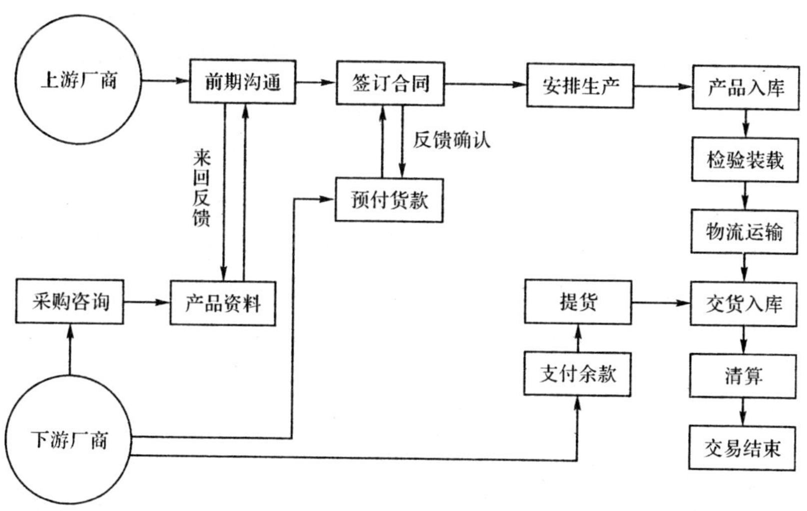

图 7-4 大宗商品销售的厂商直销模式

一般的销售流程是宣传—问询—谈判—订货—发货—收货—收款—售后，在此模式中，大致的运作流程是这样的：下游厂商根据生产需求计划，确定采购计划，与上游厂商联系进行采购业务咨询，索要采购产品的资料（现在已经逐步推行无纸化贸易，生产厂商提供产品的电子资料），经过来回沟通与反馈，达成初步供销与采购意向。具体商谈产品型号、价格、质量、运输方式、交货期、结算方式等条款细节并达成统一意见后，双方签订合同（在合同上明确约定产品价格与物流运输方式），经过反复确认并传递合同信息后，生产厂商制订生产计划，安排生产，产品入库后经过检验装载，交由物流运输部门（短途汽车运输，长途铁路运输或轮船海河运输），到达目的地后交验货物并入库（物流中转库或自营库）。下游厂商支付余款后根据提货单进行提货，最后清算后开具发票，交易结束。

在此模式中，贸易定价与物流运输是统一的，统一到合同中，界定双方责任进行贸易。根据到岸价交易，则由生产厂商负责整个物流运输及仓库储存管理的流通环节。因此生产厂商可以自营物流或通过第三方物流来完成整个贸易发生后的物流运输流程。在这个模式中，也包括厂商在全国各个销售片区自营销售渠道负责接洽的业务、经过厂商销售总部审核并发生的销售业务。也就是说，下游厂商既可以与大宗商品原材料各个消费片区进行贸易，也可以直接与厂商的销售总部洽谈采购。通常情况下，需用量较小，采购批量比较分散的下游小企业一般会从厂家经销片区采购，或者从所在片区的中间贸易商处采购。

2.大宗商品销售的经销商模式

这个模式主要是指上游生产厂商不直接对接下游生产厂商，而是通过中间贸易商作为经销商的一种间接销售模式，如图7-5所示。

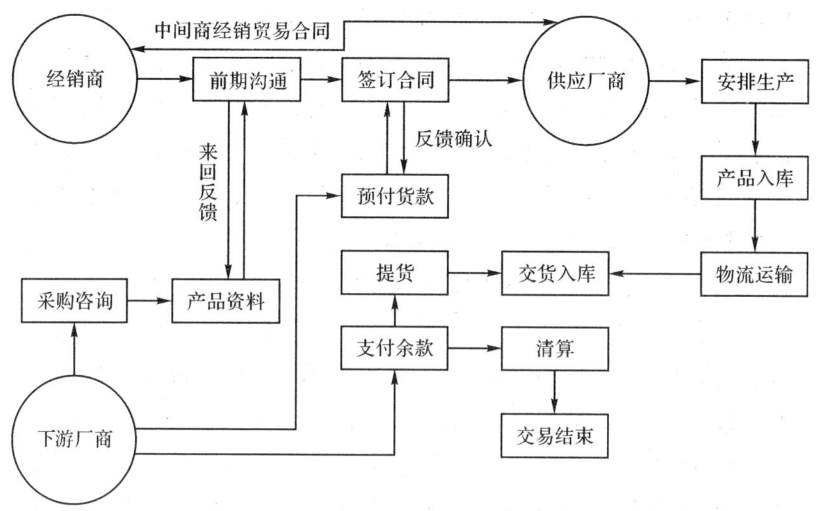

图 7-5　大宗商品销售的中间商贸易销售模式

在此模式中，基本的流程和功能与厂商直销模式差不多，就是增加了一个中间贸易商，专门从事大宗商品的区域性销售。为什么需要中间贸易商，而不是全部采用厂商分片区自营销售呢？这是由于生产商与经销商各有各的优点，两者结合能够优势互补，节约社会资源，降低厂家的销售成本。一是当地经销商比较熟悉当地的经营环境，能够较快了解并熟悉下游厂商的基本采购情况，由经销商负责销售终端，上游生产厂家不可能到处建立自营分销渠道覆盖整个国内国际市场，也没必要浪费资源，也不好对那么多的外派销售人员进行管理。而且下游许许多多的小型厂家也不可能直接去厂家进货，批量小且价格没什么优惠，还不如从经销商处采购更加便利优惠，中间贸易商充当了批发商功能。二是中间贸易商间接地充当了厂家的销售人员，间接地履行了外派销售职能，厂家也没必要培养那么多销售人员去覆盖整个市场。三是从资金使用效果来讲，生产厂家通过经销商来销售，现金流更加稳固，结算更加简单，拖欠货款的比例会缩小，销售批量较大且易于运输管理。四是经销商更能够推广产品的品牌溢价效应，宣传品牌简单，效果更好。

大宗商品生产厂商积极支持经销商并与之建立战略合作关系的根本原因是，在产品流通中经销商能够为生产厂家提供价值链的增值服务。这表现在两个方面：降低了交易成本，放大了企业价值或产品的价值。为什么交易成本会下降呢？这主要是在“财务成本、时间成本、沟通成本”等方面会比生产厂商自己完成要有所节余；而经销商的增值服务主要是在促进产品流通过程中承担一些与销售有关联的辅助工作，如客户拜访、产品宣传、品牌维护、售后服务以及经常性提示等等，使得生产厂商的产品能够以最优秀的形象展现给分销商、零售商和下游厂商。

例如，作为生产厂商的中泰化学把某一区域的大宗商品PVC的代理经销权交给某一个贸易商时，希望中间经销商更多地关心自己的产品，不仅促进自己生产的产品正常流通，也能提供一些别人或别的厂商产品不能提供的流通之外的功能服务（物流运输、供应链金融质押贷款、信息咨询等），其实这也是经销商实行的一种差异化的销售服务。这种差异化门槛不高，该功能也会被其他厂家的分支机构所替代，因此生产厂商寻找的经销商一定是具有规模效应，在当地区域有很大产业影响力的贸易商，他们能够做到交易成本比厂家自营更低，开拓市场更好，客户满意度更高。否则还不如设区域总代理的经销商进行分销。从表面来看，经销商的作用是分销，但从此模式可以看出，经销商能够为大宗商品生产厂商和下一级分销商、下游厂商等消费者尽可能便捷地提供产品多样化选择，最大限度地节约生产厂家的流通成本，为下游厂家客户或二级经销商提供高质量的流通体验与采购体验，提升流通效率。经销商不但能提供厂家或者其他人没有的服务，而且能够把这些服务做得更好。

从流通理论来讲，为上游生产厂家提供差异化流通服务需求是创造价值并赚钱的内在驱动力，经销商赚钱的根本原因是厂家存在需求，经销商满足了厂家的许多需求。生产厂家将主要力量放在生产环节，为了积极推动供给侧改革，需要加大产业产品研发与市场调查研究力度，研究不同产品的上市计划，进行企业战略转型设计，对区域市场份额及老客户进行维护，需要开拓新的市场与新的客户，这一系列的工作需要生产厂商完成，由于人财物力有限，其中一部分工作完全可以交由经销商来做，因此经销商就有了很多发展的机会。经销商可以“倒推产能管理”，即把下游厂商的各种需求按照优劣势进行大数据分析，确定赢利点，再根据下游厂商的生产加工投入规模、产品结构分配等现实情况，做好分类指导、分类管理，提高未来精细化分销的盈利能力。

根据以上分析，从生产厂商视角来看，经销商对厂商具有以下作用：

第一，经销商建有完备、规范、立体的分销渠道，且能够贴心对渠道进行维护管理，使得上游厂商的产品顺畅流通于下游厂商与二级分销商之间，流通效率得到保证，提高了下游厂商与二级分销商的产品满意度与忠诚度。由于大宗商品使用久了就会对商品本身更加熟悉，调整生产线时不用调节太多的工艺设备，生产工艺还有个使用产品的习惯问题，因此忠诚度比较好控制。经销商能够跟进推广生产厂商的产品品牌，执行厂商的销售政策，积极主动拓展市场空间，提高市场占有份额。经销商与厂商能够荣辱与共，分担一部分渠道投资，人财物力投入及时并承担一定的市场不确定条件下的交易风险。

第二，经销商作为独立法人，经营自成体系，管理能力与战略规划能力较强，能够及时解决市场交易出现的各种烦琐问题。大多数厂商希望经销商与下游客户沟通到位，自行解决售后问题，不给厂商添麻烦，自己渠道与片区的销售问题自行解决，把厂商销售出现的问题(如“客户投诉问题”“窜货或私下促销”引起的价格危机)当作自己的问题。经销商具有科学的机制来加强对市场价格波动的防范能力，自己作为独立法人具有较完善的法人治理结构，组织架构和功能齐全，资金融通与财务管理也具有较完备的能力。经销商销售灵活，能够不断寻找各种有效方式进行促销，拓宽现有销售渠道，改变产能过剩、销售不旺的局面，用新的贸易方式吸引下游厂商采购，满足购买者各种各样的需求。经销商一般在当地有很好的人脉关系，资金信贷充足，贸易实力很强，社会关系基础以及商业贸易口碑都很好，具有一定公关能力及应急经验，能够解决生产厂商影响力达不到、较棘手的问题，至少比厂商自行沟通并解决问题的成本要低得多。经销商在信息搜集、整理、处理方面具有方便快捷的优势，能够准确详细掌握当地市场信息，并按照生产厂商要求的模式及时向厂商市场部门反馈，便于生产厂商进行销售政策调整或其他决策使用。经销商与厂商建立战略合作关系之前一般都经过了长时间的贸易业务往来，双方企业文化较融合，能够建立与生产厂商比较一致的主流产业价值观，能够遵守双方协定的有利于生产厂商持续发展的市场秩序，实行销售政策，企业在配备销售人员对接经销商时，也基本能够考虑到经销商的感受与合作的契合度，提高了双方的黏合度。

除此之外，经销商对下游厂商以及二级分销商也具有一些重要的作用：一是经销商能够以最低或者较低的下游厂商及二级分销商觉得合理的价格出售大宗商品，购销过程快捷方便，不会发生“缺货、假货、次货”等损害对方利益的事件。产品购销后能够全方位、全天候为下游厂商及二级分销商提供及时、周到、全面的售后服务，为他们提供准确的产品规格与销售信息，并及时解决售后遇到的产品、物流、结算等各种问题。二是经销商在分销产品时具有强大的销售支持，且盈利能力强，对前景预期好的产品能够有较好控制与把握，产品分销权稳定，有利于维护双方贸易关系。经销商对区域市场管理能力较强，贸易实力较强，势力范围影响大，能够保证销售利润稳定，对“窜货或无序竞争促销”的不良行为能够及时监管并打击，维护局域市场的稳健发展。三是经销商能够主动调动二级分销商的销售积极性，广泛“扫楼”“撒网”销售，激发分销商赚钱的欲望以及创新性拓展销售渠道，开展客户研究。分销商会越来越注重经销商的经营管理、营销创新、渠道推广、素质提升、品牌传播等许多方面能力展示，也更重视在与经销商合作中获得的业务指导。分销商希望经销商为他们向厂商争取更多的销售优惠政策并将利益适当分配到产业链的下游厂商或客户，希望及时将生产厂商的销售政策信息变动传达下来，尤其是价格调整信息等。

因此，大宗商品大部分产能是由经销商完成的，中间贸易商的存在，提高了大宗商品产业的流通效率，节约了流通成本。在该模式中，贸易定价也是基本与物流运输结合在一起的。

3. 积极推行贸易定价与物流运输相分离政策

(1)定价权与物流运输权“两权分离”的设计与运作

在以往的传统销售模式中，不论采取何种模式，只要贸易合同成立，贸易定价与物流运输就固化在这个贸易要件中，“两权”是统一的。经过多年的实际运作，我们发现可以逐步实施“两权分离”，即将大宗商品现货交易过程中的定价权与物流运输权分离。定价权主要是由生产厂商与贸易商共同控制的。大宗商品一般都是资源型商品，容易引起各方明争暗抢，即使在产能过剩的一段时间里，大宗商品依然是下游厂商重要的生产原材料，与上游厂商相比，下游的盈利空间还比较大。在传统的大宗商品贸易中，定价权主要在生产厂商这里，厂商根据市场价格进行定价，贸易商比较被动，产品滞销时很容易压库，而且占用很多流动资金，仓单以及物流过程中的库存动产也不能抵押贷款，影响企业的发展。如果把定价权分离出来，贸易商就可以通过期现结合模式进行风险对冲，由于拥有了现货控制权，因此在期货交易中对冲就不会慌，所谓“手中有粮心不慌”，在不违背期货交易规则的前提下，可以从容做多，打爆那些做空的头寸。因此，处于产业联盟平台的交易商希望能向上游厂商买断产能，在让渡利益给厂商的情况下拥有定价权（比如大宗商品 PVC 的价格按照市场每月或每季度均价上浮 50～100 元定价并结算）。通过买断产能并拥有定价权，就绝对掌控了未来产能以及价格走势，信息就处于确定状态，对未来的交易策略有很大支持，而且动产可以结合供应链金融进行仓单质押贷款，搞活物流、信息流、资金流等，整个贸易或交易这盘棋就搞活了。

而物流运输有时会通过自营运输车队，但也还是离不开社会物流（铁路、海运、河运，其他非自主公路运输车队等），而且主要物流运输靠社会物流功能来完成。实际中“两权”已经处于一定的分离中，协调起来会比较困难。其实对大宗生产厂商来说，销售职能中很大一部分是忙于和铁路车皮、物流运输等企业打交道，投入的人财物力很大，而且效率不高。贸易多样化以及管理专业化，使得拥有更多物流优势和更强能力的社会专门综合物流机构掌控了很大部分的物流运力与物流信息资源，实际上掌控了大宗商品物流的控制权，这直接导致了“两权分离”的运作可能。

但定价权与物流运输权分离也会带来物流监管的问题，由于生产厂商与贸易商失去了物流控制权，在保障物流效率，保护流通产品的品质不受损坏以及约束物流交货期方面，就要加大物流监管。在以往的业务中，中泰化学和合伙人共同发起专门成立了中泰蓝天物流有限公司，负责综合物流职能，在 2016 年非公开增发全额收购了蓝天物流的资产，使之成为中泰化学的子公司，并逐步推动蓝天物流向综合能力提升的供应链物流公司转型。如何监管拥有控制权的物流运输经营者？采取利益相关者战略联盟的方式，以资产为纽带，以利益最大化为目标制定经营决策机制，用委托代理理论作为指导，使利益与承担的风险对等。厂商的经营状况和资金使用情况及时与综合物流公司（第三方物流公司或第四方物流公司）实行信息共享。物流公司负责大宗商品的运输与仓储，对物流信息绝对掌控，可能会出现为追求自身利益最大化而伤害利益相关者的利益，观念不一致，业务方式不一致，从而伤害合作者利益，诱发风险。因此要加大战略合作平台的治理，建立科学的激励与监督机制。

在大宗商品运输业务合同中，厂商与贸易商是“委托人”，综合物流公司是“代理人”。委托代理理论认为：“代理人是自利的经济人，具有不同于公司所有者的利益诉求，具有机会主义的行为倾向。所以，公司治理的中心问题就是解决代理风险问题，即如何使代理人履行忠实义务，具体地说，就是如何建立起有效的激励约束机制，督促经营者为所有者（股东）的利益最大化服务。”因此规避风险的方式就是明确利益相关者各自的职责，作为大宗商品生产厂商的上市公司，要在保障股东利润最大化的同时，认真考虑上游供应商、中间经销商、二级代理商、物流公司、员工、债权人、下游生产厂商等一系列主体的利益诉求，制定共同的利益目标，肯定各种经济组织存在的价值，建立有效的机制，匹配各方责任、权利、义务。

(2)“两权分离”有助于大宗商品物流模式创新

大宗商品贸易定价权与物流运输权分离，有助于大宗商品物流模式的创新。大宗商品海铁联运的方式越来越为生产厂商所采用。海铁联运是指具有全程提运单的海运进出港口集装箱货物，经铁路运输中转的转关运输物流模式。海铁联运是连接港口与内陆腹地的一条快捷运输通道。大宗商品生产地大多数分布在远离海洋的内陆地区，就拿 PVC 来说，其主要分布在我国中西部地区的新疆、内蒙古、宁夏、四川等地区。而 PVC 的主要消费地在位于沿海发达地区的华东、华南、华北地区。对于中小型港口而言，国内腹地许多区域同时也是其他大型港口（如上海港等）的目标腹地，货源有限，竞争十分激烈。中小型港口如果不加快海铁联运发展速度，就会错失更多的抢占新兴货源市场，抢争优质客户的良机。因此，中小型港口纷纷布局各自的海铁联运网络体系拓展港口腹地。长三角、珠三角以及环渤海湾三大经济区都是凭借港口驱动促进经济发展的，各个区域的港口竞争也非常激烈，如图 7-6 所示。

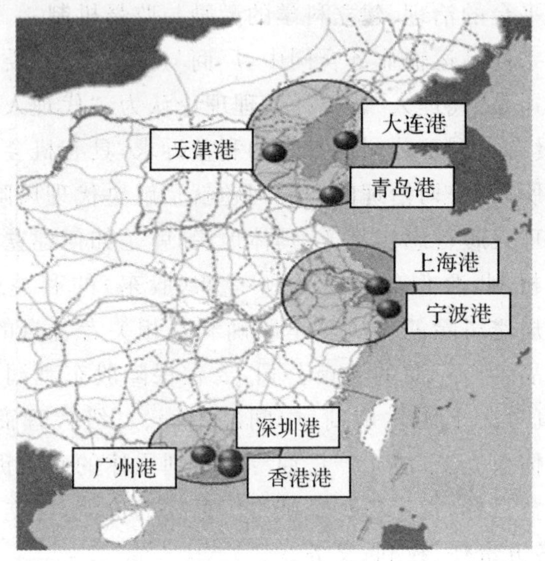

图 7-6　主要经济区促进经济发展的多港驱动格局

大宗商品海铁联运空间巨大是由于市场空间广阔和该模式的巨大发展潜力。一方面，随着西部大开发、振兴东北、中部崛起等战略的实施，我国内陆地区的经济将获得快速发展，为大宗商品物流带来新的发展契机。另一方面，近年来，中小型港口集装箱和货物吞吐量都持续快速增长，但海铁联运所占比例却很小，赋予了这种综合运输模式巨大的发展潜力。

目前，大宗商品海铁联运的基础条件已经具备。一是海铁联运网络体系基础设施平台初具规模，平台与体系逐渐完善，联运网络体系初步形成，并形成较为稳定的大宗商品货物通道。二是海铁联运硬件、软件及服务水平不断提高，海铁联运的硬件和软件基础设施建设向高起点、高标准、高质量逐步完善。物流服务简便快捷。硬件基础设施中的铁路和列车，集装箱中心站和办理站，以及大宗货物海铁联运物流枢纽港等已经得到很大的发展。软件基础设施中的海铁联运信息系统在"互联网+"的时代也得到了跨越式发展。

大宗商品海铁联运具有明显服务体系优良的低成本竞争优势，因此构建有快捷高效、专业化、一体化的服务体系，如图 7-7 所示。

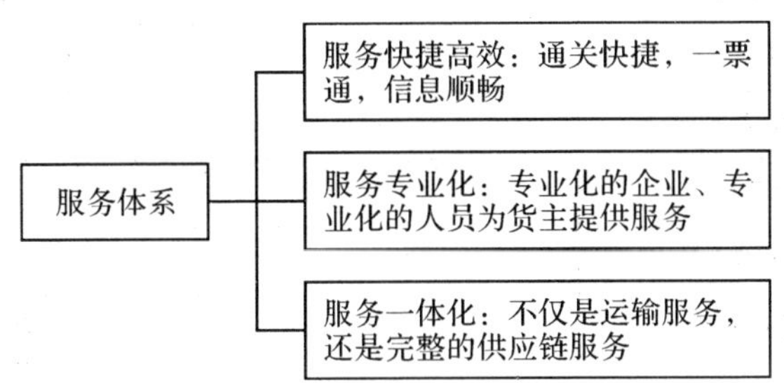

图 7-7　大宗商品海铁联运综合服务体系

因此大宗商品海铁联运面临两大机会：一是铁路目前实行的是"一口价"，铁路运价调整机制很不灵活，何况铁路车皮有淡旺季；二是内地货物回空率较高，箱体周转时间较长，既增加箱体的回空费用，又增加箱的使用成本。在这种情况下，海铁联运模式能够打造成本低的竞争优势，一是自身提高效益降低成本，实现港口和铁路"无缝"对接；二是有优惠政策支持，降低成本。下面就对大宗商品 PVC 物流多式联运业务操作做个简要说明。2010 年至 2015 年我国聚氯乙烯产能年平均增速为 4.54%，产量年平均增速为 9.58%。在产能过剩的情况下，加大了供给侧改革力度，2015 年以来新增产能同比下滑趋势明显，而产能严重过剩，导致行业竞争激烈，新增项目投产减少，同时部分老装置陆续被淘汰，各地供给侧改革的政策也限制了一部分产能，开工率有所下降，装置低负荷运转。尤其是自 2008 年经济危机后，国内 PVC 装置整体开工负荷一直维持在 60%左右。随着近两年产能增速的放缓及落后装置的淘汰，国内 PVC 整体开工率有所回升，2015 年行业开工率达到 69%。目前，我国 PVC 十大产能区的产能占到全部产能的四分之三以上，主要分布在中西部地区，如表 7-1 所示。

表 7-1　我国 2015 年大宗商品 PVC 十大产能区产能

地区	产能（万吨）	占比（%）
内蒙古	399	17.41
新疆	394	17.17
山东	217	9.46
天津	151	6.58
陕西	140	6.10
河南	110	4.79
浙江	108	4.71
四川	92	4.01
青海	74	3.20
河北	70	3.05

2015 年 PVC 十大产能区总产能达到 1755 万吨，占全国总产能的 76.48%。第一梯队（西北地区）：受能源大跌影响，新疆、内蒙古、陕西等地能源价格趋同，而内蒙古运输优势更为明显。第二梯队（华北及华中地区）：距离消费区近，物流成本低，但能源成本高。第三梯队（东北及西南地区）：周边发展为主，成本较高，受外地货源冲击较大。而国内 PVC 主要消费地是在华东、华南、华北等区域，如表 7-2 所示。

表 7-2　我国 2015 年大宗商品 PVC 主要消费地占比

地区	消费占比（%）
华东	32.38
华南	23.64

续　表

地区	消费占比(%)
华北	17.81
其他	26.17

为消化过剩产能,我国大宗商品利用“一带一路”战略,采取“走出去”方式,加大产品出口力度,向“一带一路”沿线国家出口,逐步缓解国内大宗商品产能过剩的压力,如图 7-8 所示。

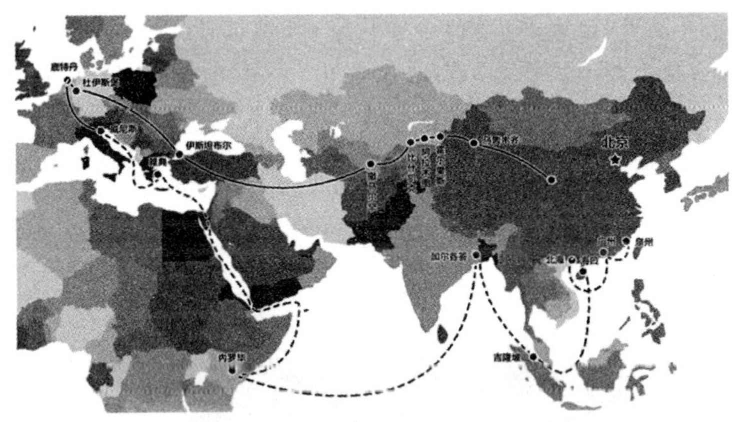

图 7-8　“一带一路”沿线国家大宗商品出口物流运输示意图

例如,中泰化学 2015 年开始立足“一带一路”战略,以国际货运班列为综合物流平台,加大俄罗斯及中亚五国大宗商品外贸市场的开拓力度,开通“乌鲁木齐—俄罗斯”的“重去重回”① 国际货运班列,极大地促进了公司 PVC 的出口,成效显著。扩大出口的措施就是打通通道后深入了解沿线国家的需求,紧密

① 重去重回是指物流运输中的循环,即不会满车去,空车回,达到来往满载,增加效益,降低成本的作用,如果重去重回是 100%,即是最好的,就是每次出车,都有效益,否则空车回,会增加成本,包括油费、路费、折旧、人力、物力、车辆调度及其他成本,没有效益。

围绕合作，为他们提供个性化的产品服务，深化交流，合作共赢。PVC 的供应结构会受制于我国能源结构，未来我国电石法 PVC 仍将占主导地位，占到 80%以上，但受制于电石生产供应及环保压力，乙烯法 PVC 仍将有一席之地，特别是在高端制品领域（如医用、食品包装、高档管材管件等领域）。电石法要在高端 PVC 制品领域不断取得供给侧结构性改革的成果，才会不断获得发展。在供需缺口方面，产能过剩矛盾短期内难以明显改善，环保将成为化解产能过剩的重要力量。目前新疆有两家主要的大宗商品 PVC 生产厂商（中泰化学、新疆天业），共有 320 万吨产能，其中疆内消费 25 万吨，中亚出口 40 万吨，还有约 260 万吨出疆。运输方式通过铁路车皮运输与行包运输，海铁联运近年兴起，运输线路如图 7-9 所示。

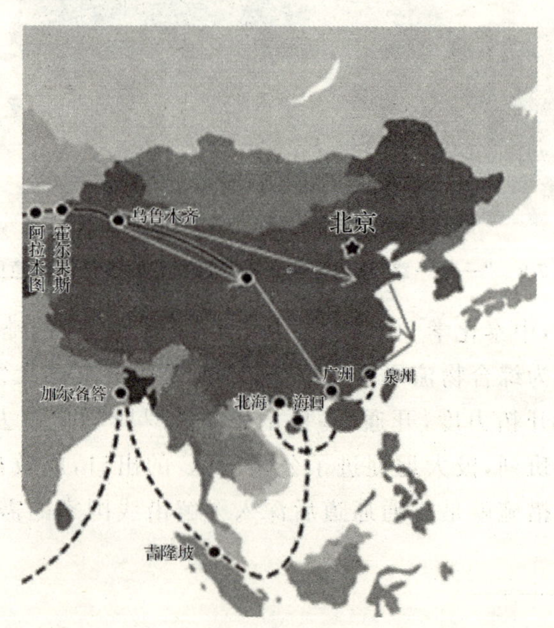

图 7-9 中泰化学大宗商品 PVC 多式联运与传统运输路线比较

铁路运输到北京后，经天津港、京唐港转运至广州或厦门。

原来传统运输路线是兰新铁路—郑州—武汉—广州(每吨 PVC 铁路运费 750 元,不包括车皮申购公关费、短途公路运输费),在大宗商品贸易实际操作过程中的多式联运的路径是兰新铁路—郑州—北京—京唐港—港口集装箱运输—广州港。模式变化会引起综合运费、运输时间变化,服务模式也会发生变化。路程长了,有时候成本却下降了。因为铁路旺季时恰好走淡季的港口运输,而且是“门到门”服务,自然节约了成本。

大宗商品 PVC 从乌鲁木齐运输到广州,传统铁路运输需要大约 14 天,运费约 750 元/吨,实行一站式服务模式,但运能会随着季节变化,车皮隐性公关费用不可预测。如果采取海铁联运,时间约一个月,运费略贵(优惠后),享受“门到门”服务,运能会因为整合资源而调节运力。因为时间周期太长,价格下滑阶段严重影响大宗商品销售价格,因此需要将物流运输权交由第三方物流公司控制,他们会调剂好运能以及分批次交货时间,能够得到更好的物流效率,也满足了开展多式联运的综合物流公司货源运输的需求,最终较好地实现了双赢多赢的局面。

三、开展全产业供应链的物流金融服务

1.开展物流金融综合服务是大势所趋

随着经济全球化不断发展,企业经营无国界化的趋势日益明显,经营国际化和经济一体化已经成为市场竞争的主要态势,为了更好地满足客户不确定性的个性化需求,满足大宗商品下游厂商以及经销商客户越来越短的产品交货期的要求,建立高效供应链系统已经成为企业培育竞争优势的关键。供应链管理能力已经成为推动中国产业升级的重要因素。鉴于目前我国物流业发展环境与美国物流业 20 世纪 80 年代的发展环境极其相似,借鉴美国 20 世纪 90 年代以后物流发展特征,供应链整合必将成为我国物流业发展主流,也是企业流程管理、流程再造的一个

重要研究领域。供应链整合如果能够适应企业专业化生产所需的专业化物流服务，能够适应企业精益化生产所需的精细化服务，则将会获得更大发展空间。

为了赢得竞争，很多大宗商品相关企业努力整合供应链上的合作伙伴来获得更大的协作绩效。由大宗商品上游厂商、综合物流服务提供商、经销商、分销商、产业链下游厂商、银行等构成的物流供应链已经成为物流产业竞争的基本单元（如图 7-10 所示），物流供应链整合也已经成为物流企业竞争优势的一个重要来源。

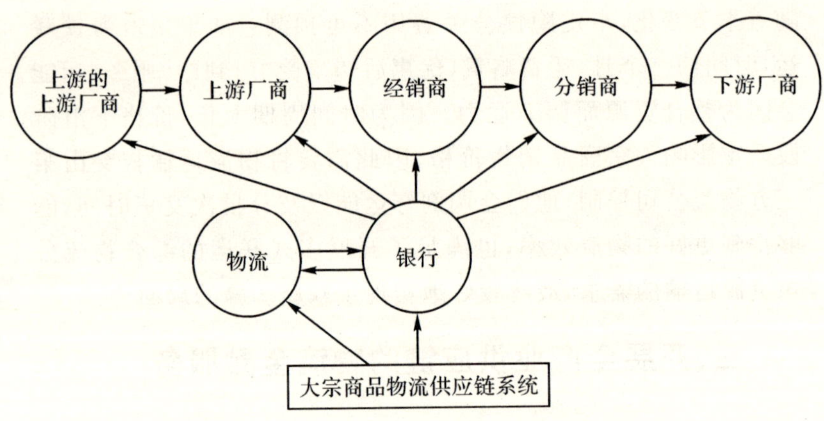

图 7-10　大宗商品供应链体系下的物流金融系统

随着经济持续发展与大宗商品供给侧改革的深入，供应链通过上游与下游间的联合而形成了一个价值创造网络，由大宗商品厂商的“工业经济”向大宗商品交易商的“服务经济”转型已经成为变革创新的趋势，当代经济“服务化”已经成为不可阻挡的潮流，供应链整合下的物流增值型业务将成为新的利润增长点，其发展水平已经成为衡量一个国家或地区现代化程度和综合竞争力的重要标志。物流金融伴随着物流产业的发展而发展，产业资本与物流资本的逐渐融合出现了物流金融这一重要而创新的领域，物流金融是物流业务和金融业务集成创新发展的新形式。站在产业供应链整合的全局高度来看,切入产业经济,提供金融服务,涉足这个崭新的领域,能够为银行、物流公司、物流服务提供商和整个经济带来巨大价值。《欧洲货币》杂志将物流金融形容为近年来“银行交易性业务中最热门的话题”。一项调查显示,物流融资是国际性银行 2011 年度流动资金贷款领域最重要的业务增长点。目前,世界上最大的船务公司马士基和世界上最大的快递公司 UPS 的主要利润都来自物流金融服务。早在 2005 年美国就积极推动银行业向物流业渗透,JP 摩根收购了美国一家物流公司,利用物流公司物流网络完善其物流金融服务,获得了良好收益。因此,研究供应链服务过程中物流资本与金融资本的融合,实现金融业与物流业之间相互价值的发现,不仅具有重要的理论意义,也必将对产业资本与物流资本的融合实践产生重要指导与借鉴意义。

2. 物流金融综合服务体系的运作框架及主要业务功能

(1)物流金融理论依据分析

物流供应链整合是指物流服务提供商与制造企业、供应链伙伴、银行等进行战略性合作和管理组织内及组织间流程协同的程度。一个典型的物流供应链包含物流服务提供商(第三方物流企业)、供应商、制造商、客户和银行。因此,物流供应链整合的概念包含五个维度:物流服务提供商整合、供应商整合、内部整合、客户整合、金融机构整合。服务集成商可以通过服务供应链整合来凝聚各类合作伙伴,通过知识共享与关系专用性投资来扩大服务创新的主体,从而使得服务创新成为聚合整条服务供应链之力来完成的协同活动,而不是某家企业的“闭门之作”。供应链整合可以通过整合不同地域、不同职能的活动来消除壁垒,从而使资金流、物流、资源和信息流顺畅流通。供应链整合定义为成员企业不同职能部门之间的互动和合作过程。供应链整合是供应商、核心企业与顾客之间为了取得各方都能满意的结果而进行的互动和合作，信息共享是供应链整合的一个重要因素。

由于供应链整合要求物流、资金流、信息流“三流合一”，因此必须借助资本市场的各种金融工具和金融产品，才能充分发挥物流产业平台的资源整合、资金融通、资本增值的功能。产业为本，金融为用，实现产业与金融的相互融合，才能够大幅度降低供应链企业生产加工成本，即诺斯①所说的转型成本。中小企业要走出产业转型与产业升级的困境，除了自身要付出努力，还需要社会提供更好的有利于提高企业供应链管理能力的服务体系，其中就包括发展创新的物流金融业务。虽然我国物流金融概念是近几年才提出的，但其基本业务形式可以追溯到100多年前的仓单质押融资（一种基于物流仓储业务而开展的金融服务）。1916年，美国政府颁布了仓库存贮法案，建立起一整套为家庭式农场融资的“仓单质押”系统规则。我国2004年才首次提出“物流金融”的概念，但物流金融相应的业务研究早已开始，陈淮（1987）率先提出“物资银行”的概念和设想，把物资的流通与货币的融通联系在了一起；而后许多学者研究了“物资银行”的本质内涵、使用模式，分析了其结算效率。直到21世纪，为应对全球化市场供应链，物流金融不再仅仅是用来挖掘不同商品及产能效益的工具，还是获得金融机构授信额度以及成立独特的企业信用担保体系的重要工具。物流金融不仅把融通仓与物资银行一起进行研究，丰富和规范了“物资银行”的内涵、功

① 诺斯，全名道格拉斯·诺斯（1920—2015），生于美国马萨诸塞州，1942年、1952年先后获加利福尼亚大学学士学位和哲学博士学位。曾任《经济史杂志》副主编、美国经济史学协会会长、国民经济研究局董事会董事、东方经济协会会长、西方经济协会会长、华盛顿大学经济系讲座教授等职务。1993年诺贝尔经济学奖得主，制度经济学派的旗帜性人物，诺斯创造性的在经济史的研究中注入制度分析，以制度演进的视角，重新诠释了现代西方经济发展的历史。

能和运用，还进一步对物流金融的实务做了研究，提出了第三方物流供应商提供的两类物流金融服务模式，代客结算业务和融通仓业务，并尝试从物流金融提供者的角度转换到物流金融的客户角度来研究，系统分析了物流金融的产生和发展及业务运行模式、架构、风险等。近年来，现代物流金融服务的模式和内容得到了进一步拓展，物流金融服务的实际问题也得到重视，尤其是物流金融服务的创新和风险防范问题，物流金融进一步对抵押物的安全风险、银企沟通风险及法律风险进行了分析，并提出了风险防范的对策建议。

物流金融是商业银行基于企业供应链管理需要而发展起来的创新金融业务。它通过将核心企业与其供应链上下游企业联系在一起，结合动产，提供有针对性的信用增级、融资、担保、结算、账款管理、风险参与及风险回避等金融产品和组合服务，可在为企业盘活资金流的同时提高企业供应链管理的质量和效率。物流金融是商业银行信贷业务的一个专业领域（银行层面），也是企业的一个融资渠道（企业侧面）。供应链金融目前已经出现多种典型的业务模式，它们包括但不限于进口业务、出口业务、保兑仓、境内外物流、海陆舱和池融资等。在面向物流业运营过程中，为物流产业提供信贷资金等金融服务，有效组织和调剂物流领域中资金和信用的合理运动，达到“三流合一”，促进社会商品流通，提高全社会商业价值。

物流金融理论是从研究物流开始的，1999 年美国 UPS 公司成立了专门的 UPS 金融公司，标志着物流金融的研究与应用进入一个新的发展阶段，有效地融合物流、资金流与信息流，全方位地开展物流金融服务业务。在国外，物流金融也被称为供应链金融，是指供应链上的参与方（企业）与供应链外部的金融服务提供者（银行等金融机构）为实现供应链的目标，建立协作关系，有效整合了物流、信息流及资金流，以及供应链的进程、参与主体及资产，就形成了供应链金融；资金流的管理与其他如采购、研发、配送等过程的协同能够明显改善或促进供应链要素的增值。在全球化外包的背景下,供应链金融是商业成功的必要组成部分,对优化供应链的资金流,加快资金的流转速度,以提高供应链整体的财务绩效具有重要的作用。供应链金融的内容分为订货周期管理、资金管理和固定资金管理三部分。物流金融从企业实务领域逐渐发展到理论研究领域,企业实际运作中的仓单质押融资业务模式和流程,以及仓储及监控方式是重要的业务内容,可以通过物流金融订单融资业务解决融资问题,以及存货管理、融资和物流配送等服务业务流程问题。物流金融与供应链金融在概念、内涵上有一定交叉,但业务流程区别不大,主要是视角有所不同,供应链金融业务是银行主导的一种资产支持型信贷业务,而物流金融则是由物流服务提供商主导,有效整合供应链上的物流及相关资源,为客户提供金融服务与供应链管理无缝对接的解决方案。物流金融是多方参与主体的核心竞争力,在强化风险的基础上,最大限度地拓展业务的市场空间,实现物流服务提供商、供应链参与企业、银行之间的多赢格局。现代物流金融在物流产业中的职能主要体现在物流设施的投融资、物流保险、结算支持等方面。

(2)大宗商品厂商开展物流金融综合服务的重要意义

由于是从大宗商品产业链的角度来设计综合服务商的物流金融系统的,因此,不论是从“制造供应链”中的产业物流角度出发,还是从“服务供应链”视角来研究大宗商品物流金融服务模式创新,在下文中我们都统称为“物流金融”。目前物流金融尚属于学科融合的一种较为新颖而前沿的研究领域,而且,以大宗商品供给侧改革的主体对象生产厂商为研究主体,对研究其物流金融服务模式创新具有很重要、很急迫的实践意义,因为促进大宗商品物流金融业务跨越式发展,是推进产能过剩的大宗商品供给侧改革,促进大宗商品产业链各个利益相关者的多元化业务有效开展,实现产业与金融资源整合以及拓展服务功能的重要举措。探索“产融结合”的大宗商品流通体系改革也是整合大宗商品产业链优势资源，提升综合竞争力的重要路径。大宗商品生产厂商作为物流金融业务的实施主体，如何整合产业优势资源，发挥交易市场在期现交易、供应链金融服务中的骨干作用和价值创造能力，建设与大宗商品交易平台相适应的“物流金融综合服务体系”，是未来大宗商品厂商竞争的重要发展战略。

融资是物流链中的重要环节，物流伴随着相应的资金流动，必然产生金融服务的巨大需求。实体经济与贸易经济的发展都离不开金融支持，要实现大宗商品供给侧改革的目标，必须强化金融和信息支撑。发展物流金融服务，不仅能够支持综合物流体系的转型升级建设，还能够促进大宗商品物流效率的提高。物流金融工具在大宗商品贸易业务中运用的驱动力也是来自于企业实际发展的需要。大宗商品物流金融服务体系能够较好满足多方参与主体利益的物流金融发展需要，物流金融综合服务平台也是大宗商品综合服务商的重要职能。

(3)大宗商品物流金融综合服务平台体系的设计与运作思路

①大宗商品物流金融综合服务平台的一般功能

作为国内行业最大的大宗商品 PVC 生产厂商，中泰化学积极响应“一带一路”战略部署，加快 PVC 供给侧改革，做大做强产业一体化，优化产业结构，致力向“煤化工、大宗商品贸易、综合物流、供应链金融”等产业板块战略转型，形成新的产业空间，增加利润增长点，打通全产业链，转变经营模式，推动“三链——产业链、供应链、价值链”向中高端服务升级。中泰化学在 2016 年 4 月 13 日晚间对组建与物流金融系统配套的保理公司进行了公告，拟利用上海自贸区给予中外合资保理企业的相关优惠政策，联合中泰国际发展(香港)有限公司(中泰化学的全资子公司)以现金方式发起设立“上海中泰商业保理有限公司(暂名)”，共同投入 2 亿元注册资金，其中中泰化学出资 1.02 亿元，绝对控股，股权占比为51%；中泰国际发展（香港）有限公司出资0.98亿元，股权占比为49%。新成立的公司通过大宗商品物流金融综合服务平台为中泰化学及下属子公司、上下游生产厂商、经销商（交易商）等提供物流金融动产质押服务。因此中泰化学作为核心企业之一对构建大宗商品物流金融综合服务平台具有重要的作用，平台各方利益主体主要包括系统核心服务商、客户、金融机构，如图7-11所示。

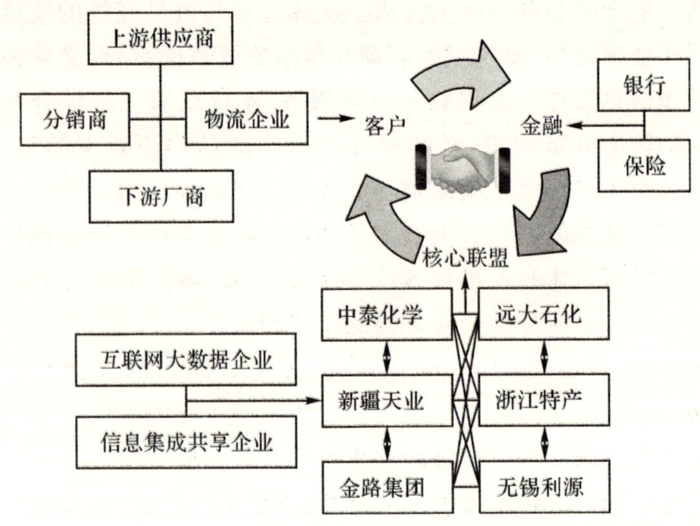

图7-11　大宗商品物流金融综合服务平台

在以上平台中，核心联盟企业群主要是行业龙头的生产厂商、交易商、经销商、互联网大数据及信息化集成企业。生产厂商包括但不仅限于中泰化学、新疆天业、金路集团，交易商（期现结合模式的贸易商，以期货交易为主）包括但不仅限于远大石化，经销商（规模较大的区域代理商，不含二级分销商）；客户包括综合物流企业（蓝天物流、中远物流等）、上游供应商（电石、煤炭、能源企业）、下游生产厂商（塑料企业等）、分销商（规模较小的二级代理经销商）；金融机构主要是能够开展物流金融服务的银行与保险企业。

大宗商品物流金融综合服务平台提供优质个性化的服务给大宗商品需求者，同时整合产业资源、社会资源，延伸了产业链服务功能，压缩了大宗商品流通环节，降低了销售与采购成本，提高了流通效率，促进大宗商品专业化、产业化、集群化发展。互联网大数据信息集成是服务平台的重要部分，大宗商品交易市场（现货与期货市场）信息资源整合，能够对平台结构功能流程再造，互联网与信息技术的发展，使得经过分析与处理的信息能够及时共享，有效促进"商流、物流、资金流、信息流"的统一，有利于各个环节的分类指导与控制，有利于平台功能的发挥。

大宗商品物流金融综合服务平台是一个专业化、集成化的大宗商品交易合作联盟企业群，是一个交易业务运行的组织，具有代理采购、物流运输、仓储、装卸装运、简单流通加工、配送、信息共享等功能。大宗商品生产需要运输上游原材料到生产车间，生产出来的商品原材料也需要运输到经销商或下游厂家的仓库里，因此运输是平台的基本功能。第三方或第四方物流公司具有强大的物流技术与物流装备，运输组织及运输方式先进合理，作业规范，能够有效率地完成运输任务，安全、及时、便捷、价廉地将货物运输到目的地。但有一些货物需要储运后分销，专业的综合物流公司仓储能力强大，可以降低压库，节约流动资金，减少仓储成本，为经销商、分销商、下游厂商提供仓库管理代理服务，通过红外识别、条形码技术、立体货架、库房信息化管理等现代管理工具进行周到的现场管理，通过信息终端与产业链相关的用户采购系统与库存管理系统进行协同对接，为供应商提供高效的库存管理与采购管理服务。专业物流公司具有先进的装卸搬运装备，贯穿了"运输、储存、流通加工"等环节全过程。平台的流通加工比较简单，因为都是大宗商品原材料，很少需要浅加工，主要是一些散装转包装、包装破损再包装的服务。由专业公司来做工期快、服务好、成本少，有利于实现"门到门"配送服务,解决了干线与短途运输衔接的问题,满足了客户对整个运输物流过程“省事、便利、安全、高效、放心”的要求。专业公司通过信息系统及时采集大宗商品生产及物流环节的各种实时信息,深度整理分析后及时传递分享给平台中每一个个体,并提供一些产业政策、行业发展预测等信息咨询服务。

②大宗商品物流金融综合服务平台功能设计

根据目前企业发展实际情况,以中泰化学等企业为核心的大宗商品物流金融综合服务平台集中力量建设以下几个功能载体:

第一,交易功能。上游厂商、上游的上游厂商、经销商、分销商、下游厂商、综合物流企业、银行、保险公司等各方利益主体纷纷进入平台体系中,开展贸易、交易、物流、金融信贷、保险等业务。第二,中转仓储功能。建设中转库、交割库,购买重要设施进行物流与仓储作业,促进大宗商品交易。第三,简单流通加工及配送功能。成立再包装加工部和配送服务部,先服务于平台的企业群,而后逐步向全社会开放并提供高质量的服务。第四,融资功能。积极与金融机构(中国银行、农业银行、交通银行、广东发展银行、浦东发展银行、兴业银行、宁波银行、中信银行、新华保险、太平洋保险、金融租赁公司)开展物流金融业务,配合金融机构开展供应链金融的动产质押及监管业务。第五,信息处理及价格发现功能。大宗商品交易其中一项重要的功能就是大宗商品的价格发现,平台建成后,将形成一个与大宗商品交易相关的产业信息“蓄水池”,这里将开展大宗商品的购销、中转、物流、仓储、交割、交易等业务,大数据信息可以为产业链的所有客户做决策参考,对稳定大宗商品现货价格与期货价格具有重要作用。

③大宗商品物流金融综合服务平台的主要物流金融模式

在我们设计的平台系统中,物流金融业务边界是十分宽泛的,是与整个产业链活动相关的,主要包括“存款、贷款、投资、信托、租赁、抵押、贴现、保险、期货交易、金融中间业务”等物流金融模式。

第一种模式是大宗商品现货仓单质押模式,也叫作现货质押或融通仓模式,是一种“先货后票”的模式。它由监管方(以中泰化学为核心企业共同构建的服务平台机构,以下简称“中泰平台”)、出质方(各种客户,包括上游厂商的供应商、经销商、分销商、下游厂商)、金融机构(银行、保险公司)签订“三方合同”,开具动产存货抵押凭证及仓单凭证,向银行申请授信额度进行动产质押贷款并发放给产业链各个环节急需资金的企业,主要功能框架如图7-12 所示。中泰蓝天物流业务流程如图 7-13,7-14,7-15 所示。

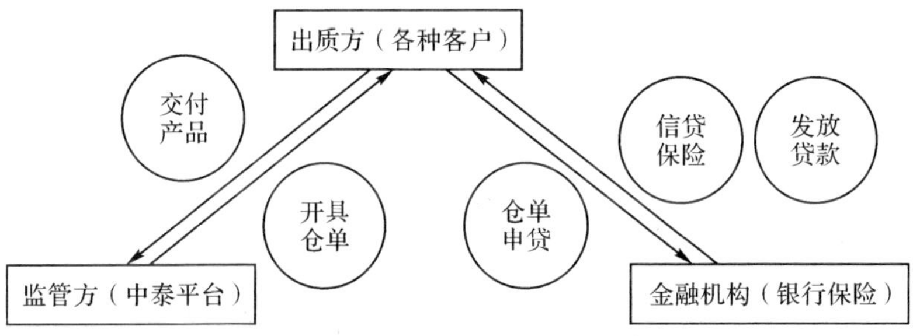

图 7-12　大宗商品现货仓单质押功能框架

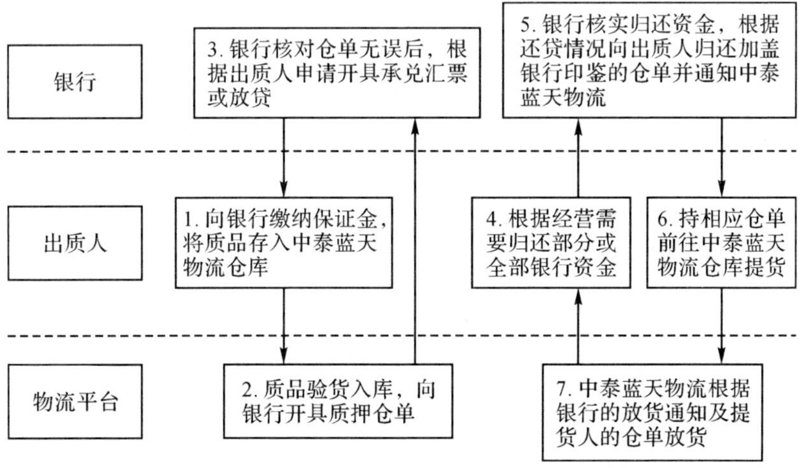

图 7-13　中泰蓝天物流大宗商品仓单质押业务流程

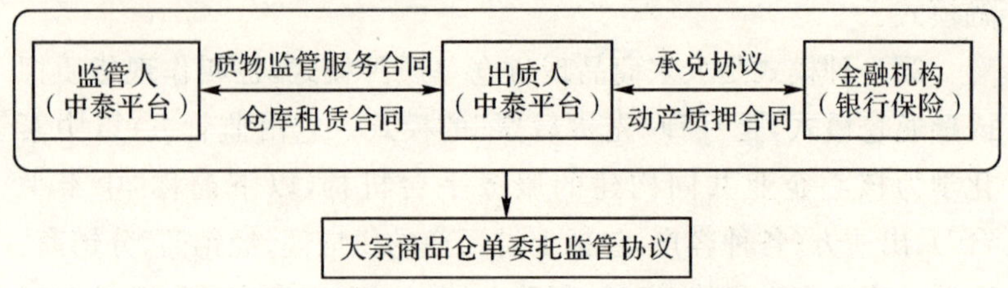

图 7-14　中泰蓝天物流大宗商品仓单质押业务协议与合同流程

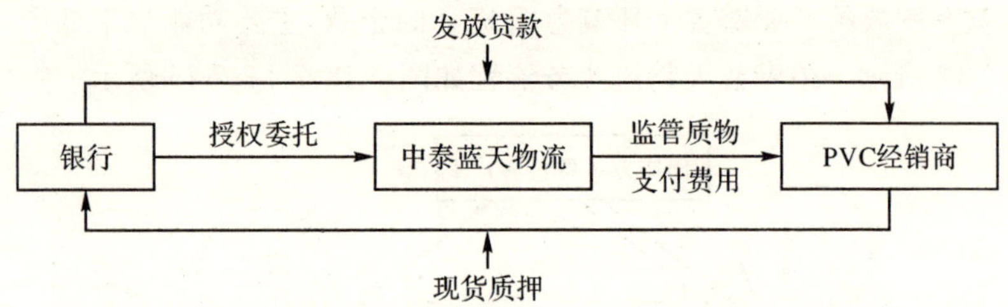

图 7-15　中泰蓝天物流大宗商品仓单质押业务贷款及支付流程

各个区域的经销商（交易商）向银行申请贷款，以其自有的已经完成采购的 PVC 货物存入由银行、中泰蓝天物流共同认定的监管点（仓库或场地）作为质物。中泰蓝天物流接受银行委托监管经销商银行质押的货物仓单（提货单），如图 7-16 所示。

仓单质押模式非常适合大宗商品交易过程中的各个利益相关者，因为大宗商品贸易占用资金很大，客户都有银行正常信贷之外的物流金融融资需求，而且大宗商品货物品种及数量很容易统一，也很容易变现。这种模式是如何营利的？对于客户来说，大宗商品流动原材料商品可以为出质方（客户）实现动产质押贷款，既盘活了资产，又实现了融资。对于金融机构来说，银行拓宽了动产信贷业务，保险公司拓宽了投保业务领域，两者都增加了赢利点，也提升了综合业务服务的竞争力。平台系统还可以收取客户一定的仓储及保管费用，还能收取一定的开展物流金融的佣金服务费。

第二种模式是“厂商银”合作模式，这种模式也叫作保兑仓

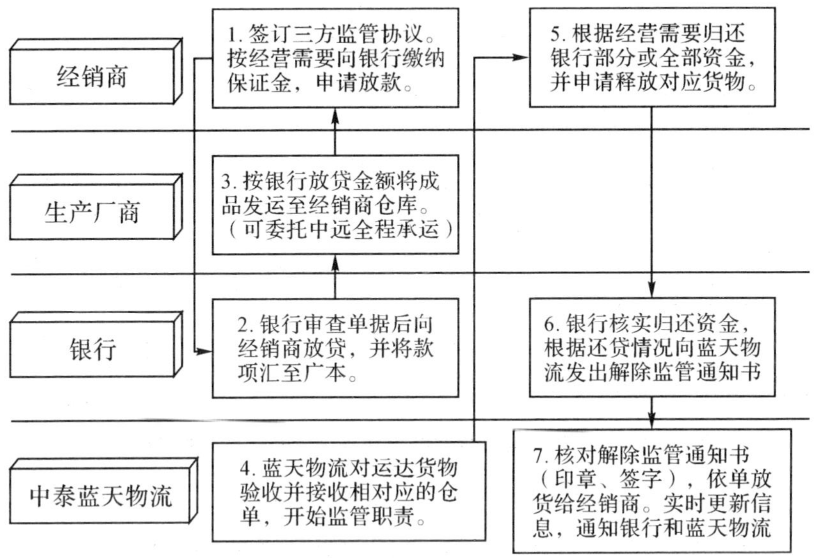

图 7-16 中泰蓝天物流大宗商品仓单质押业务监管流程

模式，是一种“先票后货”的模式，恰好与现货仓单质押模式的“先货后票”相反。它由大宗商品厂商（中泰化学、新疆天业、浙东型材等）、交易商（远大石化、无锡利源、浙江物产等）、银行签订三方协议，贸易商（经销商、期货交易商等）首先与大宗商品厂商通过业务沟通确定现货采购品种、采购批量、交易价格，签订贸易合同。随后贸易商申请银行承兑汇票并向银行支付保证金（全额货款的 30％～50％）或用现货进行质押，银行收到保证金或质押货物后（质押货物通常交由第三方物流公司运输并监管），银行开出承兑汇票给厂商，厂商再开具收据给贸易商，以方便贸易商以后开具增值税发票。最后厂商委托第三方物流公司将质押的货物运输并入中泰平台指定的大宗商品物流金融综合服务平台交易仓库（有自建的，也有租赁的仓库）。如图 7-17 所示。

这种模式利益相关者各方都能获得自己急需的利益，是一

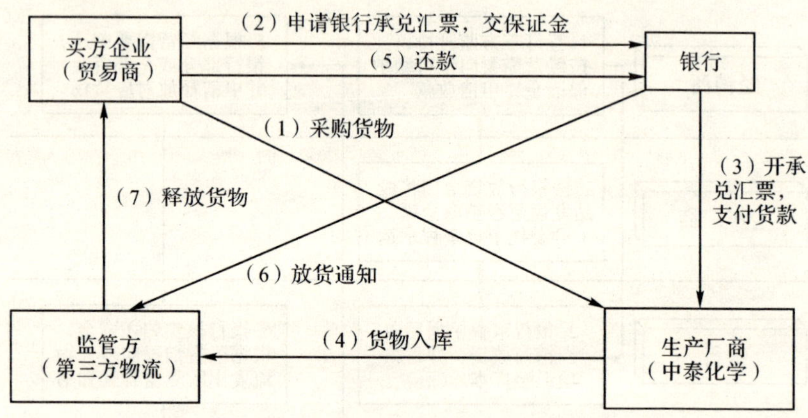

图 7-17　大宗商品物流金融综合服务平台的保兑仓交易模式

种物流金融间接融资模式，通过承兑汇票获得动产（物流过程中流动货物）质押融资，解决了企业流动资金不足的紧迫问题。而以中泰化学为代表的大宗商品生产厂商则可以通过承兑汇票现行获得货款支付，不必等贸易商付款给银行后再由银行转付。银行也增加了物流金融业务的佣金收入，而且保证金可以获得短期贷款的部分利息收益。而交易仓库也能获得一定的中转存放与库房管理的服务费，以及为银行进行质押监管收取的部分佣金。

以上两种业务也不是割裂的，可以灵活运营，例如在质押货物的销售旺季，贸易商客户可以向大宗商品物流金融综合服务平台"赎买货物"，平台先支付银行欠款并收取一定的服务费。例如在每年 PVC 销售旺季的 5—6 月，PVC 现货价格开始上涨，服务平台的交割仓库刚好存有一批质押的 PVC 货物，贸易商就可以向服务平台赎买这批下游生产厂商急需的原材料产品。这样的模式使各个交易方都有利可图，服务平台可以获得仓库租赁费与交易佣金，贸易商可以解除质押卖出商品获利，银行则拓宽信贷业务获利。以上两种模式运行过程中还可以购买贸易过程的各种保险，以便降低交易风险。运行获得经验后，以后还可以开展“代收货款”“垫付货款”等交易模式。

第三种是核定库存“水池”模式。目的是灵活动态地对待监管质押物，因为以前仓单货物不能局部处理，只能整体解决。现在这种模式可以把监管的库存作为一个“库存水池”进行动态监管，只要“库存水池”的质押库存数量符合质押合同规定的金额，就可以对库存补库及处理。这是贸易商根据核定的库存量进行动态物流金融融资的一种方式，如图 7-18 所示。

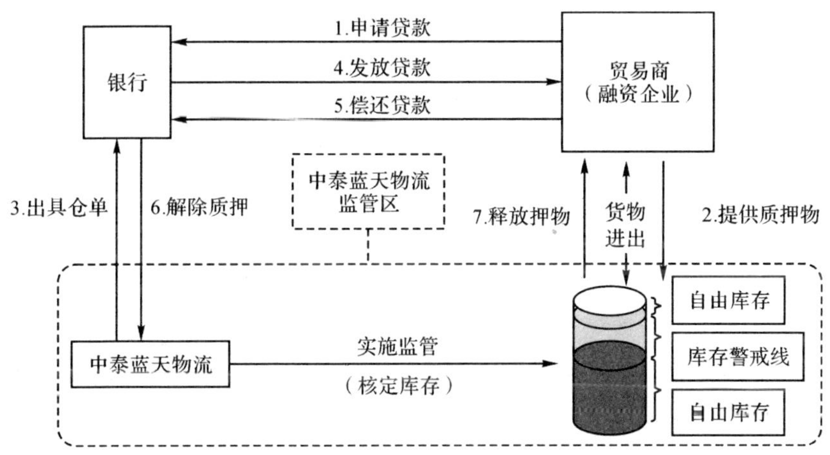

图 7-18　大宗商品物流金融综合服务平台的核定库存“水池”模式

例如大宗商品物流金融综合服务平台中的贸易商无锡利源就采取了这一模式。它是我国最早从事 PVC 贸易的中间经销商之一，目前 PVC 现货交易量每年超过 50 万吨，每月动态库存约 5 万吨，日均销售量约 1500 吨。公司货源覆盖我国 PVC 主产区，与行业前十大生产厂商关系很密切，形成了战略合作伙伴关系，分销业务遍布华北、华南、华东地区。无锡利源与国内下游塑料厂商以及二级经销商构建了长期稳定的战略合作关系，并且与其他经销商或交易商（浙江物产、远大石化等）关系密切，在整个产业链“产、供、销体系”中角色地位具有明显优势。但由于 PVC 单价成本高，占用资金大，贸易业务在整个供应链中拉得有点长，导致“前置采购时间长、物流运输时间长、渠道存货资金占用过大，流动资金压力很大”的问题出现，再加上公司还有期货套保头寸，更使得资金捉襟见肘。因此采用核定库存“水池”模式既不会影响业务正常开展，又有利于资金融通，解决贸易交易中流动资金不足的问题。我们可以先出一个授信方案，包括以下几方面的授信业务主要运作要素：

——授信主体：无锡利源集团；

——拟授信金额：人民币伍亿元（数值仅作示范，不代表实际运作的金额）；

——业务模式：供应链全程监管的核定库存“水池”模式；

——质押物：大宗商品 PVC 多种型号的系列产品；

——监管模式：库存底线监管控制型（动态核定库存）；

——监管方：中泰蓝天物流股份有限公司（核心监管方，非唯一性，监管主体还可能包括银行、保险、贸易商、交易商的代表）。

该模式的监管范围比较广泛，大宗商品 PVC 供应链动产质押过程中关联利益主体均包括在里面，贯穿从采购到销售的全部环节，是一种“多节点”“多途径”的物流金融监管模式。节点包括生产厂商库房、铁路堆场站场、多式联运中转、贸易商仓库、交易商交割库等等。监管途径除了传统的物流运输外，还包括海运、陆运的集成综合运输体系。这种模式与传统物流监管模式相比，监管仓库不定点，库存仓单不指定，是一种动态的“点（库存货物）线（在途货物）结合”的全过程全方位物流金融的监管模式。由于无锡利源作为中间贸易商，对上游厂商、二级分销商以及下游厂商进行采购与销售，具有“多节点”的供销特征，其采购的大宗商品的品种较单一（PVC 为主），即使在产能过剩的情况下，这些资源性产品的货物也很容易变现。经销商要求具有较快的货物周转，采购批量灵活且交易频繁，销售点也很广泛，因此无锡利源采用这种模式进行物流金融融资与现实大宗商品贸易具有较好的契合度。

第四种是“速贷仓”模式。目的是为大宗商品上游的上游原料供应厂商(例如PVC产业的上游原材料电石供应商等)、中小型大宗商品生产企业、规模不大的经销商等提供采购、供应、销售一体化运作的资金支持,为他们快捷提供动产质押信贷融资,并让他们享受便捷物流渠道的“门到门”服务。该模式突出快速、安全、周到、省心的服务特点,所以叫“速贷仓”。主要业务流程相对比较简单,如图7-19,7-20所示。

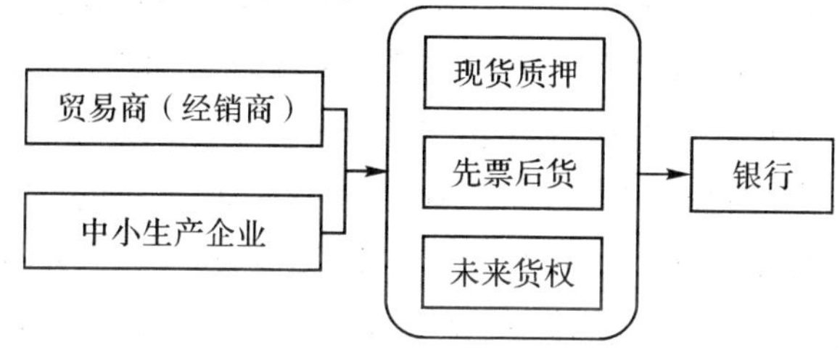

图 7-19 大宗商品物流金融综合服务平台的“速贷仓”模式

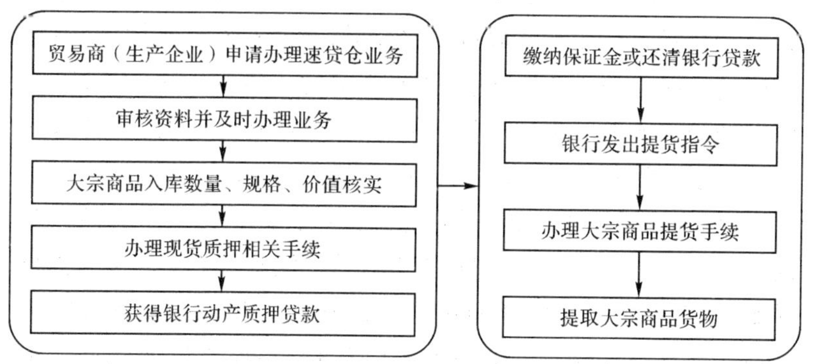

图 7-20 大宗商品物流金融综合服务平台的“速贷仓”质押流程

这种模式适合像PVC这种产业链较完整的大宗商品生产厂商以及相关的经销商(交易商),货物品种较单一,贸易数量及规模较大且货物价值也较高,很容易变现,下游市场需求也比较大,适合产业流通效率较高的产品及其流通利益相关主体。

四、深入开展"期现结合"的交易模式

1.真正理解大宗商品交易"期现结合"模式的内涵

(1)"期现结合"模式是打通全产业链的"试金石"

在产能过剩时代大宗商品现货市场风险越来越大,面对市场需求不稳定且价格波动较大的现实情况,大宗商品物流金融综合服务平台需要充分利用金融衍生工具来合理避险,并逐渐将其转为主要的盈利点,因此大宗商品生产厂商以及许许多多从事现货贸易的企业必须认清形势,逐步总结"期现结合"模式的运用经验,构建大宗商品交易平台是未来发展的主流趋势。早在五年前我国就出台政策允许期货公司成立子公司,开展"仓单服务、合作套保、定价服务、基差交易"等大宗商品交易及交易风险管理等创新业务,这些业务与现货交易密切相关,因此我国"期现结合业务"模式正式开闸。期货公司摸索多年以后,逐步开展"期现结合"业务并取得一定经验,虽然还有一些问题,但这是前进道路上的小曲折而已,未来还会深入发展下去。而后,一些以经销商业务为主的贸易公司也开展期货交易对冲风险,逐步掌握了"期现交易结合"模式的操作要领,虽然也走过了一段弯路,但在逐渐成熟。进入第三阶段后,我们认为大宗商品行业的大型生产厂商也必将通过"期现结合"模式交易转型为综合交易服务商,由传统的实体领域的厂商转型为物流金融领域的交易商。期现结合模式的业务有独特的优势,能更好地服务于实体经济,促进产业链资源优化配置,实现产业链协同效应。虽然大宗商品期货市场和现货交易市场具有很大的不同,但本质是一样的,就是交易特征一样。期货交割制度必须获得现货市场的大力支持,而通过期货市场交易也能采购到所需的现货,实现大宗商品采购的金融化。

经过多年的发展,期现结合业务促进了实体经济的发展,通过“仓单互换、场内场外期权、预售合同交易、点价交易”等方式促进了期现两个市场的良性互动,增强了期货市场影响力,越来越多的以前从事生产或现货贸易的产业厂商与贸易商加入了期货交易阵营,使得现货与期货的定价能力均得到提高,期货参与主体越来越多,实力越来越强,交易量也越来越大,能够有效地化解期货市场的逼仓风险。定价能力,也利于期货市场逼仓风险的化解。期现结合是未来大宗商品交易的大趋势,对实现产业链的利润最大化作用明显,期货作为产业实体经济进行风险管控的有效金融衍生工具,可以通过“套期保值、套利对冲交易”等操作促进期货与现货的联动与结合,再辅以“现代仓储、物流综合运输、供应链融资”创新方法更好地服务于交易商(包括上下游厂商、经销商等),还可以将大宗商品交易的国际国内市场联动操作,促进发达与欠发达区域市场的整合,促进产供销一体化,促进“期现交易”体量的扩大,实现“产业链、价值链、服务链”三链整合,提升产业核心竞争力,实现大宗商品供给侧改革目标。

(2)“期现结合”必须始终围绕供给侧改革的战略目标而展开

“期现结合”模式效果能否达到,关键还是要看对大宗商品供给侧结构性改革的战略目标理解是否能够到位。随着经济逐步走出低谷,大宗商品需求端会受到良性拉动,稳定的大宗商品需求会推动供给侧改革进一步压缩过剩产能,带来供需结构阶段性改善,从而推动了最近两个月(2016 年 6—8 月)PVC,PP,L等塑料原材料的大涨。也许有人会问最近过剩的产能去哪里了,通过走访调查行业产、学、研的专业人士,得到的结论是:一是退出了一部分产能,由于没有利润,尤其是乙烯法市场价已经接近成本价,厂家主动退出产能;二是产业链各个环节提高了库存水平。微利就压库等待转机,还有就是低潮时希望未来有转机发生，预测拐点即将到来害怕踏空所以提高库存；三是期货金融衍生工具需要一定的交割库存来操盘，尤其是做多时，因此也增加了很多压库量。大宗商品传统上游生产厂商(制造商)逐渐转向产业链中间并提供综合配套服务，但无论如何，由上游向下游延伸，关注焦点还应该是终端消费需求而不是中间商的贸易需求，才能推动“供给侧改革”深入开展下去，下游产品需求才是创新的源泉。下游实体经济会受到房地产行业的影响，呈现“正相关”变化。在以前房地产行业发展较快的情形下，大宗商品产业链对金融融资具有很强烈的需求，尤其是上游供给端扩张较疯狂，资金投资规模很大的时候，毕竟资金对产业实际需求与金融投资的需求是无法区分的，从而导致过多的产能投资项目的积累，引起产能严重过剩。

供给端与需求端有时候很容易脱节，本来需求端的需求是由上游供给端的产能扩张与产量来满足的，但是大宗商品贸易的需求往往不是其真实需求的客观反映，而是来源于金融资产的套利，带动了“虚拟型资产”的上涨。套利资本不断涌入大宗商品期货交易市场，推动了产业逐步繁荣，提高了对大宗商品终端需求的预期，而大量以商品为载体的“期现结合交易方式”的贸易实际上充当了资本流动的载体，拉动了虚假性需求，使得中间贸易成为产业联动的“蓄水池”，提高了未来商品价格的预估，现货贸易的货物大量堆积，银行大宗商品业务繁荣，这可能都是产业发展中的“表象”。例如，对大宗商品 PVC 产业来说，其上游的上游供给端(最上游供给电石矿产、电力煤炭能源资源的企业)在大宗商品产业发展大周期中很难分辨与判断发展周期结束与否，出于谨慎考虑，采取滞后投资，只有当它发现产业链需求在急速扩张时，才“一窝蜂”涌入，但这种快速跟进是受了下游需求虚假扩张的影响。上游供给快速跟进释放了大量过剩的产能，这种扩张是滞后的，是盲目的。而对于商品套利而言，管制越严，套利行为的需求就会越低，再加上银根紧缩，融资成本升高，监管加强，使得中间贸易商会逐步退出，中间库存加大，需求端也将萎缩，引起新一轮大宗商品价格下跌。一旦需求利润消失或真实利润很薄时，产业会出现“连锁性的负循环”。例如，业内很多人试图从大宗商品供给和需求角度来分析 PVC 价格的波动原因，产能过剩时产业上游的产出依然存在，市场供给增加与市场需求下降导致了 PVC 价格下跌，但价格波动的逻辑不会如此简单。因为从传统需求和供给角度很难理解价格的完整波动过程，有时候面临的都是供给增加，但价格走势却完全不同，有些价格影响因素会从金融市场(期货市场)传导过来。下游生产企业的变化也会影响 PVC 行业的竞争态势。从走访调查来看，产值规模较小(10 亿元以下)的下游塑料企业依然面临着“结构失衡、转型艰难、制度约束、信用环境恶劣、国际政治干扰”等困难。上游塑料原料厂商集中度较高，供应也相对集中，主要供应商为石化企业、煤化工企业、电石企业、电力及能源企业等，需要按计划购买原材料。中游的竞争具有一定的“区域性与垄断性”，区域经销商将货物卖给下游绝大多数生产企业，绝大部分下游企业采购任务需要通过贸易商来完成，供需很容易对接，买货难出现在一些特殊的原料上。而下游竞争较为充分与自由，塑料制造行业企业超过 1 万家，但只有不到三分之一的企业其规模能够维持在年产量 10 万吨以上。近年来塑料制品增速与 GDP 相比明显下滑。如何走出中下游企业困境，促进供给侧改革目标顺利实现，我们认为企业要做好以下几方面工作：一是加强大宗商品价格预测，即使再难，也要加强研究，综合考虑价格变化；二是加强信息共享，客观梳理价格影响因素，把握无风险套利机会；三是帮助企业走出“融资难”的困境。据有关银行统计数据得知，30%的中下游塑料企业存在资金周转效率较低的问题，由于占用资金较大，中间供应商每月 100 万的业务却需要 400 万周转资金。而 90%的中下游塑料企业资金缺口较大，融资缺口约 22 万亿元，银行一般用动产或担保来融资，但中下游塑料企业的动产变现率很低，仅 3%。这种情况下，我们需要利用期货、期权等工具来规避价格风险，同时以“供应链金融”的模式进行动产质押与变现，进行不动产融资和商业保理，更主要的是加快传统塑料产业的转型升级。因此我们要进行时空关联研究，加快供给侧结构调整步伐，迅速扩大高端产品产能，满足日益增长的需求侧的高端需求。

2. 加强大宗商品交易“期现结合”模式运作的规范性

虽然期现结合是大宗商品交易市场的未来发展方向，但由于大宗商品价格波动较大，因此规范运作才能有效规避市场风险。早期的大宗商品交易大都是“单打独斗、唱独角戏”，未来应该是一个战略联盟的时代。但是物的发展总是在曲折中前进的，不论是期货，还是现货交易，目前都还存在一些问题。据不完全统计，截至 2015 年底，国内在册各类交易场所有 650 多家，其中现货交易场所约 280 家，最近一年内有 50 家现货交易所因违规事件而主动或者被迫“暂停”交易，由此看出大宗商品交易依然存在一些乱象，尤其是大宗商品电子类交易（电子盘）还有许多问题需要严厉监管与规范。

2015 年以来我国出现多起大宗商品交易投诉。比较典型的有“浙江新华大宗商品交易中心”“福建省东南大宗商品交易中心”的案子，投资者通过问题交易中心下属会员单位进行大宗商品现货投资，造成短时间内巨额亏损。然而这只是“冰山一角”，据中国物流与采购联合会大宗商品交易市场流通分会不完全统计，截至 2015 年底，我国大宗商品电子类交易市场共计 1021 家，同比增长 38.2%，实物交易规模超过 30 万亿元。大宗商品电子类交易市场在发展过程中一直发挥“优化资源配置、提高流通效率、促进转型升级”的重要作用，服务领域也不断扩大，贯穿整个产业链。有些非营利性机构的现货交易所为了追求赢利而放松了对市场会员的监督管理，放松了对交易者的硬性约束，鼓励投机，引发“市场高成交，低交割”“业务员夸大收益以及欺诈行为”等诸多问题。在资金托管、交易边界、交易对赌等方面还有比价明显的问题：

(1)资金托管存在猫腻

开户时会员单位为保证交易资金的安全，会选择一家大型的国有商业银行（建行、工行、中行、农行等）或股份制银行（招商银行、宁波银行、光大银行等）进行“第三方托管”，但其实很多投资客户通过网上银行查看流水明细才发现交易资金并没有在银行进行第三方托管，而是通过第三方支付或直接进入交易所账户。有时候交易所官方网站显示客户资金是在银行进行第三方托管的，而事实上并非如此，客户资金根本不是放在银行进行托管，而是直接转入交易所平台账号。因此，只要客户存入交易保证金，无论买卖操作与否，客户资金就迅速直接进入交易所账户，缺乏第三方保障，使客户资金面临巨大风险。银行代理各交易市场的业务主要有三方面，分别为结算、融资和托管，圈内人士认为那些资质过硬且有政府支持的交易场所，都会比较规范地选择银行进行第三方资金监管，出问题的往往是资质很弱或地下黑平台的交易所，很难获得银行的合作，就采取“第三方支付机构进行资金支付和结算”的方式管理资金，由于第三方支付公司没有客户资金监管的业务，从而助长了某些利欲熏心的交易平台通过“限制投资者资金流入、流出”进行恶意侵占资金的违规违法活动。即使由银行监管资金，也可能出现监管漏洞，需要引入政府监管，出台更为翔实与严厉的大宗商品交易的法律法规，提高交易所资质门槛。虽然大宗商品电子交易市场在“交易模式、风险控制、结算方式”等方面与期货相关管理制度或机制大致相同，却没有相应的管理条例。此外，大宗商品电子交易市场体系不健全，监管主体不统一，政出多门相互推诿，没有第三方机构来监督这些特权较大、随意性较强的交易所平台，风险管理预警机制更是缺失，这些均不利于电子交易的风险管控。

(2)故意模糊现货与期货的交易边界

尽管我国股票投资者众多,但由于期货和现货市场的金融衍生工具属于新生事物,广大散户对此还有误区。大宗商品现货市场促进了大宗商品现货生产及贸易流通,这也是现货电子盘的主要目标,但由于交易机制与期货交易具有相似性,致使散户认为电子盘现货交易就是期货交易,把大宗商品电子盘交易看成“准期货”“类期货”,而忽视了期货市场和电子盘交易市场的本质区别,交易所就有可能利用误区来诱导投资者,非法获取盈利。证监会在2014年就发布了《关于做好商品现货市场非法期货交易活动认定有关工作的通知》,认定商品现货市场非法组织期货交易活动应采取目的要件和形式要件相结合的方式来判断。目的要件主要考虑是否以“标准化合约”为交易对象,是否以对冲平仓方式结束交易,是否需要交割实物;而形式要件,需要考虑交易对象是否为标准化合约,且交易方式是否为集中交易。有些交易所会员单位就是以期货交易模式诱骗客户进行大宗商品现货交易投资,其非法的交易模式为:“以集中交易的方式进行标准化合约交易;同一品种以T+0的形式进行22小时不限次数的连续交易;保证金杠杆交易;通过买卖价格的涨跌以对冲平仓方式了结交易,不以实物交收为目的。”还有一些交易所对客户进行指导交易,通过“钓鱼方式”先让客户赢小利,再让客户亏大钱。往往半天之内一次操作就亏损巨大,所采取的“标准化合约T+0、公开集中交易、未来交付、保证金杠杆交易、对冲交易”进行交易的目的是赚取差价而非实际交付现货,交易功能就是纯粹对赌投资而非促进商品流通,这完全是用期货交易方式来进行现货电子盘交易。按照《期货交易管理条例》(2016年修订版)第七十四条规定:“非法设立期货交易场所或者以其他形式组织期货交易活动的,由所在地县级以上地方人民政府予以取缔,没收违法所得,并处违法所得1倍以上5倍以下的罚款;没有违法所得或者违法所得不满20万元的,处20万元以上

100万元以下的罚款。对单位直接负责的主管人员和其他直接责任人员给予警告,并处1万元以上10万元以下的罚款。非法设立期货公司及其他期货经营机构,或者擅自从事期货业务的,予以取缔,没收违法所得,并处违法所得1倍以上5倍以下的罚款;没有违法所得或者违法所得不满20万元的,处20万元以上100万元以下的罚款。对单位直接负责的主管人员和其他直接责任人员给予警告,并处1万元以上10万元以下的罚款。"这些处罚不够严厉,违法成本较低,使得交易所依然热衷于进行非法引导客户交易或自营直接交易。

(3)操控交易数据对赌

有些会员单位为了获取私利,非法通过交易平台提供的交易软件进行后台操控数据,用虚拟价格数据进行对赌,利用客户对现货市场电子盘交易专业知识的不足,让其以为原油和贵金属的价格涨跌和国际接轨,但实际上交易数据并未与外盘连接。例如2014年央视《3·15晚会》曝光了部分贵金属交易平台操控系统后台修改交易数据的内幕,其中,华堂电子技术有限公司为各平台提供的软件不仅可以实现后台控制,甚至还能手动篡改客户下单的价格。

大宗商品交易行业要取得健康持续的发展,就要加强行业自律和风险防范。中央高度重视保障金融安全,防范系统性金融风险,提出"要坚持市场化改革方向,加快建立符合现代金融特点、统筹协调监管、有力有效的现代金融监管框架,坚守住不发生系统性风险的底线"。期货交易有一套完整的法规、政策和制度体系,为防范系统性金融风险提供有力保障。目前,一些地方大宗商品市场风险事件频发,说明行业自律和风险防范方面存在较大问题。大宗商品现货投资与期货交易有着本质的区别,目前现货电子盘还没有要求客户交易资金一定需要第三方机构托管,地方政府在批准大宗交易平台时要加强规范管理与监管。目前对于客户被"指导下单"以及商品现货市场进行非法期货交易都很难界定违法性，因此，为规范发展，应“编制大宗商品交易市场发展规划，推进市场向规模优质化发展”。由有关部门负责对大宗商品现货交易市场进行科学规划，对各类交易场所的数量规模和区域分布进行统筹，建设与培育交易平台，确定交易品种，整合交易所资源，完善交易系统，控制交易风险，逐步扩大市场规模，提高大宗商品交易市场质量。通过实时监控技术进行“银行监管、仓储监管及大数据、云计算、物联网综合监管”，实现大宗商品现货交易 OTO 无缝对接，促进虚拟与实体经济良性协同互动，整合产业链资源，提高贸易及流通效率，满足客户个性化需求，创新“期现结合”交易模式，减少同质化竞争，有效规范我国大宗商品现货交易市场。

五、推动“产业生态圈”的良性发展

1.促进产业平台可持续创新合作

面对企业可持续发展的战略目标诉求，合作本来就与企业经营活动有一定的矛盾，合作强调的是产业链企业共同应对供给侧改革的挑战，而企业经营则强调增加收益。由于利益冲突，不同的利益主体很难形成共同的目标，信任基础也很难构建，因此传统意义上的合作成功概率很小。但越来越多的利益相关者意识到合作的重要性，创新合作模式设计得好就可以为公司创造价值并推动产业链系统变革，完全可以实现双赢。合作框架就是由产业链上几家重要企业牵头组成一个小型战略组织，建立一个系统平台，将每个加入其中的公司利益与整体利益紧密结合，整合资源，建立和维持互信。保护共同的推动产业链良性发展的元素，将产业链作为一个整体来考虑，重视长期的开发价值，构建创新的商业合作模式。我们要在以下方面进行深入思考并付诸行动。

(1)重视综合服务平台关注点

大宗商品交易综合服务平台主要关注什么是产业链客户比较重视的问题。通过访谈,我们了解到客户认为综合服务平台主要关注三个方面:产业链上下游企业以及经销商的事业应该得到成长与发展,提供专业化大宗商品交易智库资源整合与信息共享,贴身贴心创新模式服务于产业链企业的健康成长。

(2)实现产业链上下游企业供应与采购的"无缝对接"

传统的采购供应链中,上下游企业从各自的利益角度考虑问题,因此在供应链中始终存在一些"缝隙",影响效率,这也是双方业务往来过程中的"痛点"。综合服务平台就是要消除大宗商品下游企业采购供应链价值与上游市场存在"缝隙"的"痛点",这也是大宗商品贸易中的现实要求。这些"痛点"包括:非行业龙头中小企业没能力构建供应链采购平台,或者构建的成本较高;非行业龙头独立设置供应链采购平台及职能部门的专业化服务技能不够;中小企业不能胜任战略性模块化综合采购能力的较高要求;上下游产业供应链沟通效率低影响企业整体绩效。因此才需要我们构建无缝对接的战略平台,提供优质高效的服务。

在平台上我们能够做什么?一是进行供应链采购与物流外包代理:供应链平台线上线下采购服务,去中间化,节约采购成本;专业化产业链市场分析及供应链信息服务;精准个性化的线下采购需求满足。二是提高供应链采购水平与能力:提供一揽子采购供应链方案,线上线下采购价值最大化的利益满足,系统化、专业化、便利化的流程辅导与技能培训,战略性采购咨询顾问(整合碎片化采购,提供模块化采购贴身专家咨询)。

我们具体怎么做?一是建一个战略采购综合平台:厂商及客户采购公众服务号(信息推送)、大宗商品 PVC 采购电子商务网站、供应链采购服务 APP。二是通过战略采购平台进行延伸服务:业务信息发布(上下游厂商、中间贸易商的企业信息发布、业务外包代理信息等)、培训(采购技能培训、采购流程内训、高效采购技能成长培训)、顾问咨询服务(供应链采购的项目咨询、小时服务、年度顾问等)。

为什么客户会使用我们的平台、服务产品,而不是竞争对手的产品?我们的平台是行业内龙头企业(上下游若干龙头生产企业、若干经销商龙头企业等)战略合作组建的,一是功能强大(满足企业实现价值最大化);二是便利性(业务流程简单、服务简便);三是大数据平台信息共享;四是群体效应好奇心,不加入这个平台,会失去产业链的一定竞争力基础。

(3)精心挑选合作的利益相关方

可持续性合作平台需要多方参与,大宗商品供给侧改革要取得成功,必须有利于促进系统性全面变革,关键不是参与方的数量,而是参与者的质量及其市场话语权。根据我们前文的系统设计,我们认为的合适参与者应该包括上游大宗商品大型生产厂商、大型中间贸易商、下游大中型生产厂商、物流运输综合机构、供应链金融服务机构等利益相关方。合作方包括制造商、供应商、分销商、零售商、物流运输商、供应链金融服务商以及整条价值链上的其他核心参与者。战略合作项目的可持续性足以影响和改变利益相关者的商业模式和商业行为,从而保护和捕捉产业链的系统价值。

(4)重构运营流程,注重商业结果

过程和结果对大宗商品交易综合服务平台都是很重要的。需要通过平台明显地改善产业链商业流程或针对性关注影响产业环境的变化结果。在多方利益协同过程中,利益相关方需要在平台上确定并共享新的商业模式流程,减少资源的消耗并保护产业链资源。利益相关方合作应该统一明确协同的理想结果,并设定产业链可持续发展的统一标准,并据此标准评估各个利益方的工作表现。企业之间合作要从注重流程协同开始,释放产业链系统价值,增强利益方之间的互信和使命感,持续改善物流运输、贸易结算、期现交易、金融质押等环节的流程，创造商业价值。综合服务平台为了在产业链系统中获得竞争力，通过聚焦改善的方法，协调产业链系统各个相关者合作，长期、稳定地获得关键的产业资源。为了取得更好的合作效率，可以进行延伸合作，构建一些有偿服务合作模式，比如第三方物流、供应链金融质押贷款甚至长期的托管基金等，以获得稳定、高效、优质的服务。

2. 夯实合作成功的业务保障基础

合作是为了保证可持续发展，致力吸纳利益相关者，但由于工作业务开展具有自己的特色，刚开始时感觉新鲜且合作势头良好，时间久了会出现障碍，可能导致合作停滞甚至失败。各方都清楚合作会带来经济利益，但组织问题、人力资源管理问题的复杂性也会带来问题，合作效果也会打折扣。例如，合作的大敌是缺乏信任，创意再好的产业链可持续性发展计划也很难抵御信任基础缺乏的破坏力。信任机制不健全，使得参与者费尽心力才能达成目标共识，会觉得很烦很累，而且还要不断调整创新协同管理模式，在投入和产出上也会争论回报分配的公正性，人人抵制坐享其成的“搭便车”行为，人人又想去“搭个便车”。许多可持续性合作的积极努力可能会因为管理缺陷而无法取得预期合作效果。因此需要从以下方面来夯实合作的基础。

(1)构建“小圈子”业务平台

经过多年的产业贸易磨合，经常在生意圈中做生意的那些人会逐渐形成小圈子，这些业务“小圈子”具有强烈的振兴产业的使命感，具有灵活机动和互信互让的基础，不太容易因利益问题导致合作出现僵局，较容易统一共同愿景。随着平台战略逐渐深入，可以慢慢发展扩大队伍，增加更多的产业链利益相关者，这些利益相关者都应该具有深化合作的丰富知识、核心竞争能力和团队领导力。

(2)实现利益共同化

平台将个体利益和共同利益有机地统一起来,合作成功是为了保证每个利益相关者获得必要的商业利益,成功与否的检验标准之一就是利益相关者的共同利益是否得以达成。例如在整个产业链中,大宗商品上游的原材料是关键,只有投资上游的电石、PVC及其他利益相关方,才能保证下游高品质的塑料制品。产业链就是一条利益链、价值链,每一个环节都有权分享到必要的利益索取权。

(3)推动产业链价值货币化

通过合作降低成本或者获得参与收益,这是每个参与者的心愿,但关键是能够量化成本或收益。例如经销商通过买断大宗商品PVC的产能,中泰化学每吨PVC能够节约18元的销售成本,而且相比较市场价格每吨PVC大约能够多卖出50元的价格(约定的比市场均价高出每吨50元),那么每年160万吨的PVC产量就能节约1.09亿元,这远远高出上市公司的年度净利润。通过大数据分析和商业流程分析,能够量化(货币化)产业链价值,识别哪些地方是节约成本的重要区域,以便未来改进,提高整体效益。

(4)正确处理短期效益与长期效益的关系

合作模式的成功需要短期效益保证,以激发参与者个体热情,共同愿景是谋划未来蓝图,如果没有短期效益,就谈不上长期利益的保障和个体热情变成实际行动。我们既要对长期目标进行设计,也要通过短期利益来激发利益相关者的合作驱动力,增强个体使命感。简单说来就是"合作效果必须立竿见影",例如节约成本或增加收入。

(5)提高独立运作新的商业模式的专业技能

要设计好专家管理与监督制度,在不同利益相关者之间构建互信机制与小平台,专家保持一定的中立性,以获得的成果来评定工作绩效。保持合理的竞争,建立互信文化。各个利益相关者参与设计适合的解决方案，必须提高大宗商品交易方面以及相关领域的专业技能，并通过市场检验来验证合作方式的正确性，及时发挥正激励(绩效奖励)的作用，共同分享共赢资源。

3.优化大宗商品“产业生态圈”

(1)产业生态发展的背景

在“互联网+”的信息时代，大宗商品企业要持续保持竞争优势，必须催化激活“产业生态圈”的最大价值。“产业生态圈”是稳定、健康和自治的，各个成员具有“异质性、关系嵌入性、整体性、互惠性”的特征，通过各种复杂的竞合关系，推动产业链变革，形成竞争新格局，改变商业模式及其游戏规则。

工业化时代，产业的主要特征是分工，大宗商品产业链中的每一个企业都占据着社会化大生产价值链上的若干环节，可以是一个，也可以是多个，这些环节都必须是很清晰的。沿着产业链方向，创造、传递、分享价值，他们的获利路径是明确的，生产商、贸易商都有自己获利的路径与法则。各个企业的成功大小，完全取决于在其所处环节的地位与话语权，这些都与其长期开展贸易业务获得并积累的知识、经验、技能密切相关，而且形成一定的核心竞争力。

考察大宗商品贸易的发展阶段，可以清晰地看出贸易商发展轨迹：贸易商早期依靠计划配额赚钱；而后搞关系营销赚钱，等到中国经济发展步入快速期，贸易商只要手里拿到货就能赚钱；而到了2008年金融危机，进入了产能过剩时代，贸易模式发生了根本性变化，单纯依赖现货贸易很难赚钱，必须与期货交易配合来做。目前已经进入了信息时代与互联网时代，变化的故事一直在讲下去……

信息时代是一个以“接入”为特征的时代，互联网和移动互联网的迅速普及，商业环节及元素之间的可连接性变革十分便利，打破了原本“条块分割、栅格分明”的商业模式，企业边界、行业边界甚至产业边界都变得比较模糊。产业合作的深入与扩大，推动大宗商品交易进入一个“无疆界”“无国界”的竞合时代。只有及时连接产业生态圈，才能避免被产业边缘化而失去核心竞争力。因此发展产业生态圈战略，提高产业链合作的附加值，是目前时代对大宗商品企业的新要求。

(2)“产业生态圈”的主要特征

大宗商品“产业生态圈”是一个多层次、宽泛的概念，是大宗商品产业链中的各个企业之间的一种协作共生关系也就是产业链中利益相关者互惠互利、相互依赖，具有共同目标的战略联盟。其实任何一个企业或联合体都处在不同的生态圈中，但不是所有的企业都能够将产业价值链放大。生态圈不是简单的多元化或资源整合。生态圈是“共生、互生”的，不是被一个核心企业整合的，那样不是产业联盟的“生态”，而是产业垄断的“帝国”。生态圈也不是简单联盟和平台，企业也很难与大量的产业链利益相关者企业联盟。生态圈是将产业伙伴当成一个整体。大宗商品企业基本上不是平台型企业，但能形成一个产业生态圈来参与市场竞争。采取适当的生态圈战略能够获得更多的企业竞争优势。例如，比较无锡利源与远大石化的大宗商品 PVC 竞争能够较好地说明生态圈的重要性。

无锡利源是 20 世纪末 PVC 经销商中的领军企业，具有无可匹敌的核心竞争力，但是最近几年来却被远大石化赶超，这是什么原因呢？我们通过两者生态圈比较分析来研究，先来看看无锡利源的 PVC 贸易生态圈，如图 7-21 所示。

无锡利源是一个传统的贸易生态圈，从大宗商品供应商(中泰化学、君正集团、新疆天业等)处采购货物后，货物一部分通过分销商主要分销到华东地区、华南地区、华北地区等地的塑料厂商，另一部分通过自己的零售渠道销售，或者帮助下游厂商直接采购。以上这种生态圈积累的核心竞争力主要是依靠多年的生意场上的人脉关系，以及较大贸易规模的品牌效应。但在产能

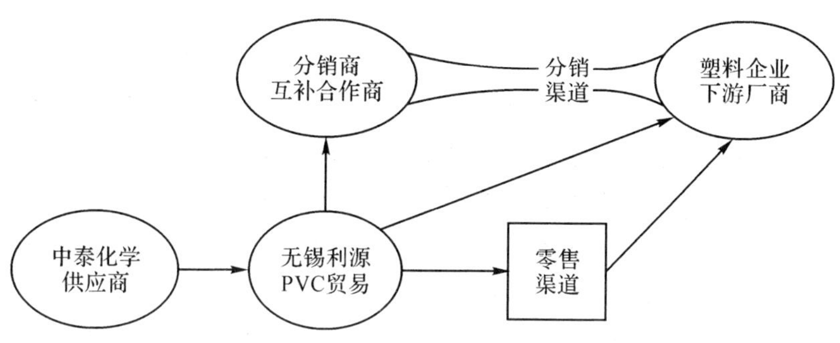

图 7-21 无锡利源的 PVC 贸易生态圈

过剩时代，尤其是 2008 年以后大宗商品 PVC 现货与期货价格不断下跌，步入漫漫熊途，贸易规模越做越小，品牌效应受到很大影响，由于压库有限，与上游供应商的关系也逐渐弱化，导致核心竞争力在一步一步减弱，被 PVC 后起之秀的贸易商赶超。

相比较而言，远大石化实行"期现结合"模式，对生态圈进行了改革。如图 7-22 所示。

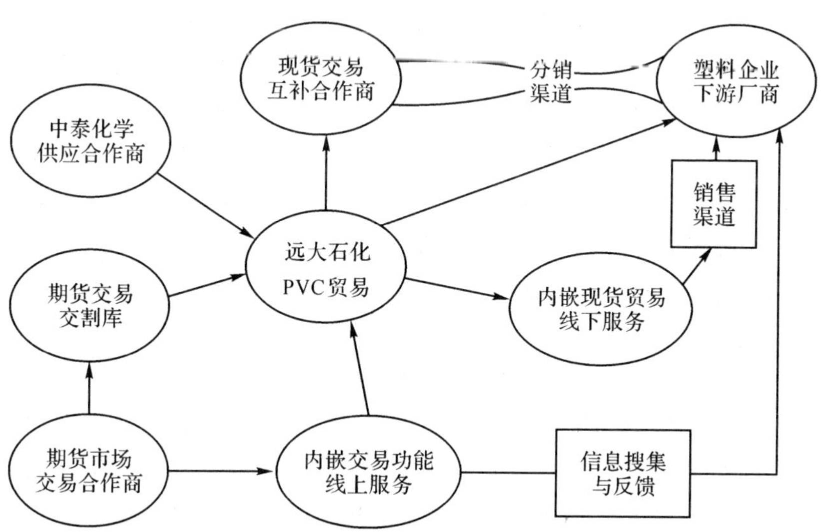

图 7-22 远大石化的 PVC 贸易生态圈

远大石化PVC生态圈是一个具有“高异质性、嵌入性和互惠性”的生态圈。它不仅引入了生产厂商成为战略供应商，为买断上游厂商产能打下了坚实基础，还创造性地引入了期货交易合作商，提高了利益相关者各方参与的异质性，也扩大了PVC产业生态圈的价值拓展空间，而且实行“期现结合”模式，增加了贸易机动灵活性，释放了现货营利目标的压力（现货贸易可以不确定营利目标，有部门自行努力去创造，也激活、解放了业务人员的生产力）。而且通过线上线下服务以及“三位一体”模式下的高效率信息搜集与反馈，增强了客户服务的黏性，使得远大石化与中间商、下游厂商的关系更强更紧，将厂商、客户牢牢地锁定在PVC的生态圈中。整个生态圈中的产能与库存均牢牢掌握在一个近似“水池”的模型中，“库存水龙头的开合”均受远大石化掌控，它调节着生态圈甚至产业链中商品流量与流向，牢牢掌握着产业链中产品的定价权。远大石化通过补贴上游厂商与下游厂商，调动了整个生态圈的产业链价值循环。这也使很多不熟悉远大运作模式的人质疑：“远大这样一个大型贸易商通过高买低卖的方式颠覆了传统大宗商品贸易的格局，他们意欲何为？”发出这样的疑问也属于正常思维，因为发问者没有真正了解“期现结合”模式的魅力所在。生态圈的圈内损失完全可以通过圈外来弥补，拓展的业务边界、高效的贸易服务附加值、提升的产业链价值空间、产业链价值互惠循环以及期货交易利润空间的打开，均为这一种模式下的生态圈健康持续发展下去打下了坚实的保障基础。

（3）中泰化学“产业生态”新模式的设想

①加快中泰化学由大宗商品生产商向交易商转型。中泰化学已经成为氯碱行业的龙头企业，近年来一直致力于从生产制造商向特色金融服务交易商转型。中泰化学的这种想法也是根据目前“天时，地利，人和”的情形做出的决定。

所谓的“天时”就是当前积极开展供给侧改革，一方面去产能解决产能过剩的问题，另一方面就是打造新的产业生态，提升产业价值链的附加值。未来“以塑代钢”“以塑代木”等新兴材料会在家居产品中得到广泛应用。

所谓的“地利”就是信息时代“互联网＋”的迅猛发展，大宗商品企业纷纷联合构建互联网战略平台，促使大宗商品贸易空间扩大，使战线较长的大宗商品产业链压缩成“综合服务交易平台”的虚拟社区，各方利益主体统一了目标，整合资源共同致力提升产业链价值空间。

所谓的“人和”就是自2008年大宗商品贸易熊市以来，各方参与主体都受很大伤害，产业发展也受到很大的不良影响，“痛定思痛”后，上游供应商、贸易商、下游生产商纷纷迫切要求构建同一目标的振兴产业链良性发展的战略整合与贸易协同。这是产业链中人心思变的驱动力的影响，也就是环境变化中的极大“人和”，是获得商业模式变革的最重要支撑。

②提高中泰化学产业生态圈中的异质性、嵌入型、互惠性。“生物多样性导致生态系统功能优化”，这是生态学中的基础理论。这种理论移植到大宗商品产业发展中也是很适用的，为了保持PVC产业生态圈的健康稳定发展，必须引入高异质性参与者组建综合服务交易战略平台。因此建议中泰化学PVC产业生态圈伙伴应该包括产业链以内的以及产业链以外的战略伙伴。产业链以内的生态圈伙伴主要包括合作原料生产商、渠道贸易商、合作下游塑料生产商，这是沿着产业链的价值链上游向下游移动方向而囊括的合作者。产业链以内的生态圈伙伴具体包括PVC生产厂商、原料(电石、煤炭、电力)生产厂商、贸易商(交易商)等；产业链以外的生态圈伙伴主要指PVC产业价值链以外的生态圈伙伴，主要包括战略平台及网络服务商、物流运输综合服务商、供应链金融服务商、期货交易商等。可以在战略服务平台上进行网络内嵌功能，使得各个利益相关者在内嵌平台上进行供应链管理的代理采购与网上网下对接的OTO贸易，他

们可以很方便地进行服务评价、选择、购买，提高贸易（交易）的体验，拓展并提高生态圈服务功能。这样既能够沿着价值链流动方向进行纵向合作，也能够沿着平行于价值链流动的方向进行横向战略合作，提供高效及时的深度服务，体现服务的综合功能化。丰富的功能吸引了更多生态圈以外企业或机构的加盟，极大地扩展了生态圈内价值创造的空间。

在异质性方面，不断发展的生态圈逐渐会吸引更多的异质性高的合作伙伴加盟，包括互补互替产品生产商、期货投资商、实体产业投资商、风投、贸易合作伙伴、标准制定机构，甚至包括工会、政府和社会公共服务机构等。异质性的合作伙伴不是注重单纯的机构数量，而是机构质量与能力，以对生态圈系统功能能够提高为标准。中泰化学早期的生态圈主要由上游原料供应商、区域经销商、下游塑料生产厂商组成，未来应该考虑拓展贸易合同、支付结算、货物保险、金融信贷、综合物流等异质性领域，开发新的战略合作者，不断丰富完善生态圈功能，使得系统中的各个子系统“相互辉映”，形成一个具有“共生”系统功能的“生态圈”。

嵌入性能够推动个体之间更加紧密地合作，具有互动频率高、信任基础厚、资源投入大的特点，例如作为贸易起家的各地经销商与上下游厂商的连接都是较为直接与频繁的，其人财物力的投放很容易引起客户的共鸣，一旦通过分销商进行贸易交易，就不能更好地与客户直接联系，交互关系就会大打折扣，人脉关系嵌入就没有那么紧密。而且分销具有很大的不确定性，一旦市场价格有什么“风吹草动”，分销采购就会犹豫不决，不利于产业链价值顺利流动，而且产业信息无法共享，不利于交易策略的进一步制定。分销虽然能够降低一部分市场风险，但可能会出现损害了双方合作热情的情况，尤其是当市场遇到问题的时候。嵌入型密切了产业链内外企业与核心企业之间的关系，通过期现结合的贸易方式，综合提供了物流、金融、支付、保险、代理采购等功能服务，使各方关系牢牢锁定在产业生态圈中，有利于合作的持续性与战略性开展。各方利益者参与生态圈运作并不是最重要的，彼此建立了牢不可破的“嵌入关系”才是保证合作效果的磐石基础。加强各个企业之间的“互赖性”，能提高嵌入度，有利于形成更为有效的“共生”生态圈。例如，在2015年初，中泰化学在香港设立了“中泰国际发展（香港）有限公司”，其目的就是通过这家独资子公司获得香港地区国际化优势，以便更好地开展跨国贸易，拓展生态圈。而2016年8月上海中泰多经国际贸易有限公司（中泰化学全资子公司）注册资金由1000万元增加到1亿元，目的也是在保证做大做强传统贸易的基础上，积极开展贸易金融、物流仓储配送、供应链金融质押贷款、金融衍生工具控制风险运用等业务，经营范围由传统的PVC贸易拓展到“金属材料、建筑材料、化工产品（除危险品外）、煤炭的销售、仓储服务（除危险品）、从事货物及技术的进出口业务、普通货运”等。此外，中泰化学在2016年4月以绝对控股方式组建注册资金为2亿元的上海中泰商业保理有限公司，积极响应供给侧结构性改革，扩大全产业链经营范围，驱动产业、金融、资本“三环联动”，为上下游客户和供应链利益相关方深度合作提供以应收账款为融资基础的保理业务的综合服务，为将来切入供应链金融服务行业打下坚实基础。以上这些做法均是拓展生态圈的一个强烈信号。

生态圈是如何生存与发展的呢？平衡与稳定是生态圈发展的两个主要评价元素，这需要互惠性作为保证。互惠绝对不是平均，而是需要看各个利益相关者参与产业链价值创造过程的价值贡献度的大小如何，多方共赢是理想目标，各方赢得什么样的利益，这需要通过合理的价值分配机制来衡量。例如，经销商买断产能其实对中泰化学的吸引力并不大，但远大石化可以创造新的价值分配规则：每月结算一次，每吨按市场均价加价50元左右买断产能，这样生产制造商就有了利润保证，而且节约了销售成本及渠道开发与维护的成本，从而获得了传统销售模式下的销售收入及销售利润，甚至同比获得了更多利润。从短期看，远大石化让渡了一部分利润，但长期看却促成了公司成为产业市场创新者和领导者，在今后的大宗商品物流质押融资、信息服务有偿咨询、大体量业务信贷融资、大宗商品期货交易交割等方面获得更多的盈利增长点。这本身就是一个多赢局面，多赢的利益来自产业价值链的提升与重新沿着产业链流动方向进行再分配，调动了多方积极性，保证了产业链的健康有序发展。这种互惠关系突破了以往的双边关系，而是将整个产业链进行协同调节，关注短期利益与长期利益的融合，体现了多边互惠互利，从而打开更多创新的“商业模式”，把产业链“蛋糕”做得更大，促进了产业链价值的“再生”，也促使生态圈未来价值分配方式更合理，更有效。例如，交易商通过买断产能的方式，就可以在一定程度上撤掉上游厂商销售部以及下游厂商采购部，整合厂商、银行、港口、第三方物流企业等资源，构建贸易金融综合管理业务外包服务平台。提供贸易合同管理、期货交易策略分析、产业信息咨询、现货物流、供应链金融服务。在平台上对上游中远期出货价格约定，下游进货价格约定（比如每吨各让利 50 元），使得上下游厂商均互惠得利，交易商就可以用赚取的综合服务费进行补偿。把大宗商品中间库存当作一个“水库”，水库的调节阀由交易商掌控，通过调节“入水”与“出水”来调节整个产业生态，而后通过“物流银行”“厂商银”等模式，使贸易中物流和大宗商品定价、贸易相分离，提高效率，调整物流规划，尽量不发生物流，尽量使本地区的产能消化用在当地，逐步实现服务属地化、服务功能前置或后移，实现以充分满足客户需求为导向的贸易金融服务模式改革。

第八章 结 语

商业模式创新与技术创新、管理创新、服务创新一样，在推动大宗商品企业持续发展中发挥着重要作用。近年来企业热衷于商业模式创新，但很少是企业独创的，或多或少借鉴了国外创新的思维。商业理念可以借鉴，但商业模式最好与企业技术水平、管理现状以及所处的时代竞争环境相匹配，形成具有自身鲜明特色的业务模式才更具有生命力。商业模式的创新将成为我国大宗商品企业战略转型及业务超常规发展的一个突破口。

中泰化学作为传统化工行业特大型大宗商品生产企业，由于面临国内产能过剩、商品价格下滑的压力，多年力推的战略转型效果一直得不到有效发挥。如何打赢供给侧改革这场“攻坚战”是企业面临的关键问题。公司地处新疆边陲，拥有十分丰富的资源优势，但转化为经济优势需要企业努力去实现，公司目前已经形成了“煤炭—电力—电石—PVC 与烧碱—现代物流—下游产品深加工—现代纺织业与现代农业—供应链金融”等相对完整的产业链，公司的产能规模与综合实力也做到了全国第一，拥有 40 多家实力雄厚的经销商、30 多家原材料供应商以及相关综合交易服务商。但由于企业发展的内外部竞争环境发生剧变，如何克服困难更好地发展是企业战略转型过程中十分重要的问题。出于以上背景及动因，本书对公司如何建立与供给侧改革阶段相适应的营销战略转型进行了深入分析，研究表明公司具有比较明显的比较优势，产业一体化较完备，具备了由传统大宗商品厂商向交易商转型的条件，关键是未来构建一个怎样的大宗商品交易“综合服务商”生态圈，以便吸引更多实力雄厚、经验丰富且高异质化的产业利益相关者参与，并构建一个具有产业战略联盟特征的大宗商品交易商综合服务平台，如此才能够有效提升产业链价值，实现各方参与者共赢，促进大宗商品产业的健康持续发展。

本书分析了在供给侧改革压力下中泰化学通过控制产业链上下游资源，提高产业链运作效率来抵御“五力”模型中的任何一方的挑战，并不断获得市场话语权。我们建议在供给方生产与营销战略中，核心目标就是通过产业链联盟在外部建立壁垒，化解恶性竞争，促进供应和需求的高度匹配，实现“规模越大，产生的价值越高”的目标，出售产能，提供服务，并通过较高价值链吸引产业利益相关者加入联盟，从而创造更多的产业链价值，并构建合理的分配机制进行价值分享。通过大宗商品交易综合服务商模式，中泰化学从控制产业链资源转向精心管理产业平台资源并提供高质量的综合服务。通过商业模式变革控制稀缺资产来获得核心竞争优势，主要包括综合服务商平台及其参与成员（产业链上游生产者、贸易者、交易商、下游生产者或消费者）所拥有和贡献的高异质化资源。中泰化学通过商业模式变革实现产业链内部优化逐步向产业链外部互动转变，优化全产业链，从原材料采购到产品销售和综合配套服务以及内部劳动力资源整合与管理，从而创造产业链价值，激发参与者良性互动，促进产业生态圈健康发展。从关注产业链的客户价值转变为关注产业生态圈的系统价值，实现产品交易和综合服务的价值最大化，通过补贴一类参与者利益来吸引另一类参与者，促进产业生态系统的整体价值最大化。

附　　录

1.《期货交易所管理办法》

2.《期货交易管理条例》(2016 年修订版)

附录1：期货交易所管理办法

第一章　总　则

第一条　为了加强对期货交易所的监督管理，明确期货交易所职责，维护期货市场秩序，促进期货市场积极稳妥发展，根据《期货交易管理条例》，制定本办法。

第二条　本办法适用于在中华人民共和国境内设立的期货交易所。

第三条　本办法所称期货交易所是指依照《期货交易管理条例》和本办法规定设立，不以营利为目的，履行《期货交易管理条例》和本办法规定的职责，按照章程和交易规则实行自律管理的法人。

第四条　经中国证券监督管理委员会(以下简称中国证监会)批准，期货交易所可以采取会员制或者公司制的组织形式。

会员制期货交易所的注册资本划分为均等份额，由会员出资认缴。

公司制期货交易所采用股份有限公司的组织形式。

第五条　中国证监会依法对期货交易所实行集中统一的监督管理。

第二章　设立、变更与终止

第六条　设立期货交易所，由中国证监会审批。未经批准，任何单位或者个人不得设立期货交易所或者以任何形式组织期货交易及其相关活动。

第七条　经中国证监会批准设立的期货交易所，应当标明“商品交易所”或者“期货交易所”字样。其他任何单位或者个人不得使用期货交易所或者近似的名称。

第八条　期货交易所除履行《期货交易管理条例》规定的职责外，还应当履行下列职责：

（一）制定并实施期货交易所的交易规则及其实施细则；

（二）发布市场信息；

（三）监管会员及其客户、指定交割仓库、期货保证金存管银行及期货市场其他参与者的期货业务；

（四）查处违规行为。

第九条　申请设立期货交易所，应当向中国证监会提交下列文件和材料：

（一）申请书；

（二）章程和交易规则草案；

（三）期货交易所的经营计划；

（四）拟加入会员或者股东名单；

（五）理事会成员候选人或者董事会和监事会成员名单及简历；

（六）拟任用高级管理人员的名单及简历；

（七）场地、设备、资金证明文件及情况说明；

（八）中国证监会规定的其他文件、材料。

第十条　期货交易所章程应当载明下列事项：

（一）设立目的和职责；

（二）名称、住所和营业场所；

（三）注册资本及其构成；

（四）营业期限；

（五）组织机构的组成、职责、任期和议事规则；

（六）管理人员的产生、任免及其职责；

（七）基本业务制度；

（八）风险准备金管理制度；

（九）财务会计、内部控制制度；

（十）变更、终止的条件、程序及清算办法；

（十一）章程修改程序；

（十二）需要在章程中规定的其他事项。

第十一条　除本办法第十条规定的事项外，会员制期货交易所章程还应当载明下列事项：

（一）会员资格及其管理办法；

（二）会员的权利和义务；

（三）对会员的纪律处分。

第十二条　期货交易所交易规则应当载明下列事项：

（一）期货交易、结算和交割制度；

（二）风险管理制度和交易异常情况的处理程序；

（三）保证金的管理和使用制度；

（四）期货交易信息的发布办法；

（五）违规、违约行为及其处理办法；

（六）交易纠纷的处理方式；

（七）需要在交易规则中载明的其他事项。

公司制期货交易所还应当在交易规则中载明本办法第十一条规定的事项。

第十三条　期货交易所变更名称、注册资本的，应当经中国证监会批准。

第十四条　期货交易所的合并、分立，由中国证监会批准。

期货交易所合并可以采取吸收合并和新设合并两种方式，合并前各方的债权、债务由合并后存续或者新设的期货交易所承继。

期货交易所分立的，其债权、债务由分立后的期货交易所承继。

第十五条　期货交易所联网交易的，应当于决定之日起10日内报告中国证监会。

第十六条　未经中国证监会批准，期货交易所不得设立分所或者其他任何期货交易场所。

第十七条　期货交易所因下列情形之一解散：

(一)章程规定的营业期限届满；

(二)会员大会或者股东大会决定解散；

(三)中国证监会决定关闭。

期货交易所因前款第(一)项、第(二)项情形解散的，由中国证监会批准。

第十八条　期货交易所因合并、分立或者解散而终止的，由中国证监会予以公告。

期货交易所终止的，应当成立清算组进行清算。清算组制定的清算方案，应当报中国证监会批准。

第三章　组织机构

第一节　会员制期货交易所

第十九条　会员制期货交易所设会员大会。会员大会是期货交易所的权力机构，由全体会员组成。

第二十条　会员大会行使下列职权：

(一)审定期货交易所章程、交易规则及其修改草案；

(二)选举和更换会员理事；

(三)审议批准理事会和总经理的工作报告；

（四）审议批准期货交易所的财务预算方案、决算报告；

（五）审议期货交易所风险准备金使用情况；

（六）决定增加或者减少期货交易所注册资本；

（七）决定期货交易所的合并、分立、解散和清算事项；

（八）决定期货交易所理事会提交的其他重大事项；

（九）期货交易所章程规定的其他职权。

第二十一条　会员大会由理事会召集，每年召开一次。

有下列情形之一的，应当召开临时会员大会：

（一）会员理事不足期货交易所章程规定人数的2/3；

（二）1/3以上会员联名提议；

（三）理事会认为必要。

第二十二条　会员大会由理事长主持。召开会员大会，应当将会议审议的事项于会议召开10日前通知会员。临时会员大会不得对通知中未列明的事项做出决议。

第二十三条　会员大会有2/3以上会员参加方为有效。会员大会应当对表决事项制作会议纪要，由出席会议的理事签名。

会员大会结束之日起10日内，期货交易所应当将大会全部文件报告中国证监会。

第二十四条　期货交易所设理事会，每届任期3年。理事会是会员大会的常设机构，对会员大会负责。

第二十五条　理事会行使下列职权：

（一）召集会员大会，并向会员大会报告工作；

（二）拟订期货交易所章程、交易规则及其修改草案，提交会员大会审定；

（三）审议总经理提出的财务预算方案、决算报告，提交会员大会通过；

（四）审议期货交易所合并、分立、解散和清算的方案，提交会员大会通过；

（五）决定专门委员会的设置；

（六）决定会员的接纳和退出；

（七）决定对违规行为的纪律处分；

（八）决定期货交易所变更名称、住所或者营业场所；

（九）审议批准根据章程和交易规则制定的细则和办法；

（十）审议结算担保金的使用情况；

（十一）审议批准风险准备金的使用方案；

（十二）审议批准总经理提出的期货交易所发展规划和年度工作计划；

（十三）审议批准期货交易所对外投资计划；

（十四）监督总经理组织实施会员大会和理事会决议的情况；

（十五）监督期货交易所高级管理人员和其他工作人员遵守国家有关法律、行政法规、规章、政策和期货交易所章程、交易规则及其实施细则的情况；

（十六）组织期货交易所年度财务会计报告的审计工作，决定会计师事务所的聘用和变更事项；

（十七）期货交易所章程规定和会员大会授予的其他职权。

第二十六条　理事会由会员理事和非会员理事组成；其中会员理事由会员大会选举产生，非会员理事由中国证监会委派。

第二十七条　理事会设理事长1人、副理事长1至2人。理事长、副理事长的任免，由中国证监会提名，理事会通过。理事长不得兼任总经理。

第二十八条　理事长行使下列职权：

（一）主持会员大会、理事会会议和理事会日常工作；

（二）组织协调专门委员会的工作；

（三）检查理事会决议的实施情况并向理事会报告。

副理事长协助理事长工作。理事长因故临时不能履行职权的，由理事长指定的副理事长或者理事代其履行职权。

第二十九条　理事会会议至少每半年召开一次。每次会议应当于会议召开10日前通知全体理事。

有下列情形之一的,应当召开理事会临时会议:

(一)1/3以上理事联名提议;

(二)期货交易所章程规定的情形;

(三)中国证监会提议。

理事会召开临时会议,可以另定召集理事会临时会议的通知方式和通知时限。

第三十条　理事会会议须有2/3以上理事出席方为有效,其决议须经全体理事1/2以上表决通过。

理事会会议结束之日起10日内,理事会应当将会议决议及其他会议文件报告中国证监会。

第三十一条　理事会会议应当由理事本人出席。理事因故不能出席的,应当以书面形式委托其他理事代为出席;委托书中应当载明授权范围。每位理事只能接受一位理事的委托。

理事会应当对会议表决事项做成会议记录,由出席会议的理事和记录员在会议记录上签名。

第三十二条　理事会可以根据需要设立监察、交易、结算、交割、会员资格审查、纪律处分、调解、财务和技术等专门委员会。

各专门委员会对理事会负责,其职责、任期和人员组成等事项由理事会规定。

第三十三条　期货交易所设总经理1人,副总经理若干人。总经理、副总经理由中国证监会任免。总经理每届任期3年,连任不得超过两届。

总经理是期货交易所的法定代表人,总经理是当然理事。

第三十四条　总经理行使下列职权:

(一)组织实施会员大会、理事会通过的制度和决议;

(二)主持期货交易所的日常工作;

(三)根据章程和交易规则拟订有关细则和办法;

（四）决定结算担保金的使用；

（五）拟订风险准备金的使用方案；

（六）拟订并实施经批准的期货交易所发展规划、年度工作计划；

（七）拟订并实施经批准的期货交易所对外投资计划；

（八）拟订期货交易所财务预算方案、决算报告；

（九）拟订期货交易所合并、分立、解散和清算的方案；

（十）拟订期货交易所变更名称、住所或者营业场所的方案；

（十一）决定期货交易所机构设置方案，聘任和解聘工作人员；

（十二）决定期货交易所员工的工资和奖惩；

（十三）期货交易所章程规定的或者理事会授予的其他职权。

总经理因故临时不能履行职权的，由总经理指定的副总经理代其履行职权。

第三十五条　期货交易所任免中层管理人员，应当在决定之日起 10 日内向中国证监会报告。

第二节　公司制期货交易所

第三十六条　公司制期货交易所设股东大会。股东大会是期货交易所的权力机构，由全体股东组成。

第三十七条　股东大会行使下列职权：

（一）本办法第二十条第（一）项、第（四）项至第（七）项规定的职权；

（二）选举和更换非由职工代表担任的董事、监事；

（三）审议批准董事会、监事会和总经理的工作报告；

（四）决定期货交易所董事会提交的其他重大事项；

（五）期货交易所章程规定的其他职权。

第三十八条　股东大会会议的召开及议事规则应当符合期货交易所章程的规定。

会议结束之日起 10 日内，期货交易所应当将会议全部文件报告中国证监会。

第三十九条　期货交易所设董事会，每届任期 3 年。

第四十条　董事会对股东大会负责，行使下列职权：

（一）召集股东大会会议，并向股东大会报告工作；

（二）拟订期货交易所章程、交易规则及其修改草案，提交股东大会审定；

（三）审议总经理提出的财务预算方案、决算报告，提交股东大会通过；

（四）审议期货交易所合并、分立、解散和清算的方案，提交股东大会通过；

（五）监督总经理组织实施股东大会和董事会决议的情况；

（六）本办法第二十五条第（五）项至第（十三）项、第（十五）项、第（十六）项规定的职权；

（七）期货交易所章程规定和股东大会授予的其他职权。

第四十一条　期货交易所设董事长 1 人，副董事长 1 至 2 人。董事长、副董事长的任免，由中国证监会提名，董事会通过。董事长不得兼任总经理。

第四十二条　董事长行使下列职权：

（一）主持股东大会、董事会会议和董事会日常工作；

（二）组织协调专门委员会的工作；

（三）检查董事会决议的实施情况并向董事会报告。

副董事长协助董事长工作。董事长因故临时不能履行职权的，由董事长指定的副董事长或者董事代其履行职权。

第四十三条　董事会会议的召开和议事规则应当符合期货交易所章程的规定。

董事会会议结束之日起 10 日内，董事会应当将会议决议及其他会议文件报告中国证监会。

第四十四条　董事会可以根据需要设立本办法第三十二条

规定的专门委员会。各专门委员会对董事会负责,其职责、任期和人员组成等事项由董事会规定。

第四十五条　期货交易所应当设独立董事。独立董事由中国证监会提名,股东大会通过。

第四十六条　期货交易所可以设董事会秘书。董事会秘书由中国证监会提名,董事会通过。

董事会秘书负责期货交易所股东大会和董事会会议的筹备、文件保管以及期货交易所股东资料的管理等事宜。

第四十七条　期货交易所设总经理 1 人,副总经理若干人。总经理、副总经理由中国证监会任免。总经理每届任期 3 年,连任不得超过两届。

总经理是期货交易所的法定代表人,总经理应当由董事担任。

第四十八条　总经理行使下列职权:

(一)组织实施股东大会、董事会通过的制度和决议;

(二)本办法第三十四条第(二)项至第(十二)项规定的职权;

(三)期货交易所章程规定或者董事会授予的其他职权。

总经理因故临时不能履行职权的,由总经理指定的副总经理代其履行职权。

第四十九条　期货交易所设监事会,每届任期 3 年。监事会成员不得少于 3 人。监事会设主席 1 人,副主席 1 至 2 人。监事会主席、副主席的任免,由中国证监会提名,监事会通过。

第五十条　监事会行使下列职权:

(一)检查期货交易所财务;

(二)监督期货交易所董事、高级管理人员执行职务行为;

(三)向股东大会会议提出提案;

(四)期货交易所章程规定的其他职权。

第五十一条　监事会会议的召开和议事规则应当符合期货

交易所章程的规定。

监事会会议结束之日起10日内,监事会应当将会议决议及其他会议文件报告中国证监会。

第五十二条　本办法第三十五条的规定适用于公司制期货交易所。

第四章　会员管理

第五十三条　期货交易所会员应当是在中华人民共和国境内登记注册的企业法人或者其他经济组织。

第五十四条　取得期货交易所会员资格,应当经期货交易所批准。

期货交易所批准、取消会员的会员资格,应当向中国证监会报告。

第五十五条　期货交易所应当制定会员管理办法,规定会员资格的取得与终止的条件和程序、对会员的监督管理等内容。

第五十六条　会员制期货交易所会员享有下列权利:

(一)参加会员大会,行使选举权、被选举权和表决权;

(二)在期货交易所从事规定的交易、结算和交割等业务;

(三)使用期货交易所提供的交易设施,获得有关期货交易的信息和服务;

(四)按规定转让会员资格;

(五)联名提议召开临时会员大会;

(六)按照期货交易所章程和交易规则行使申诉权;

(七)期货交易所章程规定的其他权利。

第五十七条　会员制期货交易所会员应当履行下列义务:

(一)遵守国家有关法律、行政法规、规章和政策;

(二)遵守期货交易所的章程、交易规则及其实施细则及有关决定;

(三)按规定缴纳各种费用;

(四)执行会员大会、理事会的决议;

(五)接受期货交易所监督管理。

第五十八条　公司制期货交易所会员享有下列权利:

(一)本办法第五十六条第(二)项和第(三)项规定的权利;

(二)按照交易规则行使申诉权;

(三)期货交易所交易规则规定的其他权利。

第五十九条　公司制期货交易所会员应当履行本办法第五十七条第(一)项至第(三)项、第(五)项规定的义务。

第六十条　期货交易所每年应当对会员遵守期货交易所交易规则及其实施细则的情况进行抽样或者全面检查,并将检查结果报告中国证监会。

期货交易所行使监管职权时,可以按照期货交易所章程和交易规则及其实施细则规定的权限和程序对会员进行调查取证,会员应当配合。

第六十一条　经中国证监会批准,期货交易所可以实行全员结算制度或者会员分级结算制度。

第六十二条　实行全员结算制度的期货交易所会员均具有与期货交易所进行结算的资格。

第六十三条　实行全员结算制度的期货交易所会员由期货公司会员和非期货公司会员组成。期货公司会员按照中国证监会批准的业务范围开展相关业务;非期货公司会员不得从事《期货交易管理条例》规定的期货公司业务。

第六十四条　实行全员结算制度的期货交易所对会员结算,会员对其受托的客户结算。

第六十五条　实行会员分级结算制度的期货交易所会员由结算会员和非结算会员组成。结算会员具有与期货交易所进行结算的资格,非结算会员不具有与期货交易所进行结算的资格。

期货交易所对结算会员结算,结算会员对非结算会员结算,非结算会员对其受托的客户结算。

第六十六条　结算会员由交易结算会员、全面结算会员和特别结算会员组成。

全面结算会员、特别结算会员可以为与其签订结算协议的非结算会员办理结算业务。交易结算会员不得为非结算会员办理结算业务。

第六十七条　申请成为结算会员的，应当取得中国证监会批准的结算业务资格。

第六十八条　实行会员分级结算制度的期货交易所可以根据结算会员资信和业务开展情况，限制结算会员的结算业务范围，但应当于3日内报告中国证监会。

第五章　基本业务规则

第六十九条　期货交易所向会员收取的保证金，只能用于担保期货合约的履行，不得查封、冻结、扣划或者强制执行。期货交易所应当在期货保证金存管银行开立专用结算账户，专户存储保证金，不得挪用。

保证金分为结算准备金和交易保证金。结算准备金是指未被合约占用的保证金；交易保证金是指已被合约占用的保证金。

实行会员分级结算制度的期货交易所只向结算会员收取保证金。

第七十条　期货交易所应当建立保证金管理制度。保证金管理制度应当包括下列内容：

（一）向会员收取保证金的标准和形式；

（二）专用结算账户中会员结算准备金最低余额；

（三）当会员结算准备金余额低于期货交易所规定最低余额时的处置方法。

会员结算准备金最低余额由会员以自有资金向期货交易所缴纳。

第七十一条　期货交易所可以接受以下有价证券充抵保

证金：

（一）经期货交易所认定的标准仓单；

（二）可流通的国债；

（三）中国证监会认定的其他有价证券。

以前款规定的有价证券充抵保证金的，充抵的期限不得超过该有价证券的有效期限。

第七十二条　标准仓单充抵保证金的，期货交易所以充抵日前一交易日该标准仓单对应品种最近交割月份期货合约的结算价为基准计算价值。

国债充抵保证金的，期货交易所以充抵日前一交易日该国债在上海证券交易所、深圳证券交易所较低的收盘价为基准计算价值。

期货交易所可以根据市场情况对用于充抵保证金的有价证券的基准计算价值进行调整。

第七十三条　有价证券充抵保证金的金额不得高于以下标准中的较低值：

（一）有价证券基准计算价值的80%；

（二）会员在期货交易所专用结算账户中的实有货币资金的4倍。

第七十四条　期货交易的相关亏损、费用、货款和税金等款项，应当以货币资金支付，不得以有价证券充抵的金额支付。

第七十五条　客户以有价证券充抵保证金的，会员应当将收到的有价证券提交期货交易所。

非结算会员的客户以有价证券充抵保证金的，非结算会员应将收到的有价证券提交结算会员，由结算会员提交期货交易所。

第七十六条　客户以有价证券充抵保证金的，期货交易所应当将用于充抵的有价证券的种类和数量如实反映在该客户的交易编码下。

第七十七条　实行会员分级结算制度的期货交易所应当建立结算担保金制度。结算担保金包括基础结算担保金和变动结算担保金。

结算担保金由结算会员以自有资金向期货交易所缴纳。结算担保金属于结算会员所有,用于应对结算会员违约风险。期货交易所应当按照有关规定管理和使用,不得挪作他用。

期货交易所调整基础结算担保金标准的,应当在调整前报告中国证监会。

第七十八条　期货交易所应当按照手续费收入的20%的比例提取风险准备金,风险准备金应当单独核算,专户存储。

中国证监会可以根据期货交易所业务规模、发展计划以及潜在的风险决定风险准备金的规模。

第七十九条　期货交易实行客户交易编码制度。会员和客户应当遵守一户一码制度,不得混码交易。

第八十条　期货交易实行限仓制度和套期保值审批制度。

第八十一条　期货交易实行大户持仓报告制度。会员或者客户持仓达到期货交易所规定的持仓报告标准的,会员或者客户应当向期货交易所报告。客户未报告的,会员应当向期货交易所报告。

期货交易所可以根据市场风险状况制定并调整持仓报告标准。

第八十二条　期货交易实行当日无负债结算制度。

第八十三条　实行全员结算制度的期货交易所对会员进行风险管理,会员对其受托的客户进行风险管理。

实行会员分级结算制度的期货交易所对结算会员进行风险管理,结算会员对与其签订结算协议的非结算会员进行风险管理,会员对其受托的客户进行风险管理。

第八十四条　会员在期货交易中违约的,应当承担违约责任。

期货交易所先以违约会员的保证金承担该会员的违约责任，保证金不足的，实行全员结算制度的期货交易所应当以违约会员的自有资金、期货交易所风险准备金和期货交易所自有资金承担；实行会员分级结算制度的期货交易所应当以违约会员的自有资金、结算担保金、期货交易所风险准备金和期货交易所自有资金承担。

期货交易所以结算担保金、期货交易所风险准备金和期货交易所自有资金代为承担责任后，由此取得对违约会员的相应追偿权。

第八十五条　有根据认为会员或者客户违反期货交易所交易规则及其实施细则并且对市场正在产生或者即将产生重大影响，为防止违规行为后果进一步扩大，期货交易所可以对该会员或者客户采取下列临时处置措施：

（一）限制入金；

（二）限制出金；

（三）限制开仓；

（四）提高保证金标准；

（五）限期平仓；

（六）强行平仓。

期货交易所按交易规则及其实施细则规定的程序采取前款第（四）项、第（五）项或者第（六）项措施的，应当在采取措施后及时报告中国证监会。

期货交易所对会员或者客户采取临时处置措施，应当按照期货交易所交易规则及其实施细则规定的方式通知会员或者客户，并列明采取临时处置措施的根据。

第八十六条　期货价格出现同方向连续涨跌停板的，期货交易所可以采用调整涨跌停板幅度、提高交易保证金标准及按一定原则减仓等措施化解风险。

第八十七条　期货交易所实行风险警示制度。期货交易所认为必要的，可以分别或同时采取要求会员和客户报告情况、谈话提醒、发布风险提示函等措施，以警示和化解风险。

第八十八条　在期货交易过程中出现以下情形之一的，期货交易所可以宣布进入异常情况，采取紧急措施化解风险：

（一）地震、水灾、火灾等不可抗力或者计算机系统故障等不可归责于期货交易所的原因导致交易无法正常进行；

（二）会员出现结算、交割危机，对市场正在产生或者即将产生重大影响；

（三）出现本办法第八十六条规定的情形经采取相应措施后仍未化解风险；

（四）期货交易所交易规则及其实施细则中规定的其他情形。

期货交易所宣布进入异常情况并决定采取紧急措施前应当报告中国证监会。

第八十九条　期货交易所宣布进入异常情况并决定暂停交易的，暂停交易的期限不得超过 3 个交易日，但经中国证监会批准延长的除外。

第九十条　期货交易所应当以适当方式发布下列信息：

（一）即时行情；

（二）持仓量、成交量排名情况；

（三）期货交易所交易规则及其实施细则规定的其他信息。

期货交易涉及商品实物交割的，期货交易所还应当发布标准仓单数量和可用库容情况。

第九十一条　期货交易所应当编制交易情况周报表、月报表和年报表，并及时公布。

第九十二条　期货交易所对期货交易、结算、交割资料的保存期限应当不少于 20 年。

第六章　监督管理

第九十三条　期货交易所制定或者修改章程、交易规则，上市、中止、取消或者恢复交易品种，上市、修改或者终止合约，应当经中国证监会批准。

第九十四条　期货交易所应当对违反期货交易所交易规则及其实施细则的行为制定查处办法，并报中国证监会批准。

期货交易所对会员及其客户、指定交割仓库、期货保证金存管银行及期货市场其他参与者与期货业务有关的违规行为，应当在前款所称办法规定的职责范围内及时予以查处；超出前款所称办法规定的职责范围的，应当向中国证监会报告。

第九十五条　期货交易所制定或者修改交易规则的实施细则，应当征求中国证监会的意见，并在正式发布实施前，报告中国证监会。

第九十六条　期货交易所的交易结算系统和交易结算业务应当满足期货保证金安全存管监控的要求，真实、准确和完整地反映会员保证金的变动情况。

第九十七条　期货交易所应当按照中国证监会有关期货保证金安全存管监控的规定，向期货保证金安全存管监控机构报送相关信息。

第九十八条　公司制期货交易所收购本期货交易所股份、股东转让所持股份或者对其股份进行其他处置，应当经中国证监会批准。

第九十九条　期货交易所的高级管理人员应当具备中国证监会要求的条件。未经中国证监会批准，期货交易所的理事长、副理事长、董事长、副董事长、监事会主席、监事会副主席、总经理、副总经理、董事会秘书不得在任何营利性组织中兼职。

未经批准，期货交易所的其他工作人员和非会员理事不得以任何形式在期货交易所会员单位及其他与期货交易有关的营利性组织兼职。

第一百条　期货交易所工作人员应当自觉遵守有关法律、行政法规、规章和政策，恪尽职守，勤勉尽责，诚实信用，具有良好的职业操守。

期货交易所工作人员不得从事期货交易，不得泄露内幕消息或者利用内幕消息获得非法利益，不得从期货交易所会员、客户处谋取利益。

期货交易所的工作人员履行职务，遇有与本人或者其亲属有利害关系的情形时，应当回避。

第一百零一条　期货交易所的所得收益按照国家有关规定管理和使用，但应当首先用于保证期货交易场所、设施的运行和改善。

第一百零二条　期货交易所应当向中国证监会履行下列报告义务：

（一）每一年度结束后 4 个月内提交经具有证券、期货相关业务资格的会计师事务所审计的年度财务报告；

（二）每一季度结束后 15 日内、每一年度结束后 30 日内提交有关经营情况和有关法律、行政法规、规章、政策执行情况的季度和年度工作报告；

（三）中国证监会规定的其他事项。

第一百零三条　发生下列重大事项，期货交易所应当及时向中国证监会报告：

（一）发现期货交易所工作人员存在或者可能存在严重违反国家有关法律、行政法规、规章、政策的行为；

（二）期货交易所涉及占其净资产 10％以上或者对其经营风险有较大影响的诉讼；

（三）期货交易所的重大财务支出、投资事项以及可能带来较大财务或者经营风险的重大财务决策；

（四）中国证监会规定的其他事项。

第一百零四条　中国证监会可以根据市场情况调整期货交易所收取的保证金标准，暂停、恢复或者取消某一期货交易品种的交易。

第一百零五条　中国证监会认为期货市场出现异常情况的，可以决定采取延迟开市、暂停交易、提前闭市等必要的风险处置措施。

第一百零六条　中国证监会认为有必要的，可以对期货交易所高级管理人员实施提示。

第一百零七条　中国证监会派出机构对期货交易所会员进行风险处置，采取监管措施的，经中国证监会批准，期货交易所应当在限制会员资金划转、限制会员开仓、移仓和强行平仓等方面予以配合。

第一百零八条　中国证监会可以向期货交易所派驻督察员。督察员依照中国证监会的有关规定履行职责。

督察员履行职责，期货交易所应当予以配合。

第一百零九条　期货交易所应当按照国家有关规定及时缴纳期货市场监管费。

第七章　法律责任

第一百一十条　期货交易所未按照本办法第十五条、第三十五条、第五十二条、第六十八条、第八十八条、第九十五条、第一百零二条和第一百零三条的规定履行报告义务，或者未按照本办法第二十三条、第三十条、第三十八条、第四十三条、第五十一条和第九十七条的规定报送有关文件、资料和信息的，根据《期货交易管理条例》第六十八条处罚。

第一百一十一条　期货交易所有下列行为之一的，根据《期货交易管理条例》第六十九条处罚：

（一）未经批准变更名称或者注册资本；

（二）未经批准设立分所或者其他任何交易场所；

（三）违反有价证券充抵保证金规定；

（四）不按照规定对会员进行检查；

（五）未建立或者未执行客户交易编码制度、保证金管理制度；

（六）交易结算系统和交易结算业务不符合本办法第九十六条的规定。

第一百一十二条　期货交易所工作人员违反本办法第一百条规定的，根据《期货交易管理条例》第八十二条处罚。

第八章　附　则

第一百一十三条　在中国证监会批准的其他交易场所进行期货交易的，依照本办法的有关规定执行。

第一百一十四条　本办法自 2007 年 4 月 15 日起施行。2002 年 5 月 17 日发布的《期货交易所管理办法》（中国证券监督管理委员会令第 6 号）同时废止。

附录2 :期货交易管理条例(2016 年修订版)

(2007 年 3 月 6 日中华人民共和国国务院令第 489 号公布,根据 2012 年 10 月 24 日《国务院关于修改〈期货交易管理条例〉的决定》及 2016 年 3 月 1 日《国务院关于修改部分行政法规的决定》修订)

第一章 总 则

第一条 为了规范期货交易行为,加强对期货交易的监督管理,维护期货市场秩序,防范风险,保护期货交易各方的合法权益和社会公共利益,促进期货市场积极稳妥发展,制定本条例。

第二条 任何单位和个人从事期货交易及其相关活动,应当遵守本条例。

本条例所称期货交易,是指采用公开的集中交易方式或者国务院期货监督管理机构批准的其他方式进行的以期货合约或者期权合约为交易标的的交易活动。

本条例所称期货合约,是指期货交易场所统一制定的、规定在将来某一特定的时间和地点交割一定数量标的物的标准化合约。期货合约包括商品期货合约和金融期货合约及其他期货合约。

本条例所称期权合约,是指期货交易场所统一制定的、规定买方有权在将来某一时间以特定价格买入或者卖出约定标的的物(包括期货合约)的标准化合约。

第三条 从事期货交易活动,应当遵循公开、公平、公正和诚实信用的原则。禁止欺诈、内幕交易和操纵期货交易价格等违法行为。

第四条 期货交易应当在依照本条例第六条第一款规定设立的期货交易所、国务院批准的或者国务院期货监督管理机构批准的其他期货交易场所进行。

禁止在前款规定的期货交易场所之外进行期货交易。

第五条　国务院期货监督管理机构对期货市场实行集中统一的监督管理。

国务院期货监督管理机构派出机构依照本条例的有关规定和国务院期货监督管理机构的授权，履行监督管理职责。

第二章　期货交易所

第六条　设立期货交易所，由国务院期货监督管理机构审批。

未经国务院批准或者国务院期货监督管理机构批准，任何单位或者个人不得设立期货交易场所或者以任何形式组织期货交易及其相关活动。

第七条　期货交易所不以营利为目的，按照其章程的规定实行自律管理。期货交易所以其全部财产承担民事责任。期货交易所的负责人由国务院期货监督管理机构任免。

期货交易所的管理办法由国务院期货监督管理机构制定。

第八条　期货交易所会员应当是在中华人民共和国境内登记注册的企业法人或者其他经济组织。

期货交易所可以实行会员分级结算制度。实行会员分级结算制度的期货交易所会员由结算会员和非结算会员组成。

第九条　有《中华人民共和国公司法》第一百四十七条规定的情形或者下列情形之一的，不得担任期货交易所的负责人、财务会计人员：

（一）因违法行为或者违纪行为被解除职务的期货交易所、证券交易所、证券登记结算机构的负责人，或者期货公司、证券公司的董事、监事、高级管理人员，以及国务院期货监督管理机构规定的其他人员，自被解除职务之日起未逾 5 年；

（二）因违法行为或者违纪行为被撤销资格的律师、注册会计师或者投资咨询机构、财务顾问机构、资信评级机构、资产评估机构、验证机构的专业人员，自被撤销资格之日起未逾 5 年。

第十条　期货交易所应当依照本条例和国务院期货监督管理机构的规定，建立、健全各项规章制度，加强对交易活动的风险控制和对会员以及交易所工作人员的监督管理。期货交易所履行下列职责：

（一）提供交易的场所、设施和服务；

（二）设计合约，安排合约上市；

（三）组织并监督交易、结算和交割；

（四）为期货交易提供集中履约担保；

（五）按照章程和交易规则对会员进行监督管理；

（六）国务院期货监督管理机构规定的其他职责。

期货交易所不得直接或者间接参与期货交易。未经国务院期货监督管理机构审核并报国务院批准，期货交易所不得从事信托投资、股票投资、非自用不动产投资等与其职责无关的业务。

第十一条　期货交易所应当按照国家有关规定建立、健全下列风险管理制度：

（一）保证金制度；

（二）当日无负债结算制度；

（三）涨跌停板制度；

（四）持仓限额和大户持仓报告制度；

（五）风险准备金制度；

（六）国务院期货监督管理机构规定的其他风险管理制度。

实行会员分级结算制度的期货交易所，还应当建立、健全结算担保金制度。

第十二条　当期货市场出现异常情况时，期货交易所可以按照其章程规定的权限和程序，决定采取下列紧急措施，并应当立即报告国务院期货监督管理机构：

（一）提高保证金；

（二）调整涨跌停板幅度；

（三）限制会员或者客户的最大持仓量；

（四）暂时停止交易；

（五）采取其他紧急措施。

前款所称异常情况，是指在交易中发生操纵期货交易价格的行为或者发生不可抗拒的突发事件以及国务院期货监督管理机构规定的其他情形。

异常情况消失后，期货交易所应当及时取消紧急措施。

第十三条 期货交易所办理下列事项，应当经国务院期货监督管理机构批准：

（一）制定或者修改章程、交易规则；

（二）上市、中止、取消或者恢复交易品种；

（三）国务院期货监督管理机构规定的其他事项。

国务院期货监督管理机构批准期货交易所上市新的交易品种，应当征求国务院有关部门的意见。

第十四条 期货交易所的所得收益按照国家有关规定管理和使用，但应当首先用于保证期货交易场所、设施的运行和改善。

第三章 期货公司

第十五条 期货公司是依照《中华人民共和国公司法》和本条例规定设立的经营期货业务的金融机构。设立期货公司，应当在公司登记机关登记注册，并经国务院期货监督管理机构批准。

未经国务院期货监督管理机构批准，任何单位或者个人不得设立或者变相设立期货公司，经营期货业务。

第十六条 申请设立期货公司，应当符合《中华人民共和国公司法》的规定，并具备下列条件：

(一)注册资本最低限额为人民币3000万元；

(二)董事、监事、高级管理人员具备任职条件，从业人员具有期货从业资格；

(三)有符合法律、行政法规规定的公司章程；

(四)主要股东以及实际控制人具有持续盈利能力，信誉良好，最近3年无重大违法违规记录；

(五)有合格的经营场所和业务设施；

(六)有健全的风险管理和内部控制制度；

(七)国务院期货监督管理机构规定的其他条件。

国务院期货监督管理机构根据审慎监管原则和各项业务的风险程度，可以提高注册资本最低限额。注册资本应当是实缴资本。股东应当以货币或者期货公司经营必需的非货币财产出资，货币出资比例不得低于85%。

国务院期货监督管理机构应当在受理期货公司设立申请之日起6个月内，根据审慎监管原则进行审查，做出批准或者不批准的决定。

未经国务院期货监督管理机构批准，任何单位和个人不得委托或者接受他人委托持有或者管理期货公司的股权。

第十七条　期货公司业务实行许可制度，由国务院期货监督管理机构按照其商品期货、金融期货业务种类颁发许可证。期货公司除申请经营境内期货经纪业务外，还可以申请经营境外期货经纪、期货投资咨询以及国务院期货监督管理机构规定的其他期货业务。

期货公司不得从事与期货业务无关的活动，法律、行政法规或者国务院期货监督管理机构另有规定的除外。

期货公司不得从事或者变相从事期货自营业务。

期货公司不得为其股东、实际控制人或者其他关联人提供融资，不得对外担保。

第十八条　期货公司从事经纪业务，接受客户委托，以自己的名义为客户进行期货交易，交易结果由客户承担。

第十九条　期货公司办理下列事项，应当经国务院期货监督管理机构批准：

（一）合并、分立、停业、解散或者破产；

（二）变更业务范围；

（三）变更注册资本且调整股权结构；

（四）新增持有5%以上股权的股东或者控股股东发生变化；

（五）国务院期货监督管理机构规定的其他事项。

前款第三项、第五项所列事项，国务院期货监督管理机构应当自受理申请之日起20日内做出批准或者不批准的决定；前款所列其他事项，国务院期货监督管理机构应当自受理申请之日起2个月内做出批准或者不批准的决定。

第二十条　期货公司或者其分支机构有《中华人民共和国行政许可法》第七十条规定的情形或者下列情形之一的，国务院期货监督管理机构应当依法办理期货业务许可证注销手续：

（一）营业执照被公司登记机关依法注销；

（二）成立后无正当理由超过3个月未开始营业，或者开业后无正当理由停业连续3个月以上；

（三）主动提出注销申请；

（四）国务院期货监督管理机构规定的其他情形。

期货公司在注销期货业务许可证前，应当结清相关期货业务，并依法返还客户的保证金和其他资产。期货公司分支机构在注销经营许可证前，应当终止经营活动，妥善处理客户资产。

第二十一条　期货公司应当建立、健全并严格执行业务管理规则、风险管理制度，遵守信息披露制度，保障客户保证金的存管安全，按照期货交易所的规定，向期货交易所报告大户名单、交易情况。

第二十二条　从事期货投资咨询业务的其他期货经营机构

应当取得国务院期货监督管理机构批准的业务资格，具体管理办法由国务院期货监督管理机构制定。

第四章　期货交易基本规则

第二十三条　在期货交易所进行期货交易的，应当是期货交易所会员。

符合规定条件的境外机构，可以在期货交易所从事特定品种的期货交易。具体办法由国务院期货监督管理机构制定。

第二十四条　期货公司接受客户委托为其进行期货交易，应当事先向客户出示风险说明书，经客户签字确认后，与客户签订书面合同。期货公司不得未经客户委托或者不按照客户委托内容，擅自进行期货交易。

期货公司不得向客户作获利保证；不得在经纪业务中与客户约定分享利益或者共担风险。

第二十五条　下列单位和个人不得从事期货交易，期货公司不得接受其委托为其进行期货交易：

（一）国家机关和事业单位；

（二）国务院期货监督管理机构、期货交易所、期货保证金安全存管监控机构和期货业协会的工作人员；

（三）证券、期货市场禁止进入者；

（四）未能提供开户证明材料的单位和个人；

（五）国务院期货监督管理机构规定不得从事期货交易的其他单位和个人。

第二十六条　客户可以通过书面、电话、互联网或者国务院期货监督管理机构规定的其他方式，向期货公司下达交易指令。客户的交易指令应当明确、全面。

期货公司不得隐瞒重要事项或者使用其他不正当手段诱骗客户发出交易指令。

第二十七条　期货交易所应当及时公布上市品种合约的成

交量、成交价、持仓量、最高价与最低价、开盘价与收盘价和其他应当公布的即时行情，并保证即时行情的真实、准确。期货交易所不得发布价格预测信息。

未经期货交易所许可，任何单位和个人不得发布期货交易即时行情。

第二十八条　期货交易应当严格执行保证金制度。期货交易所向会员、期货公司向客户收取的保证金，不得低于国务院期货监督管理机构、期货交易所规定的标准，并应当与自有资金分开，专户存放。

期货交易所向会员收取的保证金，属于会员所有，除用于会员的交易结算外，严禁挪作他用。

期货公司向客户收取的保证金，属于客户所有，除下列可划转的情形外，严禁挪作他用：

（一）依据客户的要求支付可用资金；

（二）为客户交存保证金，支付手续费、税款；

（三）国务院期货监督管理机构规定的其他情形。

第二十九条　期货公司应当为每一个客户单独开立专门账户、设置交易编码，不得混码交易。

第三十条　期货公司经营期货经纪业务又同时经营其他期货业务的，应当严格执行业务分离和资金分离制度，不得混合操作。

第三十一条　期货交易所、期货公司、非期货公司结算会员应当按照国务院期货监督管理机构、财政部门的规定提取、管理和使用风险准备金，不得挪用。

第三十二条　期货交易的收费项目、收费标准和管理办法由国务院有关主管部门统一制定并公布。

第三十三条　期货交易的结算，由期货交易所统一组织进行。

期货交易所实行当日无负债结算制度。期货交易所应当在当日及时将结算结果通知会员。

期货公司根据期货交易所的结算结果对客户进行结算，并应当将结算结果按照与客户约定的方式及时通知客户。客户应当及时查询并妥善处理自己的交易持仓。

第三十四条　期货交易所会员的保证金不足时，应当及时追加保证金或者自行平仓。会员未在期货交易所规定的时间内追加保证金或者自行平仓的，期货交易所应当将该会员的合约强行平仓，强行平仓的有关费用和发生的损失由该会员承担。

客户保证金不足时，应当及时追加保证金或者自行平仓。客户未在期货公司规定的时间内及时追加保证金或者自行平仓的，期货公司应当将该客户的合约强行平仓，强行平仓的有关费用和发生的损失由该客户承担。

第三十五条　期货交易的交割，由期货交易所统一组织进行。

交割仓库由期货交易所指定。期货交易所不得限制实物交割总量，并应当与交割仓库签订协议，明确双方的权利和义务。交割仓库不得有下列行为：

（一）出具虚假仓单；

（二）违反期货交易所业务规则，限制交割商品的入库、出库；

（三）泄露与期货交易有关的商业秘密；

（四）违反国家有关规定参与期货交易；

（五）国务院期货监督管理机构规定的其他行为。

第三十六条　会员在期货交易中违约的，期货交易所先以该会员的保证金承担违约责任；保证金不足的，期货交易所应当以风险准备金和自有资金代为承担违约责任，并由此取得对该会员的相应追偿权。

客户在期货交易中违约的，期货公司先以该客户的保证金承担违约责任；保证金不足的，期货公司应当以风险准备金和自有资金代为承担违约责任，并由此取得对该客户的相应追偿权。

第三十七条　实行会员分级结算制度的期货交易所，应当向结算会员收取结算担保金。期货交易所只对结算会员结算，收取和追收保证金，以结算担保金、风险准备金、自有资金代为承担违约责任，以及采取其他相关措施；对非结算会员的结算、收取和追收保证金、代为承担违约责任，以及采取其他相关措施，由结算会员执行。

第三十八条　期货交易所、期货公司和非期货公司结算会员应当保证期货交易、结算、交割资料的完整和安全。

第三十九条　任何单位或者个人不得编造、传播有关期货交易的虚假信息，不得恶意串通、联手买卖或者以其他方式操纵期货交易价格。

第四十条　任何单位或者个人不得违规使用信贷资金、财政资金进行期货交易。

银行业金融机构从事期货交易融资或者担保业务的资格，由国务院银行业监督管理机构批准。

第四十一条　国有以及国有控股企业进行境内外期货交易，应当遵循套期保值的原则，严格遵守国务院国有资产监督管理机构以及其他有关部门关于企业以国有资产进入期货市场的有关规定。

第四十二条　国务院商务主管部门对境内单位或者个人从事境外商品期货交易的品种进行核准。

境外期货项下购汇、结汇以及外汇收支，应当符合国家外汇管理有关规定。

境内单位或者个人从事境外期货交易的办法，由国务院期货监督管理机构会同国务院商务主管部门、国有资产监督管理机构、银行业监督管理机构、外汇管理部门等有关部门制订，报国务院批准后施行。

第五章　期货业协会

第四十三条　期货业协会是期货业的自律性组织，是社会团体法人。

期货公司以及其他专门从事期货经营的机构应当加入期货业协会，并缴纳会员费。

第四十四条　期货业协会的权力机构为全体会员组成的会员大会。

期货业协会的章程由会员大会制定，并报国务院期货监督管理机构备案。

期货业协会设理事会。理事会成员按照章程的规定选举产生。

第四十五条　期货业协会履行下列职责：

（一）教育和组织会员遵守期货法律法规和政策；

（二）制定会员应当遵守的行业自律性规则，监督、检查会员行为，对违反协会章程和自律性规则的，按照规定给予纪律处分；

（三）负责期货从业人员资格的认定、管理以及撤销工作；

（四）受理客户与期货业务有关的投诉，对会员之间、会员与客户之间发生的纠纷进行调解；

（五）依法维护会员的合法权益，向国务院期货监督管理机构反映会员的建议和要求；

（六）组织期货从业人员的业务培训，开展会员间的业务交流；

（七）组织会员就期货业的发展、运作以及有关内容进行研究；

（八）期货业协会章程规定的其他职责。

期货业协会的业务活动应当接受国务院期货监督管理机构的指导和监督。

第六章　监督管理

第四十六条　国务院期货监督管理机构对期货市场实施监督管理，依法履行下列职责：

（一）制定有关期货市场监督管理的规章、规则，并依法行使审批权；

（二）对品种的上市、交易、结算、交割等期货交易及其相关活动，进行监督管理；

（三）对期货交易所、期货公司及其他期货经营机构、非期货公司结算会员、期货保证金安全存管监控机构、期货保证金存管银行、交割仓库等市场相关参与者的期货业务活动，进行监督管理；

（四）制定期货从业人员的资格标准和管理办法，并监督实施；

（五）监督检查期货交易的信息公开情况；

（六）对期货业协会的活动进行指导和监督；

（七）对违反期货市场监督管理法律、行政法规的行为进行查处；

（八）开展与期货市场监督管理有关的国际交流、合作活动；

（九）法律、行政法规规定的其他职责。

第四十七条　国务院期货监督管理机构依法履行职责，可以采取下列措施：

（一）对期货交易所、期货公司及其他期货经营机构、非期货公司结算会员、期货保证金安全存管监控机构和交割仓库进行现场检查；

（二）进入涉嫌违法行为发生场所调查取证；

（三）询问当事人和与被调查事件有关的单位和个人，要求其对与被调查事件有关的事项做出说明；

（四）查阅、复制与被调查事件有关的财产权登记等资料；

（五）查阅、复制当事人和与被调查事件有关的单位和个人的期货交易记录、财务会计资料以及其他相关文件和资料；对可能被转移、隐匿或者毁损的文件和资料，可以予以封存；

（六）查询与被调查事件有关的单位的保证金账户和银行账户；

（七）在调查操纵期货交易价格、内幕交易等重大期货违法行为时，经国务院期货监督管理机构主要负责人批准，可以限制被调查事件当事人的期货交易，但限制的时间不得超过15个交易日；案情复杂的，可以延长至30个交易日；

（八）法律、行政法规规定的其他措施。

第四十八条　期货交易所、期货公司及其他期货经营机构、期货保证金安全存管监控机构，应当向国务院期货监督管理机构报送财务会计报告、业务资料和其他有关资料。

对期货公司及其他期货经营机构报送的年度报告，国务院期货监督管理机构应当指定专人进行审核，并制作审核报告。审核人员应当在审核报告上签字。审核中发现问题的，国务院期货监督管理机构应当及时采取相应措施。

必要时，国务院期货监督管理机构可以要求非期货公司结算会员、交割仓库，以及期货公司股东、实际控制人或者其他关联人报送相关资料。

第四十九条　国务院期货监督管理机构依法履行职责，进行监督检查或者调查时，被检查、调查的单位和个人应当配合，如实提供有关文件和资料，不得拒绝、阻碍和隐瞒；其他有关部门和单位应当给予支持和配合。

第五十条　国家根据期货市场发展的需要，设立期货投资者保障基金。

期货投资者保障基金的筹集、管理和使用的具体办法，由国务院期货监督管理机构会同国务院财政部门制定。

第五十一条　国务院期货监督管理机构应当建立、健全保证金安全存管监控制度，设立期货保证金安全存管监控机构。

客户和期货交易所、期货公司及其他期货经营机构、非期货公司结算会员以及期货保证金存管银行，应当遵守国务院期货监督管理机构有关保证金安全存管监控的规定。

第五十二条　期货保证金安全存管监控机构依照有关规定对保证金安全实施监控，进行每日稽核，发现问题应当立即报告国务院期货监督管理机构。国务院期货监督管理机构应当根据不同情况，依照本条例有关规定及时处理。

第五十三条　国务院期货监督管理机构对期货交易所和期货保证金安全存管监控机构的董事、监事、高级管理人员，实行资格管理制度。

第五十四条　国务院期货监督管理机构应当制定期货公司持续性经营规则，对期货公司的净资本与净资产的比例，净资本与境内期货经纪、境外期货经纪等业务规模的比例，流动资产与流动负债的比例等风险监管指标作出规定；对期货公司及其分支机构的经营条件、风险管理、内部控制、保证金存管、关联交易等方面提出要求。

第五十五条　期货公司及其分支机构不符合持续性经营规则或者出现经营风险的，国务院期货监督管理机构可以对期货公司及其董事、监事和高级管理人员采取谈话、提示、记入信用记录等监管措施或者责令期货公司限期整改，并对其整改情况进行检查验收。

期货公司逾期未改正，其行为严重危及期货公司的稳健运行、损害客户合法权益，或者涉嫌严重违法违规正在被国务院期货监督管理机构调查的，国务院期货监督管理机构可以区别情形，对其采取下列措施：

（一）限制或者暂停部分期货业务；

（二）停止批准新增业务；

（三）限制分配红利，限制向董事、监事、高级管理人员支付报酬、提供福利；

（四）限制转让财产或者在财产上设定其他权利；

（五）责令更换董事、监事、高级管理人员或者有关业务部门、分支机构的负责人员，或者限制其权利；

（六）限制期货公司自有资金或者风险准备金的调拨和使用；

（七）责令控股股东转让股权或者限制有关股东行使股东权利。

对经过整改符合有关法律、行政法规规定以及持续性经营规则要求的期货公司，国务院期货监督管理机构应当自验收完毕之日起 3 日内解除对其采取的有关措施。

对经过整改仍未达到持续性经营规则要求，严重影响正常经营的期货公司，国务院期货监督管理机构有权撤销其部分或者全部期货业务许可、关闭其分支机构。

第五十六条　期货公司违法经营或者出现重大风险，严重危害期货市场秩序、损害客户利益的，国务院期货监督管理机构可以对该期货公司采取责令停业整顿、指定其他机构托管或者接管等监管措施。经国务院期货监督管理机构批准，可以对该期货公司直接负责的董事、监事、高级管理人员和其他直接责任人员采取以下措施：

（一）通知出境管理机关依法阻止其出境；

（二）申请司法机关禁止其转移、转让或者以其他方式处分财产，或者在财产上设定其他权利。

第五十七条　期货公司的股东有虚假出资或者抽逃出资行为的，国务院期货监督管理机构应当责令其限期改正，并可责令其转让所持期货公司的股权。

在股东按照前款要求改正违法行为、转让所持期货公司的股权前，国务院期货监督管理机构可以限制其股东权利。

第五十八条　当期货市场出现异常情况时，国务院期货监督管理机构可以采取必要的风险处置措施。

第五十九条　期货公司的交易软件、结算软件，应当满足期货公司审慎经营和风险管理以及国务院期货监督管理机构有关保证金安全存管监控规定的要求。期货公司的交易软件、结算软件不符合要求的，国务院期货监督管理机构有权要求期货公司予以改进或者更换。

国务院期货监督管理机构可以要求期货公司的交易软件、结算软件的供应商提供该软件的相关资料，供应商应当予以配合。国务院期货监督管理机构对供应商提供的相关资料负有保密义务。

第六十条　期货公司涉及重大诉讼、仲裁，或者股权被冻结或者用于担保，以及发生其他重大事件时，期货公司及其相关股东、实际控制人应当自该事件发生之日起 5 日内向国务院期货监督管理机构提交书面报告。

第六十一条　会计师事务所、律师事务所、资产评估机构等中介服务机构向期货交易所和期货公司等市场相关参与者提供相关服务时，应当遵守期货法律、行政法规以及国家有关规定，并按照国务院期货监督管理机构的要求提供相关资料。

第六十二条　国务院期货监督管理机构应当与有关部门建立监督管理的信息共享和协调配合机制。

国务院期货监督管理机构可以和其他国家或者地区的期货监督管理机构建立监督管理合作机制，实施跨境监督管理。

第六十三条　国务院期货监督管理机构、期货交易所、期货保证金安全存管监控机构和期货保证金存管银行等相关单位的工作人员，应当忠于职守，依法办事，公正廉洁，保守国家秘密和有关当事人的商业秘密，不得利用职务便利牟取不正当的利益。

第七章　法律责任

第六十四条　期货交易所、非期货公司结算会员有下列行为之一的，责令改正，给予警告，没收违法所得：

（一）违反规定接纳会员的；

（二）违反规定收取手续费的；

（三）违反规定使用、分配收益的；

（四）不按照规定公布即时行情的，或者发布价格预测信息的；

（五）不按照规定向国务院期货监督管理机构履行报告义务的；

（六）不按照规定向国务院期货监督管理机构报送有关文件、资料的；

（七）不按照规定建立、健全结算担保金制度的；

（八）不按照规定提取、管理和使用风险准备金的；

（九）违反国务院期货监督管理机构有关保证金安全存管监控规定的；

（十）限制会员实物交割总量的；

（十一）任用不具备资格的期货从业人员的；

（十二）违反国务院期货监督管理机构规定的其他行为。

有前款所列行为之一的，对直接负责的主管人员和其他直接责任人员给予纪律处分，处 1 万元以上 10 万元以下的罚款。

有本条第一款第二项所列行为的，应当责令退还多收取的手续费。

期货保证金安全存管监控机构有本条第一款第五项、第六项、第九项、第十一项、第十二项所列行为的，依照本条第一款、第二款的规定处罚、处分。期货保证金存管银行有本条第一款第九项、第十二项所列行为的，依照本条第一款、第二款的规定处罚、处分。

第六十五条　期货交易所有下列行为之一的，责令改正，给予警告，没收违法所得，并处违法所得 1 倍以上 5 倍以下的罚款；没有违法所得或者违法所得不满 10 万元的，并处 10 万元以上 50 万元以下的罚款；情节严重的，责令停业整顿：

（一）未经批准，擅自办理本条例第十三条所列事项的；

（二）允许会员在保证金不足的情况下进行期货交易的；

（三）直接或者间接参与期货交易，或者违反规定从事与其职责无关的业务的；

（四）违反规定收取保证金，或者挪用保证金的；

（五）伪造、涂改或者不按照规定保存期货交易、结算、交割资料的；

（六）未建立或者未执行当日无负债结算、涨跌停板、持仓限额和大户持仓报告制度的；

（七）拒绝或者妨碍国务院期货监督管理机构监督检查的；

（八）违反国务院期货监督管理机构规定的其他行为。

有前款所列行为之一的，对直接负责的主管人员和其他直接责任人员给予纪律处分，处 1 万元以上 10 万元以下的罚款。

非期货公司结算会员有本条第一款第二项、第四项至第八项所列行为之一的，依照本条第一款、第二款的规定处罚、处分。

期货保证金安全存管监控机构有本条第一款第三项、第七项、第八项所列行为的，依照本条第一款、第二款的规定处罚、处分。

第六十六条　期货公司有下列行为之一的，责令改正，给予警告，没收违法所得，并处违法所得 1 倍以上 3 倍以下的罚款；没有违法所得或者违法所得不满 10 万元的，并处 10 万元以上 30 万元以下的罚款；情节严重的，责令停业整顿或者吊销期货业务许可证：

（一）接受不符合规定条件的单位或者个人委托的；

（二）允许客户在保证金不足的情况下进行期货交易的；

（三）未经批准，擅自办理本条例第十九条所列事项的；

（四）违反规定从事与期货业务无关的活动的；

（五）从事或者变相从事期货自营业务的；

（六）为其股东、实际控制人或者其他关联人提供融资，或者对外担保的；

（七）违反国务院期货监督管理机构有关保证金安全存管监控规定的；

（八）不按照规定向国务院期货监督管理机构履行报告义务或者报送有关文件、资料的；

（九）交易软件、结算软件不符合期货公司审慎经营和风险管理以及国务院期货监督管理机构有关保证金安全存管监控规定的要求的；

（十）不按照规定提取、管理和使用风险准备金的；

（十一）伪造、涂改或者不按照规定保存期货交易、结算、交割资料的；

（十二）任用不具备资格的期货从业人员的；

（十三）伪造、变造、出租、出借、买卖期货业务许可证或者经营许可证的；

（十四）进行混码交易的；

（十五）拒绝或者妨碍国务院期货监督管理机构监督检查的；

（十六）违反国务院期货监督管理机构规定的其他行为。

期货公司有前款所列行为之一的，对直接负责的主管人员和其他直接责任人员给予警告，并处 1 万元以上 5 万元以下的罚款；情节严重的，暂停或者撤销期货从业人员资格。

期货公司之外的其他期货经营机构有本条第一款第八项、第十二项、第十三项、第十五项、第十六项所列行为的，依照本条第一款、第二款的规定处罚。

期货公司的股东、实际控制人或者其他关联人未经批准擅自委托他人或者接受他人委托持有或者管理期货公司股权的，拒不配合国务院期货监督管理机构的检查，拒不按照规定履行报告义务、提供有关信息和资料，或者报送、提供的信息和资料有虚假记载、误导性陈述或者重大遗漏的，依照本条第一款、第二款的规定处罚。

第六十七条　期货公司有下列欺诈客户行为之一的，责令改正，给予警告，没收违法所得，并处违法所得1倍以上5倍以下的罚款；没有违法所得或者违法所得不满10万元的，并处10万元以上50万元以下的罚款；情节严重的，责令停业整顿或者吊销期货业务许可证：

（一）向客户作获利保证或者不按照规定向客户出示风险说明书的；

（二）在经纪业务中与客户约定分享利益、共担风险的；

（三）不按照规定接受客户委托或者不按照客户委托内容擅自进行期货交易的；

（四）隐瞒重要事项或者使用其他不正当手段，诱骗客户发出交易指令的；

（五）向客户提供虚假成交回报的；

（六）未将客户交易指令下达到期货交易所的；

（七）挪用客户保证金的；

（八）不按照规定在期货保证金存管银行开立保证金账户，或者违规划转客户保证金的；

（九）国务院期货监督管理机构规定的其他欺诈客户的行为。

期货公司有前款所列行为之一的，对直接负责的主管人员和其他直接责任人员给予警告，并处1万元以上10万元以下的罚款；情节严重的，暂停或者撤销期货从业人员资格。

任何单位或者个人编造并且传播有关期货交易的虚假信息，扰乱期货交易市场的，依照本条第一款、第二款的规定处罚。

第六十八条　期货公司及其他期货经营机构、非期货公司结算会员、期货保证金存管银行提供虚假申请文件或者采取其他欺诈手段隐瞒重要事实骗取期货业务许可的，撤销其期货业务许可，没收违法所得。

第六十九条　期货交易内幕信息的知情人或者非法获取期货交易内幕信息的人，在对期货交易价格有重大影响的信息尚未公开前，利用内幕信息从事期货交易，或者向他人泄露内幕信息，使他人利用内幕信息进行期货交易的，没收违法所得，并处违法所得 1 倍以上 5 倍以下的罚款；没有违法所得或者违法所得不满 10 万元的，处 10 万元以上 50 万元以下的罚款。单位从事内幕交易的，还应当对直接负责的主管人员和其他直接责任人员给予警告，并处 3 万元以上 30 万元以下的罚款。

国务院期货监督管理机构、期货交易所和期货保证金安全存管监控机构的工作人员进行内幕交易的，从重处罚。

第七十条　任何单位或者个人有下列行为之一，操纵期货交易价格的，责令改正，没收违法所得，并处违法所得 1 倍以上 5 倍以下的罚款；没有违法所得或者违法所得不满 20 万元的，处 20 万元以上 100 万元以下的罚款：

(一)单独或者合谋，集中资金优势、持仓优势或者利用信息优势联合或者连续买卖合约，操纵期货交易价格的；

(二)蓄意串通，按事先约定的时间、价格和方式相互进行期货交易，影响期货交易价格或者期货交易量的；

(三)以自己为交易对象，自买自卖，影响期货交易价格或者期货交易量的；

(四)为影响期货市场行情囤积现货的；

(五)国务院期货监督管理机构规定的其他操纵期货交易价格的行为。

单位有前款所列行为之一的，对直接负责的主管人员和其他直接责任人员给予警告，并处 1 万元以上 10 万元以下的罚款。

第七十一条　交割仓库有本条例第三十六条第二款所列行为之一的，责令改正，给予警告，没收违法所得，并处违法所得 1

倍以上 5 倍以下的罚款；没有违法所得或者违法所得不满 10 万元的，并处 10 万元以上 50 万元以下的罚款；情节严重的，责令期货交易所暂停或者取消其交割仓库资格。对直接负责的主管人员和其他直接责任人员给予警告，并处 1 万元以上 10 万元以下的罚款。

第七十二条　国有以及国有控股企业违反本条例和国务院国有资产监督管理机构以及其他有关部门关于企业以国有资产进入期货市场的有关规定进行期货交易，或者单位、个人违规使用信贷资金、财政资金进行期货交易的，给予警告，没收违法所得，并处违法所得 1 倍以上 5 倍以下的罚款；没有违法所得或者违法所得不满 10 万元的，并处 10 万元以上 50 万元以下的罚款。对直接负责的主管人员和其他直接责任人员给予降级直至开除的纪律处分。

第七十三条　境内单位或者个人违反规定从事境外期货交易的，责令改正，给予警告，没收违法所得，并处违法所得 1 倍以上 5 倍以下的罚款；没有违法所得或者违法所得不满 20 万元的，并处 20 万元以上 100 万元以下的罚款；情节严重的，暂停其境外期货交易。对单位直接负责的主管人员和其他直接责任人员给予警告，并处 1 万元以上 10 万元以下的罚款。

第七十四条　非法设立期货交易场所或者以其他形式组织期货交易活动的，由所在地县级以上地方人民政府予以取缔，没收违法所得，并处违法所得 1 倍以上 5 倍以下的罚款；没有违法所得或者违法所得不满 20 万元的，处 20 万元以上 100 万元以下的罚款。对单位直接负责的主管人员和其他直接责任人员给予警告，并处 1 万元以上 10 万元以下的罚款。

非法设立期货公司及其他期货经营机构，或者擅自从事期货业务的，予以取缔，没收违法所得，并处违法所得 1 倍以上 5 倍以下的罚款；没有违法所得或者违法所得不满 20 万元的，处 20 万元以上 100 万元以下的罚款。对单位直接负责的主管人员和其他直接责任人员给予警告，并处1万元以上10万元以下的罚款。

第七十五条　期货公司的交易软件、结算软件供应商拒不配合国务院期货监督管理机构调查，或者未按照规定向国务院期货监督管理机构提供相关软件资料，或者提供的软件资料有虚假、重大遗漏的，责令改正，处3万元以上10万元以下的罚款。对直接负责的主管人员和其他直接责任人员给予警告，并处1万元以上5万元以下的罚款。

第七十六条　会计师事务所、律师事务所、资产评估机构等中介服务机构未勤勉尽责，所出具的文件有虚假记载、误导性陈述或者重大遗漏的，责令改正，没收业务收入，暂停或者撤销相关业务许可，并处业务收入1倍以上5倍以下的罚款。对直接负责的主管人员和其他直接责任人员给予警告，并处3万元以上10万元以下的罚款。

第七十七条　任何单位或者个人违反本条例规定，情节严重的，由国务院期货监督管理机构宣布该个人、该单位或者该单位的直接责任人员为期货市场禁止进入者。

第七十八条　国务院期货监督管理机构、期货交易所、期货保证金安全存管监控机构和期货保证金存管银行等相关单位的工作人员，泄露知悉的国家秘密或者会员、客户商业秘密，或者徇私舞弊、玩忽职守、滥用职权、收受贿赂的，依法给予行政处分或者纪律处分。

第七十九条　违反本条例规定，构成犯罪的，依法追究刑事责任。

第八十条　对本条例规定的违法行为的行政处罚，除本条例已有规定的外，由国务院期货监督管理机构决定；涉及其他有关部门法定职权的，国务院期货监督管理机构应当会同其他有关部门处理；属于其他有关部门法定职权的，国务院期货监督管理机构应当移交其他有关部门处理。

第八章　附　则

第八十一条　本条例下列用语的含义：

（一）商品期货合约，是指以农产品、工业品、能源和其他商品及其相关指数产品为标的物的期货合约。

（二）金融期货合约，是指以有价证券、利率、汇率等金融产品及其相关指数产品为标的物的期货合约。

（三）保证金，是指期货交易者按照规定交纳的资金或者提交的价值稳定、流动性强的标准仓单、国债等有价证券，用于结算和保证履约。

（四）结算，是指根据期货交易所公布的结算价格对交易双方的交易结果进行的资金清算和划转。

（五）交割，是指合约到期时，按照期货交易所的规则和程序，交易双方通过该合约所载标的物所有权的转移，或者按照规定结算价格进行现金差价结算，了结到期未平仓合约的过程。

（六）平仓，是指期货交易者买入或者卖出与其所持合约的品种、数量和交割月份相同但交易方向相反的合约，了结期货交易的行为。

（七）持仓量，是指期货交易者所持有的未平仓合约的数量。

（八）持仓限额，是指期货交易所对期货交易者的持仓量规定的最高数额。

（九）标准仓单，是指交割仓库开具并经期货交易所认定的标准化提货凭证。

（十）涨跌停板，是指合约在1个交易日中的交易价格不得高于或者低于规定的涨跌幅度，超出该涨跌幅度的报价将被视为无效，不能成交。

（十一）内幕信息，是指可能对期货交易价格产生重大影响的尚未公开的信息，包括：国务院期货监督管理机构以及其他相关部门制定的对期货交易价格可能发生重大影响的政策，期货交易所做出的可能对期货交易价格发生重大影响的决定，期货交易所会员、客户的资金和交易动向以及国务院期货监督管理机构认定的对期货交易价格有显著影响的其他重要信息。

（十二）内幕信息的知情人员，是指由于其管理地位、监督地位或者职业地位，或者作为雇员、专业顾问履行职务，能够接触或者获得内幕信息的人员，包括：期货交易所的管理人员以及其他由于任职可获取内幕信息的从业人员，国务院期货监督管理机构和其他有关部门的工作人员以及国务院期货监督管理机构规定的其他人员。

第八十二条　国务院期货监督管理机构可以批准设立期货专门结算机构，专门履行期货交易所的结算以及相关职责，并承担相应法律责任。

第八十三条　境外机构在境内设立、收购或者参股期货经营机构，以及境外期货经营机构在境内设立分支机构（含代表处）的管理办法，由国务院期货监督管理机构会同国务院商务主管部门、外汇管理部门等有关部门制订，报国务院批准后施行。

第八十四条　在期货交易所之外的国务院期货监督管理机构批准的交易场所进行的期货交易，依照本条例的有关规定执行。

第八十五条　不属于期货交易的商品或者金融产品的其他交易活动，由国家有关部门监督管理，不适用本条例。

第八十六条　本条例自 2007 年 4 月 15 日起施行。1999 年 6 月 2 日国务院发布的《期货交易管理暂行条例》同时废止。

参考文献

[1] 克里斯，费伊. 服务共享[M]. 郭蓓，译. 北京：中国人民大学出版社，2005.

[2] 伯杰伦. 共享服务精要[M]. 燕清联合，译. 北京：中国人民大学出版社，2004.

[3] 克雷文斯，皮尔西. 战略营销[M]. 董伊人，陈龙飞，葛琳，译. 北京：机械工业出版社，2015.

[4] 科特勒，阿姆斯特朗. 市场营销：原理与实践[M]. 楼尊，译. 北京：中国人民大学出版社，2013.

[5] 科特勒. 科特勒营销策略[M]. 高登第，译. 北京：中信出版社，2007.

[6] 胡利，皮尔西，尼库洛. 营销战略与竞争定位：第 5 版[M]. 楼尊，译. 北京：中国人民大学出版，2014.

[7] 特劳特，瑞金. 重新定位[M]. 谢伟山，苑爱冬，译. 北京：机械工业出版社，2015.

[8] 里斯，特劳特. 营销革命[M]. 谢伟山，等，译. 北京：机械工业出版社，2011.

[9] 蔡斯. 共享经济：重构未来商业新模式[M]. 王芮，译. 杭州：浙江人民出版社，2015.

[10] 波特. 竞争战略[M]. 陈小悦，译. 北京：华夏出版社，2005.

[11] 舒尔茨，凯奇. 全球整合营销传播[M]. 黄鹂，何西军，译. 北京：中国财政经济出版社，2004.

[12] 舒天戈,邱卫东.整合管理:企业系统化管理与资源优化配置[M].成都:四川大学出版社,2016.

[13] 舒尔茨.重塑消费者:品牌关系[M].沈虹,郭嘉,等,译.北京:机械工业出版社,2015.

[14] 佩伯斯,罗杰斯.共享经济:互联网时代如何实现股东、员工与顾客的共赢[M].杭州:浙江大学出版社,2014.

[15] 舒尔茨 D E,舒尔茨 H .整合营销传播[M].王茁,顾洁,译.北京:清华大学出版社,2013.

[16] 佩罗,坎农,麦卡锡.市场营销学基础:第 18 版[M].北京:中国人民大学出版社,2012.

[17] 三谷宏治. 商业模式全史[M].马云雷,杜君林,译.南京:江苏凤凰文艺出版社,2015.

[18] 奎因,库克,克丽斯.公司的金矿:共享式服务[M].郭蓓,译.昆明:云南大学出版社,2001.

[19] GRONROO C. In Search of a New Logic for Marketing [J]. International Journal of Service Industry Management,2008(4).

[20] KNOTH,MICHAEL,MCKENNA. Marketing Strategies for Specialty Chemical Distributors [J]. Adhesives and Sealants Industry,2012(7):15—16.

[21] ZIF. Innovation profile and marketing strategies[J]. International Business and Economics Research,2013 2(1):8—14.

[22] MCKENNA M F,KNOTH J. A critical first step in developing a marketing strategy is to identify what your customer wants [J]. Adhesives & Sealants Industry Magazine ,2012(7):35—36.

[23] MORITZ L G. Supply chain finance:applying finance theory to supply chain management to enhance finance in sup-

ply chains[J]. International Journal of Logistics:Research and Applications,2010,13(2):133—142.

[24] PAGELL M. Understanding the factors that enable and inhibit the integration of operations,purchasing and logistics [J]. Journal of Operations Management, 2004, 22 (5): 459—487.

[25] VARADARAJAN R. Strategic marketing and marketing strategy: domain,definition,fundamental issues and foundational premises[J]. Journal of the Academy of Marketing Science. 2010(38):119—140.

[26] SCHULMAN K A,ESCARCE J J,EISENBERG J M,et al. Assessing physicians′ estimates of the probability of coronary artery disease: the influence of patient characteristics[J]. Med Decis Making,1999(12):109—14.

[27] TIMME,STEPHEN G,CHRISTINE W T. The financial-SCM connection[J]. Supply Chain Management Review, 2012,4(2):33—40.

[28] 安宇宏. 国际产能合作[J]. 宏观经济管理,2015(10):83—84.

[29] 白万纲. 两种战略思路的对决:分析型战略 VS 构建型战略[J]. 企业管理,2012(3):24—26.

[30] 白永秀,王泽润,王颂吉. 丝绸之路经济带工业产能合作研究[J]. 经济纵横,2015(11):28—34.

[31] 曹智,霍宝锋,赵先德. 供应链整合模式与绩效:全球视角[J]. 科学学与科学技术管理,2012(7):44—47.

[32] 陈淮. 关于物资银行的设想[J]. 中国工业经济,1987(3):75—77.

[33] 陈威如,余卓轩. 平台战略[M]. 北京:中信出版社,2013.

[34] 陈馨. 港口物流金融支持港口经济发展的机制与策略研究

[J]. 物流工程与管理，2013(3):45—46.

[35] 邓少军，焦豪，冯臻. 复杂动态环境下企业战略转型的过程机制研究[J]. 科研管理，2011(1):60—67.

[36] 高小波. 工业品的顾问式营销[J]. 企业改革与管理，2010(3):43－45.

[37] 郭朝先，邓雪莹，皮思明. "一带一路"产能合作现状、问题与对策[J]. 中国发展观察，2016(6):44—47.

[38] 郭毅夫. 商业模式转型影响因素的实证研究[J]. 中国管理科学，2012,20(A2):594—560.

[39] 胡江云. 推进产能合作:实现互利共赢[J]. 国际工程与劳务，2015(11):20—22.

[40] 李东. 商业模式构建:互联网＋时代的顶层布局路线图[M]. 北京:北京联合出版社，2016.

[41] 李飞. 营销定位[M]. 北京:经济科学出版社，2013.

[42] 李飞，等. 品牌和营销[M]. 北京:机械工业出版社，2011.

[43] 李骞. 未来商业模式[M]. 北京:东方出版社，2015.

[44] 李毅学，汪寿阳，冯耕中，等. 物流与供应链金融评论[M]. 北京:科学出版社，2010.

[45] 刘斌. 保持战略柔性:从线性思维到网状思维[J]. 企业管理，2012(2):12—13.

[46] 刘婷. 战略变革中的企业家管理认知研究[J]. 中国商贸，2010(3):28—29.

[47] 刘晓玲，熊曦. 对外产能合作、制造业出口贸易与区域经济增长[J]. 经济问题探索，2015(10):132—136.

[48] 马友强. 远离平庸化竞争战略[J]. 企业管理，2013(11):46—48.

[49] 倪云华，虞仲铁. 共享经济大趋势[M]. 北京:机械工业出版社，2016.

[50] 秦彬，肖坤. 中国上市公司多元化经营与公司业绩之间关

系的实证分析[J]. 经济问题,2013(1):82—87.

[51] 尚航标,李卫宁,蓝海林. 如何突破认知凝滞:管理认知变革的理论综述[J]. 科学学与科学技术管理,2013,34(8):25—34.

[52] 申现杰,肖金成. 国际区域经济合作新形势与我国"一带一路"合作战略[J]. 宏观经济研究,2014(11):30—38.

[53] 石泽杰. 营销战略升级与模式创新:开创企业价值营销新时代[M]. 北京:中国经济出版社,2013.

[54] 苏敬勤,崔淼. 企业家认知资源与管理创新决策:理论与案例实验[J]. 管理评论,2011,23(8):121—131.

[55] 孙兴杰. 中欧产能合作与"走出去"战略[J]. 中国工业评论,2015(9):14—19.

[56] 唐健雄,王国顺,周勇. 动态环境下的企业战略转型动因与阻力研究[J]. 矿冶工程,2008,28(1):101—104.

[57] 唐孝文,肖进. 三力作用下的战略转型五维度整合模型构建及分析:以中国电信为例[J]. 管理现代化,2013,33(6):96—98.

[58] 唐跃军,宋渊洋,金立印,等. 控股股东卷入、两权偏离与营销战略风格:基于第二类代理问题和终极控制权理论的视角[J]. 管理世界,2012(2):82—93.

[59] 尚航标,黄培伦. 管理认知与动态环境下企业竞争优势:万和集团案例研究[J]. 南开管理评论,2010,13(3):70—79.

[60] 王本力,张海亮,曾昆. 国际产能合作:化解产能过剩新思路[J]. 中国工业评论,2015(11):64—69.

[61] 王晓东,李文兴. 供应链金融研究综述与展望:基于产业与金融互动机理[J]. 技术经济与管理研究,2015(7):63—65.

[62] "供应链金融"课题组. 供应链金融:新经济下的新金融[M]. 上海:上海远东出版社,2009.

[63] 武晓钊. 现代物流研究与实践[M]. 北京:中国经济出版社,

2012.

[64] 武亚军."战略框架式思考""悖论整合"与企业竞争优势:任正非的认知模式分析及管理启示[J].管理世界,2013(4):150—165.

[65] 薛有志,周杰,初旭.企业战略转型的概念框架:内涵、路径与模式[J].经济管理,2012(7):39—48.

[66] 杨江红.战略思维引领中泰化学超常规发展[J].品牌,2014(11):56—57.

[67] 杨江红.中泰化学公司提升营销团队能力五法 [J].经营与管理,2015(1):30—31.

[68] 叶素文,许强."物流金融"促进物流发展:宁波物流产业的布局与发展[J].经营与管理,2011(10):102—103.

[69] 叶素文."中泰化学"的营销战略转型和营销策略[J].经营与管理,2010(8):32—33.

[70] 叶素文.家族企业与职业经理人的信任博弈分析[J].浙江万里学院学报,2012,25(4):46—47.

[71] 叶素文,刘李兵.宁波贝发集团体育营销的竞争策略[J].经营与管理,2011(3):67—68.

[72] 叶素文,章衷凯.殊途同归:方太与裕人的发展模式[J].经营与管理,2010(9):23—24.

[73] 叶素文,符华.浙江慈溪汽配产业物流信息化建设策略[J].中国物流与采购,2012(7):25—26.

[74] 叶素文,钱洁羽.宁波—舟山港加快集装箱多式联运的对策[J].中国物流与采购,2010(11):32—33.

[75] 余明阳,杨芳平.品牌定位[M].武汉:武汉大学出版社,2008.

[76] 张高峰,吕巍,张颖.企业的新"后台"服务共享中心[J].企业改革与管理,2003(2):35—36.

[77] 张洪,梁松.共生理论视角下国际产能合作的模式探析与

机制构建:以中哈产能合作为例[J]. 宏观经济研究,2015(12):121—128.

[78] 武亚军,李兰,彭泗清,等. 中国企业战略:现状、问题及建议[J]. 管理世界,2010(6):150—165 .

[79] 钟国人. "一带一路"的国际产能合作与浙江机遇[J]. 杭州金融研修学院学报,2015(12):54—57.

[80] 钟燕秋,陈素梅,吴飞飞.顾问式营销在工业品营销中的应用[J].商业文化,2011(6):46—47.

[81] 朱贺.基于上市公司治理结构的盈余管理实证分析[J].经济问题,2010(7):44—47.

[82] 卓丽洪,贺俊,黄阳华. "一带一路"战略下中外产能合作新格局研究[J]. 东岳论丛,2015,36(10):175—179.

索　引

A

ABC 分类法　108

B

保价模式　98

C

仓单质押　21,81,138,148,150,155—157

产业整合　17,19,40,121

产能过剩　1,15,20,22,24—29,40,45,49,53,61—63,66,68—69,75—77,102,106,115,123,125—127,129,131,136—137,141,143—144,150,160,162,165,175,179,183

产业链　1—5,8—9,17—24,27—29,36—40,42,46,55—58,61,66,69—71,73—78,80,82—83,85—94,96—99,101,105—106,111,115,118—123,128—131,137,146,150—151,153—155,159,161—164,166,170—176,178—184

产业生态图　2,170,175—176,178—179,181,184

厂商直销模式　131,133

厂商银　156,182

重去重回　143

D

大宗商品　1—6,8,10,12,14—34,36,38,40,42,44—46,68—70,72—94,96—102,118—184

大宗商品交易　1—5,12,21,45,79—81,83—85,87,92—94,123,125,127—129,145—147,149,151,153—157,159,161—163,165—167,169—173,175—177,179,181,184

第三方物流　19,75,90,132,138,145,147,149,157,173,182
第三方托管　167
第四方物流　90,92,96,138,153
电石法　18,37,39—40,46,50—51,53—54,62,107,118—119,127,144
定价模式　42,63,69,98
定价权　137—139,178
对冲　28,80—84,86,94,97—98,137,162—163,168
对冲机制　83

G

供给侧改革　1—4,6,8,10,12,14—34,72—74,88—90,92—94,121,129,131,135,141,146,150—152,163—166,170,172,178,183—184
供给侧结构性改革　16,18—20,22,40,75,77,92,94,99,101,119,121,129,144,163,181
供应链金融　1,75,79,81,89—90,92,95,134,138,149—151,154,166,172—173,179,181—183
共享经济　2,6—7,22
公司治理结构　35

H

海铁联运　88,139—141,144—145
核心竞争力　2,8,63,86,110,150,163,175—177
核定库存　159—160

J

价值链　2,8,19—20,88—90,92,98,113,115,122—123,134,151,163,172,174—176,179—180,182,184
集群效应　39
集中采购　6,48,88—89
交割　81,84—86,96,98,154,158,160,162,164,167—168,182
交易商产业联盟　5,101,118,120—122
交易联盟平台　128
交易边界　167—168
金融衍生工具　20,74,76,79—82,85—87,100,122,162—164,168,181
经销商模式　131—132
竞争格局　13,38,49

L

两权分离　137—139

量化交易 82
氯碱行业 3,18,39,45,49—50,54,60,62—64,67,75,93,104,106,178

N

牛鞭效应 23,27

P

帕累托最优 14—15
平台经济 4,74—75,119

Q

期现结合 5,28,73,79—87,89,91,94,97,129,137,152,162—164,166,170,177—178,180
期货交易 1,28,65,69,75,81,83—87,93—97,99—100,105,119,121,128—131,137,152,154,157,162—164,168—170,175,178—179,182
企业生命周期 13,82

R

融通仓 148—149,155

S

三位一体 5,79,83—87,94—97,178
商业模式 1—4,6—11,13,20—21,28,56,70—78,80,84,86,92—94,99,101,121,172,174—175,179,182—184
速贷仓 161
SWOT 分析 54,65,72,115

T

套利 28,76,83—86,164—165
套期 80—81,83,86,111,163
套保 45,63,84—86,131,160,162

W

万宝之争 15
委托代理理论 138—139
五力模型 2,66
无锡利源 57,104,122,128,157,159—160,176—177
物流运输权 137—139,145
物流银行 182
物流金融 19,89,128,145—154,156—162

X

现货交易 1,45,63,65,69,84,86,96,99,129,137,159,162,166,168,170
协同系统 9,95

Y

一带一路 32,73,143

乙烯法　18,37,39—40,46,50—51,53—54,107,127,144,163
营销定位　101,104
营销组合策略　10,106
有限理性　15
远大物产　5,79—87,89,91—99,112
远大石化　3,57,80,111,128,152,157,159,176—178,181—182

Z

战略联盟　22,74,91—92,110,120,138,166,176,184
中泰化学　1—5,12,22,34—37,39,41—49,51,53—77,93,99,101—121,124,128,134,138,143—144,151—152,154—155,157—158,174,176,178—181,183—184